屠呦呦传

Biography of
Tu Youyou

陈廷一 梁守德 著

中国青年出版社

图书在版编目（CIP）数据

屠呦呦传/陈廷一，梁守德著. —北京：中国青年出版社，
2024.6（2025.8重印）

ISBN 978-7-5153-7238-9

Ⅰ.①屠⋯　Ⅱ.①陈⋯②梁⋯　Ⅲ.①屠呦呦–传记
Ⅳ.①K826.2

中国国家版本馆CIP数据核字（2024）第041790号

屠呦呦传

陈廷一　梁守德　著

责任编辑：侯群雄　岳超

书籍设计：张帆

出版发行：中国青年出版社

社　　　址：北京市东城区东四十二条21号

网　　　址：www.cyp.com.cn

编辑中心：010-57350401

营销中心：010-57350370

经　　　销：新华书店

印　　　刷：三河市君旺印务有限公司

规　　　格：710mm×1000mm　1/16

印　　　张：23.5

字　　　数：328千字

版　　　次：2024年6月北京第1版

印　　　次：2025年8月河北第2次印刷

定　　　价：58.00元

序言：伟哉，中华巾帼屠呦呦

读完陈廷一、梁守德先生的《屠呦呦传》，脑海里顿时浮现出这样的画面：

"呦呦鹿鸣，食野之蒿。"

这是《诗经·小雅》中描绘的一幅优美的风景画。画中有一群活泼可爱的小鹿呦呦欢叫着，在无垠的原野上啃食蒿草，悠然自得。

有人说，这是一个三千年的预言，这个预言让屠呦呦与青蒿素之间有了某种神秘的联系。青蒿与呦呦，仿佛穿越时空必然相遇。三千年后真的应验了，屠呦呦发现了青蒿素，青蒿素成就了屠呦呦。屠呦呦爱蒿、吃蒿、用蒿，因青蒿名扬天下；青蒿因屠呦呦发现而挽救天下数百万黎民苍生。

这是机缘巧合？还是那个预言的实现？

其实都不是。

屠呦呦说："我发现了青蒿素，大家说这与我的名字有什么关系。我到现在也不知道我的名字跟青蒿素有什么关系。"

三千年的预言，不过是人们一个美丽的遐想。

屠呦呦对自己的成功，是这么解释的："对我个人来讲，党和国家培养了我一辈子，我要报答国家，获得诺贝尔奖只是一个交代。国家需要我做什么，我就努力去做好，国家需要就是我努力的方向。"

正如中国工程院院士、中国中医科学院院长黄璐琦所说："国之所忧就是命令，民之所需即是任务。"

科学无国界，科学家有祖国。只有与祖国同甘苦、共命运，才会有光明的前途。这就是屠呦呦成功的秘诀。"东方红一号"、"两弹一星"、杂交水稻，等等，莫不如此。回顾这位九十多岁老人曾经的事业，就是听从祖国召唤，服务于国家和人民的决策，继而报效国家。

而这，才是正道。

也因此，她成功了。

屠呦呦是宁波人，用宁波话说，这叫"勿响勿勿响，口蓬嗵一枪"。平时不放声，一放便是一鸣惊人。

屠呦呦因发现青蒿素，让全球数百万生命得到拯救，给亿万贫病交加的生命以生的希望，为人类健康事业作出巨大贡献。

《世界疟疾报告2021》显示：由于青蒿素的诞生，从2000年至2020年，抗疟工作挽救了全球一千零六十万人的生命，预防了十七亿起病例；疟疾死亡率降低了一半。自2000年以来，已有二十三个国家连续三年没有疟疾病例，中国、萨尔瓦多等十二个国家被世界卫生组织认证为无疟疾国家。有四十个国家在2015年至2020年间将疟疾死亡人数减少百分之四十以上。

报告中特别指出，中国抗疟成就令人惊叹。中国于2021年获得世界卫生组织的无疟疾认证，成为世界卫生组织西太平洋区域三十多年来第一个获得无疟疾认证的国家。这对一个自20世纪40年代开始，曾经年报告三千万疟疾病例的国家来说，无疑是一个令人惊叹的成就。世界卫生组织总干事谭德塞表示，中国人民的成功来之不易，是经过了几十年有针对性的持续行动才取得的。中国同越来越多国家一道，向世界表明"无疟疾的未来"是一个可行的目标。

发现青蒿素，屠呦呦获得诺贝尔生理学或医学奖。

在诺贝尔奖设立一百二十年来的历史上，第一次颁发给中国女科学家，第一次把自然科学奖颁发给中国本土科学家，第一次让本土中国人获得了生理学或医学奖。屠呦呦，一举创造了三个"第一"。

诺贝尔奖是一个国家综合实力的象征，也是一个国家巨大的荣誉。

她的获奖，实现了土生土长的中国人在自然科学领域诺贝尔奖零的突破，再一次刷新了外国人对中国的看法，捍卫了中国人的自尊，增强了中国人的自信。

从一株蒿草到"中国神药"，从一位没有博士学位、没有留洋背景、没有院士头衔的"三无科学家"，到摘取诺贝尔奖桂冠，是什么力量支撑她走过半个多世纪不断攀登的历程？在她漫长人生路上发生过什么？如何让"青蒿素精神"在青少年中发扬光大？这一切，是一个三千年预言无法解释的。

屠呦呦的故事，值得深度追踪。

屠呦呦本人，值得国人学习。

尤其在中华民族伟大复兴的征程中，屠呦呦那种愈挫愈勇、坚韧不拔的拼搏奋取精神必须发扬光大。

本书作者用文学的笔法、丰沛的真情，源于生活，高于生活，提炼主题，细致地描述了屠呦呦探求科学真理的艰辛经历，强化了屠呦呦拼搏奋取的精神，用通俗叙说伟大，值得祝贺。

是为序。

成志伟（中宣部文艺局原副局长）

2022年4月28日，北京

目　录

引言：走近屠呦呦　　　　　　　　　　　　　　　　　　　/ 001

第一章　青蒿之荣　　　　　　　　　　　　　　　　　/ 005
迟来的拉斯克奖，诺贝尔奖"风向标"　　　　　　　　　　/ 005
神秘的助荐人，神秘的故事　　　　　　　　　　　　　　/ 009
迟来的诺贝尔奖　　　　　　　　　　　　　　　　　　　/ 019
低调启航，万人瞩目　　　　　　　　　　　　　　　　　/ 022
呦呦鹿鸣，食野之蒿　　　　　　　　　　　　　　　　　/ 028
民族荣耀，共襄盛典　　　　　　　　　　　　　　　　　/ 032
大使官邸，举杯庆功　　　　　　　　　　　　　　　　　/ 035
荣获"国家勋章"：最高国家荣誉　　　　　　　　　　　　/ 036

第二章　战乱童年　　　　　　　　　　　　　　　　　/ 042
呦呦降生，哭声伴着战乱的炮声　　　　　　　　　　　　/ 042
"呦呦"哭声，注定她生不平庸　　　　　　　　　　　　　/ 047
宁波，魂牵梦萦的故乡风土人情画　　　　　　　　　　　/ 048
童年眼中的"天一阁"，永远刻在她的心底　　　　　　　　/ 051
名门之女　　　　　　　　　　　　　　　　　　　　　　/ 053
恍若梦闪的姚宅童年时光　　　　　　　　　　　　　　　/ 061

第三章　艰辛求学　　　　　　　　　　　　　　　　　/ 068
童年的快乐时光　　　　　　　　　　　　　　　　　　　/ 068

"瘟疫"二字，刺痛了她幼小的心灵　　　　　　　/ 072

在甬江女中　　　　　　　　　　　　　　　　　/ 081

战病魔，命运中的另一种学业　　　　　　　　　/ 087

风雨之后，犹见彩虹　　　　　　　　　　　　　/ 096

再见吧，生吾养吾的宁波娘土　　　　　　　　　/ 101

第四章　青年呦呦　　　　　　　　　　　　　　/ 105

心仪的北京大学，心仪的北京城　　　　　　　　/ 105

京城菜园胡同，扎小辫子的学医人　　　　　　　/ 108

崇拜宁波老乡，崇拜同仁堂精神　　　　　　　　/ 118

毛主席挥手我前进，自愿报名学中医　　　　　　/ 124

第五章　牵手之爱　　　　　　　　　　　　　　/ 131

半边莲与基本功　　　　　　　　　　　　　　　/ 131

埋头学艺，无暇婚恋　　　　　　　　　　　　　/ 137

相识是遇，相爱是缘　　　　　　　　　　　　　/ 143

平凡夫妻，平凡家庭　　　　　　　　　　　　　/ 149

第六章　大国使命　　　　　　　　　　　　　　/ 155

寻梦，毛主席是咱"红司令"　　　　　　　　　　/ 155

神秘的"523"，急需神秘人挂帅出征　　　　　　/ 162

疟虫，叩响地球之门　　　　　　　　　　　　　/ 165

战瘟疫，彰显举国协作之优势　　　　　　　　　/ 175

治疟良方何处觅？　　　　　　　　　　　　　　/ 180

第七章　家国情怀　　　　　　　　　　　　　　/ 198

带着胡椒面，奔赴海南岛　　　　　　　　　　　/ 198

梦断心犹在，心在梦犹存　　　　　　　　　　　/ 204

中国传说中的"呦呦鹿鸣，食野之蒿" /209

女儿，你会理解妈妈的！ /214

第八章　苍生为大 /222

与东晋"药仙"葛洪先祖再对话 /222

灵感，穿越一千七百年时空…… /229

次次失败，第191次的成功 /237

被冷落的黑色软膏 /241

大锅与大缸，与居里夫人的做法如出一辙 /244

病愈出院，再战病魔 /247

第九章　最后拼搏 /253

动物实验，毒性？ /253

我是组长，我有责任第一个试药！ /255

试毒，为科学献身 /258

两赴海南岛，别样激动 /263

青蒿素，千呼万唤始出来 /271

第十章　中国神药 /279

屡屡受挫，愈挫愈勇 /279

神奇的"过氧桥"，颠覆了西医理论 /287

小试牛刀，救命万千 /291

科泰新，生命拯救的福星 /296

第十一章　青春不老 /304

道高一尺，魔高一丈 /304

老骥伏枥，志在千里 /311

中国青蒿素，再现新曙光 /315

传帮带学，薪火相传 / 316

让"中国神药"冲出国门 / 325

第十二章　造福全球 / 339

凤凰涅槃，让千万个生命重获新生 / 339

永远的屠呦呦 / 346

寄语青蒿，精神永存 / 352

尾章：让中医药走向世界、扬中华民族之威 / 360

引言：走近屠呦呦

仿佛横空出世，"屠呦呦"这个名字突然间在中国的媒体上铺天盖地地闪亮登场，盖因被誉为诺贝尔奖"风向标"的拉斯克奖名单之后，中国女科学家——屠呦呦荣获诺贝尔奖。

2015年，注定是属于中国人的光辉年，从小说《三体》获得文学大奖——雨果奖，到纪念中国抗战胜利七十周年大阅兵，世界的目光无不聚焦在迅速崛起的东方大国——中国身上。

多喜临门，国庆节后的第五天又传来一则好消息：北京时间10月5日，中国女科学家屠呦呦获得诺贝尔生理学或医学奖。

跟随而来，这年国际天文学联合会将在宇宙中遨游的第31230号小行星命名为屠呦呦星，表彰她为世界医学作出的杰出贡献。

从小就低调的屠呦呦长大后仍然不喜欢热闹的场面，即使在名扬天下后，对于一般的邀约也是能推则推。我们（含记者）幸运地通过同事拨通屠呦呦的手机，与她再次取得联系，这次她终于答应接受采访。

踏着北京初冬的第一场瑞雪，迎着凛冽的寒风，走了半天的冤枉路，我们终于寻到屠呦呦居住的社区。应该说这是北京城里的老旧小区，与周边崛起的千奇百怪的高楼大厦相比，这是十多年前的建筑楼，显得些许陈旧。不过小区整洁、安静，冬青长青，绿化到位，每幢单元楼之间的距离也很大，走在里面十分惬意、舒服。

在屠呦呦家的单元楼门口，坐着一位身穿绿大衣的保安，这是其他单元楼没有的"配置"。很明显，他是小区专门安排在这里的"屠呦呦挡客"。我说明了来意，乘坐电梯到了屠呦呦居住的楼层。

这一层共有六户人家，三户贴着对联，另外三户的门面干干净净，哪一户是屠老家？还不清楚，我们所了解到的信息，只精确到老人所住的楼层。

少顷，隐约传来一个人打电话的声音，贴着门缝仔细听了听："对，对，这几天来看我们的人太多了，谢谢你！"淡淡的宁波口音，我们想就是她了。

刚要按门铃，屠呦呦的丈夫李廷钊打开了门，我们做了自我介绍。对方说："进来吧，我家老屠已经推掉了很多采访。"

屠呦呦的家宽敞整洁，进门的书柜中摆满了老人获得的各种奖牌、奖杯，其中最醒目的是2011年国际医学大奖——美国拉斯克奖授予她的临床医学研究奖。房间很干净，偏中式的装修，家具的色调以棕红色为主。客厅的钢琴上摆着两小盆波斯菊，一盆红色、一盆黄色。客厅与阳台被大大的落地玻璃门隔开，阳台上安静地摆着八个大花篮，都是这几天收到的。

屠老穿着红色的上装，精神矍铄，完全不像八十五岁高龄的老人。

她从沙发上慢慢地站起来，满脸笑容地迎接我们。我们送去了对她荣获诺贝尔奖的祝贺，她淡雅地笑了，自我调侃地说："我是呦呦鹿鸣，食野之蒿。这个青蒿素是传统中医药送给世界人民的礼物。青蒿素的发现是集体发掘中药的成功范例，获奖是中国科学事业、中医中药走向世界的一个荣誉。这可不是我一个人的功劳。"

我们问什么时间到瑞典领奖去，她说按照流程，12月10日得去瑞典领奖。但她又说，"要看我这条老腿让不让去了。"她指了指自己的膝盖，说，"好疼。"

2011年，她在丈夫李廷钊的陪伴下，从美国领回了有美国诺贝尔奖之称的拉斯克奖，而这一次，她觉得去瑞典便有点困难了。

2015年6月，她又获得了哈佛大学医学院颁发的华伦·阿尔波特奖，她说："是我在美国的女儿代我去领的。"这个奖还没拿回来，就传来诺贝尔奖的消息了。

屠老说，消息来的时候，她正在洗澡，一个接一个的祝贺电话打到家里："我还以为是哈佛的那个奖。"

我们的采访持续了一个多小时，临近十点时，屠呦呦的丈夫李廷钊抬头看了看墙上的挂钟，示意我说："还有领导要来。"

从屠老的单元楼下来，太阳已经从东面转到头顶，望着投射在地上的身影，我们默默在想：屠呦呦的名字不仅因"呦呦鹿鸣"而雅致，还因"食野之蒿"将被人类永远记住。当她把名字中所蕴藏的人文密码认定为一生的职业宿命时，"青蒿素"的神话故事便成了中国科学界的诺贝尔传奇——一个鲜为人知的密码。

快翻开这部书吧，开卷有益，带你走进屠呦呦的心灵深处，走近半个多世纪的中国医药科学，揭开诺贝尔奖之谜，获得她留给当代人乃至后人的启示……

第一章　青蒿之荣

以屠呦呦研究员为代表的一代代中医人才，辛勤耕耘，屡建功勋，为发展中医药事业、造福人类健康作出了重要贡献。

——2015年12月，习近平总书记致信祝贺中国中医科学院成立六十周年

迟来的拉斯克奖，诺贝尔奖"风向标"

旋转的地球，地球的旋转。

让时间退回到2011年秋。

9月12日，一个秋高气爽的日子。

2011年度拉斯克奖获奖名单揭晓：屠呦呦获得临床医学奖。理由是："因为发现青蒿素——一种用于治疗疟疾的特效药物，挽救了全球，特别是发展中国家的数百万人的生命。"

生命诚可贵。它的重大意义，不亚于居里夫人发现了镭。

何谓拉斯克奖？它仅次于诺贝尔奖，又称诺贝尔奖的"风向标"，获得此奖并不简单。

这个奖，由美国人于1946年设立，在美国乃至西方，是声望最高的生物医学奖。设立者是个商人，人们称他为"现代广告之父""大慈善家"，他的名字叫阿尔伯特·拉斯克。他和夫人玛丽·沃德·拉斯克一拍即合，共同创立了这个伟大的奖项。

该奖视野宽广，评奖范围不限于美国，而是全球。在全球范围内表彰医学领域作出突出贡献的科学家、医生和公共服务人员。获奖者不是内定的，也不是由某个人说了算，而是由二十五名来自世界各国的杰出科学家组成拉斯克奖评选委员会（以下简称"评委会"），每人一票，评选产生。年份不同，奖金也各不相同，2011年那一年，每项奖金二十五万美元。

此奖就是这么厉害！

屠呦呦获奖了，临床医学奖。

北京时间2011年9月24日凌晨，她在纽约举行的2011年度拉斯克奖颁奖典礼上接过了这个重重的奖杯，心里沉甸甸的。

她在获奖感言中，无不自豪地说："这是中医、中药走向世界的一项荣誉。光荣属于科研团队中的每一个人，属于中国科学家的伟大群体！"

台下，掌声如雷。

从她获得拉斯克奖的那刻起，作为中国的中医药青蒿素，治愈病痛，造福人类，在国际生物医学界得到了越来越多的权威肯定，世称"东方神药"。长期笼罩在中医药头上的谜团在消解，逐渐露出科学的面目。

拉斯克基金媒体负责人这样评价：

> 屠呦呦领导的团队将一种古老的中医治疗方法转化为今天最强有力的抗疟疾药。通过将现代技术应用于五千多年前中国传统中医师们留下的遗产，她将这座宝库带入了21世纪。

评价有点绕嘴，但是十分深刻。

这是西方最客观、最宏观的评价。

更专业一点的评价，则是来自斯坦福大学教授、拉斯克奖评委会成员露西·夏皮罗，他讲述了发现青蒿素的重大意义。他说："青蒿素，这一高效抗疟药的发现，归因于屠呦呦及其团队的洞察力、视野和顽强信念。她为世界提供了过去半个世纪里最重要的药物干预方案。"

最后他还感叹说："在人类的药物史上，我们如此庆祝一项能舒解数亿人病痛折磨，并挽救上百个国家、数百万人生命的发现的机会，并不常有！"

这些话听起来很复杂，但"在人类的药物史上""不常有"是很清晰的。

国内的评价是这样的——

国家中医药管理局当时发出贺信，说：屠呦呦研究员获得拉斯克临床医学研究奖，充分说明了中医药学是一个伟大的宝库，展示了中医药学的科学价值，体现了我国在生物医学领域的科技创新能力，振奋了广大中医药工作者的精神。

饶毅，一位专门研究青蒿素历史的专家，他认为青蒿素的发现，证明了从传统药物获得确定化学成分药物的价值，具有广阔无比的前途和前景。他说："国内和国际对中药的努力可能将中药带到一个新的时代，挽救更多人的生命。"

也就是说，青蒿素当下价值无边，未来前景广阔。也正是因为这样，从青蒿素诞生到获得拉斯克奖走过了不平凡的历程。

既然青蒿素的药学意义这么重大，我们为什么不能像青霉素一样申请一个诺贝尔奖呢？

于是，有关方面便以集体名义上报提名信和资料，参加申请，结果被诺贝尔奖评委会退了回来。理由很简单，一个奖项最多有三个人并列申请，不授予集体。青霉素获得诺贝尔奖就三个人，那是最多的了。

而当时的情况，讲究集体主义和团队协作精神，无论谁出多大成绩，都无一例外归于集体，因为那是集体智慧的结晶，从来没有争议。

前车可鉴。

这里还有一个典型事例。

1965年，中国科学家的科研项目——"人工合成牛胰岛素"，也是世界科学史上一个重大成果。1973年，杨振宁致函时任中国科学院院长的

2011年9月，屠呦呦领取美国拉
斯克奖临床医学研究奖奖杯

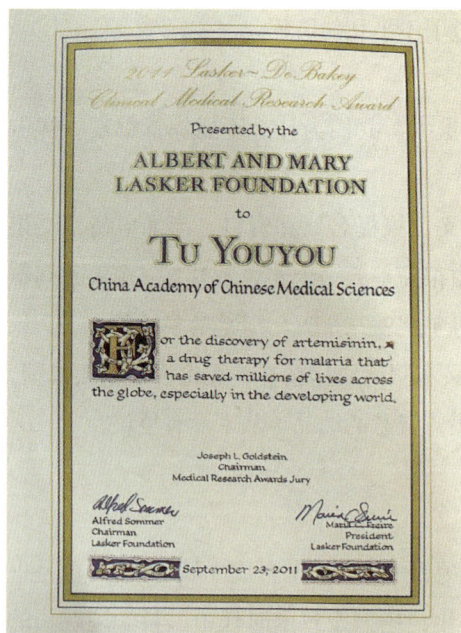

屠呦呦荣获2011年美国拉斯克奖
临床医学研究奖

郭沫若先生说，瑞典诺贝尔奖评委会要他提名1974年化学奖候选人，他希望提名中国科学院生物化学所、有机化学所和北京大学参加人工合成牛胰岛素有代表性的科学工作者各一人，上报评委会。

既然鼎鼎大名的诺贝尔奖获得者杨振宁先生提了出来，国家有关方面便开始研究，研究来研究去，最后认为除了政治上的考量外，胰岛素研究是集体成果，难以提出有突出代表性的人选，以此婉拒了杨振宁的提议。就这样，人工合成牛胰岛素最终与诺贝尔奖失之交臂。

神秘的助荐人，神秘的故事

那么后来，青蒿素为什么又获奖了呢？这与两个美国人的大力推荐有直接关系。

且说这两人都是美国国家卫生研究院的科学家：一位名叫苏新专，另一位名叫路易斯·米勒。

苏新专，一位华裔科学家。他对中国大部分人来说还是挺陌生的，但在中国的厦门大学却十分出名，他既是美国国家卫生研究院很有成就的终身研究员，又是中国教育部第六批"长江学者奖励计划"讲座教授，多年来为厦门大学义务兼职，培养了大批的研究生、教授和副教授。他为人低调，穿着打扮就像一个邻家大哥，平易近人且治学严谨。他是研究疟原虫的学者，自然了解青蒿素对人类的伟大贡献。他就想为祖国出把力，亦是报国心切，为本土科学家打开诺贝尔奖的一扇门，开辟一片新天地，让古老的中医药走向世界，焕发她的青春。

他知道仅凭他一个人的力量不行，一是级别不行，二是势单力薄。诺贝尔奖规定：提名申请人必须是美国科学院院士。

怎么办？那就找一个！

于是苏新专便瞄上了他的导师，同在美国国家卫生研究院当教授的路易斯·米勒。路易斯·米勒在美国科学界大名鼎鼎，又是一位美国科学院院士。他是推荐诺贝尔奖的不二人选。于是，苏新专寻找机会，请他加入，联合申报。

这两位美国科学家很正直。作为美国从事疟原虫相关研究的博士，在青蒿素造福人类之后，两人都很纳闷——中国的青蒿素独一无二，怎么不申报个世界级大奖呢？到底是怎么回事？他们有点为中国科学家鸣不平的心理，于是开始调查青蒿素的发现过程。

机会终于来了。

2005年，苏新专与路易斯·米勒教授受邀到中国参加疟疾研讨会。会议期间，路易斯教授问中国中医药专家——青蒿素的发明者是谁？令人奇怪的是，现场竟没一个人知道，这让他们大为失望。

其实，早在1982年，屠呦呦以抗疟新药——青蒿素第一发明单位第一发明人身份，在全国科学技术奖励大会上领取了发明证书及奖章。1995年，在全国科学技术大会上，因为"抗疟新药——双氢青蒿素及双氢青蒿素片剂"的研究荣获"1992年度全国十大科技成就奖"，第一发明人就是中国中医研究院（现中国中医科学院）中药研究所屠呦呦本人，时任国务委员兼国家科委主任宋健还在大会上首次肯定了屠呦呦的成绩。

这是中国人发现的全世界唯一的抗疟特效药，怎么会不知道发现者是谁？

这是一次。

另一次是2007年，他俩到上海参加一个研究疟疾与传染媒介的会议。路易斯·米勒再次在会上发问："青蒿素在你们中国到底是谁发现的？怎么发现的？"

抗疟研究者们还是面面相觑，鸦雀无声。

他又重复了一遍："难道你们不知道是谁发明的青蒿素吗？"

在场的所有人，仍然摇摇头。

这事很奇怪。这么大的事在中国举办的关于疟疾的学术讨论会上竟没人知道？

就是没人知道。

在中国到底是谁发现了青蒿素？对于美国国家卫生研究院的两名研

究员来说，还真是个谜。他们只知道20世纪70年代初，中国的一个医疗机构发现了青蒿素，但不知道研发者是谁。

后来，路易斯教授说："关于青蒿素最早的论文出现在1979年，但是论文上没有署名，这样重大的发现，竟然没有署名。这实在令我惊讶！"

苏新专开始寻找线索，他发现很多论文都提到了北京一家相同的研究机构，于是打电话过去咨询，不久之后，相关资料寄到了苏新专手上。在这个厚厚的档案袋里，装的都是和青蒿素发现人有关的原始文件。一个打破中国纪录的名字闯入了苏新专的视线，那就是默默无闻，只讲工作、不问收获的屠呦呦研究员！

其中，让两位专家留有特别印象的一篇文章写得很直白，由廖福龙执笔并署名。这篇文章发表在2009年12月，国际*Molecules*（《分子学报》，瑞士）一期青蒿素专刊，庆祝青蒿素发现者屠呦呦教授八十岁寿辰，专刊的首页发表了"编者的话"，题目是《青蒿素的发现》。文章回顾了屠呦呦和她的团队发现青蒿素的历史。

文章全文是：

青蒿素的发现
作者　廖福龙

青蒿素是20世纪70年代初在中国发现的一种新型抗疟药物。青蒿素的发现归功于当时在中国中医研究院中药研究所工作的中年植物化学家屠呦呦。

在20世纪60年代末和70年代，屠呦呦是一个抗疟研究团队的负责人，该团队由植物化学和药理学研究人员组成。她带领这个团队从中草药中提取和分离可能具有抗疟疾活性的成分。在这项工作的第一阶段，她的团队调查了两千多种中草药制剂，并确定了六百四十种可能具有抗疟作用的配方。从二百多种中草药中提取了三百八十多种提取物（包括黄花蒿提取物），用啮齿动物疟疾模型进

1982年10月，屠呦呦参加全国科学技术奖励大会并领取发明证书及奖章

行了试验。然而，进展并不顺利，一开始没有取得显著的成果。

转折点出现在青蒿提取物对疟原虫生长有一定抑制作用时，这与葛洪（晋朝，公元284—346年）在《肘后备急方》中对该物种的活性描述一致。屠呦呦出色地改进了提取技术，使其在低温下进行，而不是像传统中药常用的加热煎煮。在采用较低的温度提取后，获得了更好的抗疟活性，她发现最有效的制剂来自黄花蒿的叶子，证明了其对小鼠疟疾柏氏鼠疫显著抑制。

不幸的是，这种提取物对动物来说似乎是有毒的，尽管它对疟疾有效。随后，屠呦呦将提取物分离成酸性部分（不含抗疟活性）和中性部分（既降低了毒性又提高了抗疟活性）。

"文化大革命"期间，由于没有进行新药试验的条件，因此，为了帮助疟疾患者，屠呦呦和她的同事们勇敢地充当了第一批志愿者，自己服用了新的提取物。在他们的第一次人体试验后，屠呦呦和她的团队去海南验证提取物的临床疗效，并对感染间日疟和恶性疟的患者进行了抗疟治疗。这些临床试验产生了令人鼓舞的反馈，与使用氯喹的对照组相比，发热和血中疟原虫迅速消失。

屠呦呦接着研究了从青蒿中分离和纯化活性成分。最终，在1972年，她的团队发现了一种无色结晶物质，分子量为282Da，分子式为$C_{15}H_{22}O_5$，熔点为156～157℃，将其命名为"青蒿素"（"青蒿"为黄花蒿的中药名，"素"意为基本成分）。1975年，屠呦呦在中国科学院生物物理研究所的协助下，确定了青蒿素的立体化学和结构为倍半萜内酯。该结构首次发表于1977年，新分子和这篇论文都在同一年被《化学文摘》迅速引用。但由于当时环境的原因，有关青蒿素的论文不多，且多为中文。此外，早期的论文都没有以个人名义署名，这也许是屠呦呦这个名字和她所发现的青蒿素在国际上鲜为人知的原因。

几千年来，恶性疟疾一直是威胁生命的严重疾病，每年仍然威胁着世界许多地区，特别是非洲的数百万人的生命。20世纪50年代，国际社会试图根除疟疾的努力失败后，疟疾卷土重来，这主要是由于出现了对当时的抗疟药物（如氯喹）具有耐药性的寄生虫。青蒿素是一种新的抗疟药物，具有完全不同的化学结构和更好的疗效，20世纪80年代，青蒿素及其衍生物在中国成功应用，治疗了数千名疟疾患者，与已获得耐药性的常规药物相比效果显著，引起了全世界的关注。青蒿素的发现被认为是人类征服疟疾之旅的一个重要里程碑。2005年，世界卫生组织宣布将战略转向青蒿素联合疗法。目前广泛使用青蒿素联合疗法，挽救了众多生命，特别是非洲儿童的生命（该药物由于其抗配子体的活性，显著降低了非洲疟疾的严重程度）。如果没有青蒿素的发现，这一切都不可能实现。

1979年，青蒿素被国家科学技术委员会授予发明证书。1981年联合国开发计划署、世界银行、世界卫生组织主办的疟疾化疗科学工作组第四次会议在北京举办热带病研究与培训特别项目，屠教授应邀做了关于青蒿素的讲座。屠教授和她团队发现的青蒿素及有关衍生物也获得了中国的新药证书。自20世纪70年代以来，青蒿素和屠呦呦教授在中国获得了十多项国家级奖项。屠教授现任中国中医科学院中药研究所青蒿素研究中心主任，中医科学院终身教授。值此屠呦呦教授诞辰八十周年之际，我们谨向这位研究分子多样性的大师、青蒿素的发现者，对人类做出的杰出贡献表示诚挚的敬意。

这篇文章以无可辩解的事实，证明了青蒿素的发现者是屠呦呦。

原来是该学报编辑林树坤博士，多年到国内调研青蒿素的发现历史，并得出明确的结论，认为是屠呦呦团队最先发现了青蒿素。于是，特邀廖福龙先生写了这篇刊首金文，以引关注。

2009年出版青蒿素专刊并向青蒿素发现者屠呦呦祝贺八十岁寿辰，在国际抗疟学界第一次明确了屠呦呦的杰出贡献。

然而，他们不知晓，屠呦呦始终无怨无悔地泡在实验室里默默地工作，从未期盼过名利。这让两位博士肃然起敬——这个世界不应该忘记功勋卓越、品德高尚的科学家！她的成就应该大白于天下。

有一天，中午吃饭，苏新专和路易斯碰到一起，说到了这件事情，都很激动。

路易斯说："对中国来说，搞清这件事很重要，对我们科学工作者也很重要……"接着就问苏新专，"是不是应该去申请个什么奖？"苏新专趁机说："可以考虑先提一下拉斯克奖，然后再是诺贝尔奖。"

"OK！"两人一拍即合。

作为懂中文的华人科学家，苏新专便开始搜集发现青蒿素的有关材料——证据和申报材料，做申报准备。

于是，两人又特意来到了中国。

在中国，他们调查了青蒿素的研究历史，打道回府后，写了一篇文章《青蒿素：源自中草药园的发现》，第一次向全世界介绍了青蒿素的发现史。

2011年，他们又在生命科学领域最有影响力的期刊《细胞》上发表了他们的调查结论：我们的发现毫无疑问地显示，最大的功劳应该归屠呦呦……在寻找线索的过程中我们发现，尽管20世纪60年代末到20世纪70年代她都没有论文发表出来，但当世界卫生组织工作组在1981年末到中国了解青蒿素的时候，是屠呦呦被安排来向他们汇报情况的。

苏新专说："不容否认，这个项目有很多人的贡献，如果有可能推荐集体奖，那我们肯定是这样做。如果选一个人做代表，那就是她了。我们跟谁都不认识。重要的是我们要尊重事实。"

这就是事实。

屠呦呦获奖后，再也没这两位美国教授的任何消息。苏新专表示，那仅是他们俩该做的事。

这就是科学家的胸怀。

当时在调查中，两位美国教授还发现，"523"项目（代号为"523"的疟疾防治药物研究项目）参与单位和人员非常多，仅一个青蒿素鉴定

一种新型的倍半萜内酯——青蒿素

青蒿素结构研究协作组

我们从菊科植物 *Artemisia annua L.* 中，分离出的一种结晶、定名为青蒿素，是无色针状结晶，熔点 156—157℃，$[\alpha]_D^{} = +66.3°$（C—1.64，氯仿），高分辨质谱（m/e 282.1472 M^+）及元素分析（C63.72%，7.86%）表示其分子式为 $C_{15}H_{22}O_5$，根据光谱数据和 X-射线分析以及化学反应，证明其为一种新型的倍半萜内酯，具有左旋的相对构型。

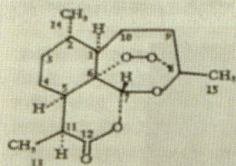

红外光谱（溴化钾）具有一个六元环内酯（1745厘米$^{-1}$）和过氧基团（831，881，1115 厘米$^{-1}$）。不含双键。无紫外吸收。

质子（^{1}H）共振谱（四氯化碳，100M Hz，六甲基二硅醚，δ-值） 0.93（双峰，3H，J = *6Hz，14-CH$_3$），1.06（双峰，3H，J—6Hz，13-CH$_3$），1.36（单峰，3H，15-CH$_3$），3.08-3.44（多峰，11-H）。照射此峰，则 1.06 由双峰变为单峰，5.68（单峰，7-H）。

^{13}C 共振谱（氯仿，22.63M Hz，δ-值）12，19，23（四重峰，14，13，15-CH$_3$），25，35.1，37，35.5（三重峰，4，3，10，9-CH$_2$），32.5,33,45,50,93.5(双峰，2，5，1，11，7-CH)，79.5，105，172（单峰，6，8-C，12-C = 0）。

青蒿素经碘量法及三苯磷定量方法测，证明分子内存在过氧基团。用钯-碳酸钙常温常压下催化氢化或用碱处理即失去过氧基团。内酯中的羰基，能被硼氢化钠或二丁基铝氢还原成羟基，此羟基用铬酐氧化又成为原来的羰基。

青蒿素经采用 X-射线单晶衍射方法，确定了其晶体结构。

结晶学参数：空间群 D_2^4—$P_{2_12_12_1}$，晶胞参数 $a = 24.098$Å，$b = 9.468$Å，$c = 6.399$Å，密度：实验 $d_m = 1.30$ 克/厘米^3，计算 $d_c = 1.294$ 克/厘米^3，单胞中分子数 Z = 4。

衍射强度数据是由 phillips 四圆衍射仪收集，采用石墨单色器（$2\theta_M = 26.6°$），CuK$_\alpha$ 辐射（$\lambda = 1.5418$Å），收到了 θ 小于 58° 的全部强度数据，独立的衍射点为 810 个，可观察的衍射点 619 个。

利用符号附加法得到相角，经 ^1g 公式修正，由此获得 E 图，应用傅里叶综合法作电子密度函数的逼近，获得了全部非氢原子的结构信息，确定了青蒿素的分子结构（图1）。

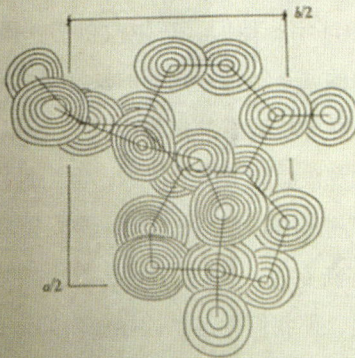

图1 青蒿素晶体结构三维电子密度叠合图

本文1976年2月20日收到。
* 250MHz 数据，100MHz 时，裂距较小。

1977年，青蒿素结构研究协作组发表论文《一种新型的倍半萜内酯——青蒿素》

会，主要研究单位就列了六家，协作单位三十九家，参加鉴定会的人员有一百多人。屠呦呦到底在里边起到了多大的作用？美国科学家提出三个关键问题——

　　一是谁先把青蒿素带到"523"项目组；二是谁提取出有百分之百抑制力的青蒿素；三是谁第一个做了临床实验。

两位博士说得很简单——这三条中的任何一条都足够支撑她得这个奖。

但国内不同的呼声仍然不绝于耳。

于是在两位博士力挺下，拉斯克奖评委会来到了中国，了解青蒿素的发现史，仍旧遇到了四个人争持不下的难题。

这些美国人解决问题的办法很简单，他们让有争执的四个人回答两个问题：第一个——谁最应该获得拉斯克奖？第二个——如果你得不了拉斯克奖，你认为其他三个人中谁最应该获得？

最后神奇的结果出来了：第一个问题毫无疑问都是认为自己最应该获得拉斯克奖；第二个问题，有三个人写的都是屠呦呦的名字。

2011年9月，拉斯克奖正式授予青蒿素发现者——屠呦呦。

评委会的理由是：用乙醚提取青蒿素，这个看似简单的提取过程，却是拉斯克奖最看重的首创，包含三个"第一"：第一个把青蒿素带入了"523"项目组，第一个提取出了具有百分之百活性的青蒿素，第一个将青蒿素运用到临床并证实它有效。

这个拉斯克的评奖结果公平吗？

再看看评奖程序。

首先是候选人无须自己申请，而是由美国和国际专业团体提名。拉斯克奖评委会共有二十五名评委，清一色美国人，半数以上为诺贝尔奖获得者、知名科学家。真正的科学家都是正直厚道的人。最终的评奖结果由这二十五名评委投票决定，保证了评选的专业性和权威性。评审过程严格保密，又保证了评委们在评议时保持公正。

这还不够公平吗？

一位外国友人又举例说，20世纪初，美国福特公司一台电机出了故障，招来大量检修人员都找不到毛病，只得停产。著名机电专家斯坦门茨来了，用粉笔在电机外壳的一个地方画了一道线，指示修理工在画线处将里边的线匝减少十六圈，修理工照办了，故障立即就排除了，为此他向公司索要酬金一万美元。有人说这家伙太贪婪了，当时公司最高月薪才五美元。对此，这位机电专家解释得很简单：画一条线值一美元，知道在哪里画线，值九千九百九十九美元。

这不是一个道理吗？

假如找到青蒿素价值一万美元，那么青蒿素本身就值一美元，而如何找到青蒿素才值九千九百九十九美元。

这就是从零到一，与从一到二、三、四……到无数的关系，就是从无到有质的变化，与从少到多的数量关系。如果零不到一，那么零永远是零。

曾任卫生部部长的中国科学院院士陈竺说的话，是有相当分量的。他说："学术带头人、领衔科学家，尤其是在核心位置的领衔科学家发挥的领导作用，对于突破口的选择和重大的技术方案的确定，起到最为重要的作用，屠呦呦是这个群体的最为杰出代表。诺贝尔奖评奖委员会和2011年拉斯克奖委员会做出最后的决定完全是基于科学、客观的事实基础。"

时任北京大学生命科学学院院长的饶毅说："屠呦呦在青蒿素的发现过程中起了关键作用，因为她的研究组第一个用乙醚提取青蒿，并证实了青蒿粗提物的高效抗疟作用。"

屠呦呦是中国科学家获得拉斯克奖的第一人。用屠呦呦自己的话说："这个奖是找上门来的，我只是等……"这一等，时间太漫长了。青蒿素诞生于1972年，她等了三十九年，到八十一岁才获奖，一头青丝等成白发苍苍。

幸运的是，此奖获得后她人气飙升。有人暗暗告诉她一组数据，截至她获奖的2011年，三百多位拉斯克奖获奖者中，有数十人相继获得诺贝尔奖。拉斯克奖的分量已经很清楚——它是诺贝尔奖的"风向标"。

而且，在苏新专的助推下，路易斯·米勒博士从2010年起，每年都在从诺贝尔奖评委会收到推荐的表格中，毫不犹豫地填上屠呦呦的名字，连续几年，年年推，一年都不落。因为这两位博士清楚青蒿素的功高盖顶和前因后果。所以2015年在青蒿素被发现的四十年后，他们俩又在全世界最权威的学术杂志之一——《细胞》期刊上刊登了屠呦呦的故事，引发轰动。

所以媒体纷纷预测，屠呦呦已是"离诺贝尔奖最近的中国女人"，也就是说距离斯德哥尔摩不远了。

迟来的诺贝尔奖

斯德哥尔摩位于瑞典的东海岸，濒临波罗的海、梅拉伦湖入海处，风景秀丽，是著名的旅游胜地，是瑞典的首都、诺贝尔的故乡。

果不其然！

2015年10月5日，没有预告，没有通知，诺贝尔生理学或医学奖评委会秘书长兰达尔教授在瑞典首都斯德哥尔摩宣布：中国女药学家屠呦呦获2015年诺贝尔生理学或医学奖。

在拿下堪称诺贝尔奖"风向标"的拉斯克奖四年后，屠呦呦真的获得了诺贝尔奖——这个当今世界影响最大、最权威的国际大奖。而且，她是中国本土科学家获得诺贝尔科学奖的第一人，又是女性科学家。

屠呦呦的获奖，是中国人的一件特大喜事，几乎全世界都在说："恭喜屠呦呦，恭喜中国！恭喜中药！"

然而这一切，八十五岁的屠呦呦却被蒙在鼓里，懵然不知。她先生李廷钊说，诺贝尔奖评委会曾打电话给屠呦呦，但屠呦呦有事，错过了这个电话。所以满天下都知道她得了奖，而她并不知晓。

下午五点多了，在客厅的老伴李廷钊从电视上看到了她获奖的消息。

"你获奖了！"他有点激动。

正在洗澡的屠呦呦还是不在意地回答："是不是在说那个拉斯克奖……"

"是诺贝尔奖。有你，还有一个爱尔兰的、一个日本的，你们三个获奖了。"

第二天下午一点，屠呦呦接到了诺贝尔生理学或医学奖评委会秘书长兰达尔教授的正式致电，通知她获奖的消息，并表示热烈祝贺。

她的获奖理由是"有关疟疾新疗法的发现"。诺贝尔生理学或医学奖评委让·安德森说："屠呦呦是第一个证实青蒿素可以在动物体和人体内有效抵抗疟疾的科学家。她的研发对人类的生命健康贡献突出，为科研人员打开了一扇崭新的窗户。"

诺贝尔奖评委会用"成果无法估量"来评价："由寄生虫引发的疾病困扰了人类几千年，构成重大的全球性健康问题。屠呦呦发现的青蒿素应用在治疗中，使疟疾患者的死亡率显著降低……她在改善人类健康和减少患者病痛方面的成果无法估量。"

屠呦呦也因此成为诺贝尔医学奖史上第十二位女性得主。业内人士都知道青蒿素获诺贝尔奖的重大意义——被国际同行誉为"20世纪下半叶最伟大的医学创举"！

屠呦呦顿时火爆京城。

屠呦呦家的电话响个不停，祝贺的、采访的，她的丈夫李廷钊一边帮着招呼记者落座，一边忙不迭地接着持续响起的电话。

当晚，受有关党和国家领导人委托，国家卫生计生委副主任、国家中医药管理局局长王国强和中国科学技术协会党组书记尚勇前往屠呦呦家中表示祝贺。

著名物理学家、诺贝尔奖得主杨振宁先生得知屠呦呦获奖的消息，非常高兴，他说，他坚信青蒿素一定会得诺贝尔奖。这位年近百岁的老先生回国时，得知中国的原子弹完全是自己独立制造的，曾经激动得流下了眼泪。

网友们早就沸腾了，屠呦呦获奖的消息瞬间刷遍微信朋友圈，青蒿素一鸣惊人：

"了不起的医学家，当代的李时珍！恭贺、恭贺！"

"作为一名医学生感到非常骄傲，中国终于又出了诺贝尔奖。"

"这一刻，我流泪了。"

"盼了多少年，终于等到了！这是不是预示着一个新时代的到来！"

"不是有人一讲到诺贝尔奖就泄气、唱衰吗？面包会有的，诺贝尔奖会有的，人家有的好东西，我们也会有的！"

"屠呦呦，名字萌萌哒……"

"奶奶的名字好萌，太厉害了！厉害的人名字也可爱！"

"屠奶奶，大大的厉害，心中有国家，造福无国界……"

…………

在正式告知屠呦呦获奖的消息后，诺贝尔生理学或医学奖评委会秘书长兰达尔诚挚邀请她于2015年12月赴瑞典参加诺贝尔奖颁奖大会。

行程安排表定了，就在眼前。"诺奖周"时间：2015年12月6日至11日；地点：瑞典首都斯德哥尔摩音乐厅。

12月6日，下午两点，屠呦呦与其他两名诺贝尔生理学或医学奖得主共同出席在卡罗林斯卡医学院举办的新闻发布会，并在诺贝尔博物馆咖啡馆的椅子上签名。

12月7日，下午一点，在卡罗林斯卡医学院发表题为《青蒿素——中医药给世界的一份礼物》的演讲。

12月10日，下午四点半，斯德哥尔摩音乐厅。出席诺贝尔颁奖典礼，典礼约一个半小时。瑞典国王卡尔十六世·古斯塔夫在典礼上将依次为获奖者颁发诺贝尔奖证书和奖章。晚上七点至十一点，参加诺贝尔奖晚宴。在斯德哥尔摩市政厅蓝厅，一千三百名嘉宾将同时用餐。

当晚，诺贝尔奖得主的证书和奖章在市政厅展出。晚宴结束，来宾参加在金色大厅举办的舞会。

12月11日，参加瑞典王室举行的皇家晚宴，瑞典国王、王后等王室成员都将出席。

12月11日以后，处理一些事务性工作，包括去诺贝尔基金会办公室取回诺贝尔奖证书和奖牌，并就所获得的四百万瑞典克朗奖金的转账事宜进行协商。

行程安排表上高大雄伟的蓝色音乐厅、瑞典国王、奖牌等，令人神往。

去不去瑞典？这是个很严肃的问题。

可是屠呦呦跟老伴李廷钊商量的结果是：放弃参加颁奖仪式。

这多少让人意外，但是也符合她为人低调的性格。后来，屠呦呦说了大实话："哈佛给那个华伦·阿尔波特奖我们没有去，是我孩子去的，共三个人，另外两个获奖的人是做疟疾疫苗的。因为那时我腰疼的毛病犯了，每天坐久了腰就疼得厉害，一听说坐飞机要十个小时，就不想去颁奖礼现场了。我有兴趣就看看孩子在美国领奖时的照片。另外两个获奖的人他们很客气，还说向我问好，他们一个是拄着拐杖，另一个是坐轮椅去的。诺贝尔奖也不准备去了。"

本来已经确定了，后来有一天一个同事问她："什么时候启程去瑞典？"她说身体不行，不准备去了。这个同事立马就严肃起来，一字一句地说："屠老师——你一定——要去！因为现在你不是代表你自己——你代表的是咱们——中国——"

她恍然大悟——怪不得人家拄着拐杖、坐着轮椅也要去。获了诺贝尔奖，已经不是一个人的事了，这是祖国的荣誉！

同事说完这句话，没再说第二句。她立刻改变主意，病痛算什么，到斯德哥尔摩去。

一想到国家的荣誉，她就愉快地做好了亲自到现场领奖的准备。

低调启航，万人瞩目

英雄的斯德哥尔摩，是一座建在岛上的城市。

　　市区分布在一座半岛和十四座岛屿上，七十多座桥梁将这些岛屿连为一体，被誉为"北方威尼斯"。这座水上城市面积不大，岛屿中最小的一座只能建造一栋房子。走在斯德哥尔摩的街道上，总会与水不期而遇。它因是诺贝尔奖的举办地，为全世界人们所熟知。

　　屠呦呦获诺贝尔奖是件大事。为了保证她顺利参加并完成诺贝尔奖的全程活动，国家中医药管理局专门成立了诺贝尔奖代表团，负责她的行程安排、外交事务、身体健康、仪态着装等相应事宜。代表团组成人员共十七人——代表团团长为中国中医科学院院长张伯礼院士，副团长为国家中医药管理局国际合作司王笑频司长，中国中医科学院中药研究所所长陈士林、党委书记朱晓新，代表团成员有外交部欧洲司邹晓墨，国家中医药管理局国际合作司刘歆，中国中医科学院张俊华、冯磊，中国中医科学院中药研究所廖福龙、赵海誉、付京华、金莉、乌鲁木加甫，中国中医科学院广安门医院吴敏，中国中医药报吴潇湘，屠呦呦研究员服装设计师伽罗和化妆师张志宇。

　　2015年12月4日上午十点，屠呦呦从家中出发前往首都国际机场，中国中医科学院派出专人专车，国家卫生计生委副主任、国家中医药管理局局长王国强，中国工程院院士、中国中医科学院院长张伯礼，中国中医科学院党委书记王炼，国家中医药管理局国际合作司王笑频司长等在机场迎送。然后，她转乘国航CA911航班于下午一点五十分正式启程，飞往瑞典斯德哥尔摩领取诺贝尔奖，并参加"诺奖周"系列活动。

　　屠呦呦一行乘坐的飞机于当地时间12月4日下午五点五十分抵达斯德哥尔摩阿兰达机场。那个给她打电话告诉她获奖消息的诺贝尔生理学或医学奖评委会秘书长兰达尔亲自到机场迎接屠呦呦。他用中文"你好"问候屠呦呦，屠呦呦回以英文的"Thank you"（谢谢你），表达对他的敬意。之后兰达尔陪同屠呦呦代表团一行直接从云梯外接楼梯离开机场，送往屠呦呦下榻的诺贝尔套房入住。为了便于屠呦呦在斯德哥尔摩的活动，他们还安排了一位华裔女士张乐在活动期间全程陪同。

　　在参加"诺奖周"活动期间，屠呦呦其实相当低调，大部分时间被家人和中药研究所的工作人员"保护"在诺贝尔套房里，让她有足够多的时间养精蓄锐。

12月6日是她第一次在"诺奖周"亮相。

这天清晨，身着黑色大衣、佩戴亮黄色丝巾的屠呦呦在家人的陪同下出现在众人视野，她饶有兴致地参观诺贝尔博物馆，了解博物馆的历史，感受到那份仿佛穿越时光与世界上伟大的科学家、发明家相互对话所带来的巨大震撼。

随后，她将一套有关青蒿素研究历史的《青蒿抗疟研究》资料，还有纪念瓷盘，赠予了诺贝尔博物馆收藏，按照惯例她又在博物馆咖啡馆的椅子上签上了自己的名字。这个瓷盘，白底青花，上半部印有屠呦呦在实验室进行科研工作和青蒿原植物图像，也有她的亲笔签名；下半部，是她发现青蒿素获得诺贝尔奖的英文颁奖词，并附有青蒿素化学结构的图像、中国中医科学院院标，还有中国中医科学院中药研究所所标。

在参观博物馆时，屠呦呦惊喜地发现了一套很有趣的茶杯和茶壶，博物馆工作人员告诉她，这套纪念品是由斯德哥尔摩当地的贝克曼斯设计学院和瑞典皇家音乐学院的学生创作的。仔细看，你会发现这套茶杯和茶壶是以屠呦呦团队分离提取青蒿所用容器为原型而设计的，由陶土制成，而配套的加热器把手是通过3D打印成型的。

这是在向屠呦呦和她的成就致敬。

"诺奖周"另一项重要活动是演讲，这也是绽放思想火花的最佳时刻。

当地时间12月7日上午十点，应诺贝尔奖评委会邀请，三位获奖者在卡罗林斯卡医学院进行主题演讲。

斯德哥尔摩卡罗林斯卡医学院礼堂入口处，很多人在等待领票进入报告厅聆听三位诺贝尔生理学或医学奖获得者的演讲，他们当中华人居多。这些人都提前了三个小时在冬日寒风中等候入场。华人华侨对屠呦呦的热情早就驱散了冬日的寒冷。他们中，有医学院的留学生，也有教职员工，还有特意从五六百公里外的城市赶来的，他们手里拿着中瑞两国国旗，边等候，边兴高采烈地聊着天，赞扬着屠呦呦，赞美着祖国。会场外，有华人挂出的"祝贺屠呦呦获大奖"的横幅，格外显眼。

学院的空旷处，挂着一条印有"留瑞学子热烈祝贺中国科学家屠呦呦获得2015年度诺贝尔奖"的横幅。几个留学生在寒风中忙碌，难掩兴奋之情。中国人获得诺贝尔奖是华人世界的一件大事，屠呦呦的诺贝尔奖之旅吸引了在瑞华人华侨的高度关注。医学院这个千人报告厅座无虚席，有不少是"黑眼睛""黄皮肤"的人，他们中不少人是瑞典华侨，就是为了一睹屠呦呦的风采而争先恐后地来到报告厅。

十一点三十分，入口准时开放，虽然寒意肆虐，等待的每一位华人心中却充满暖意。

下午一点，诺贝尔奖得主演讲开始。屠呦呦换了一身宝蓝色套装，围着一块紫黄相间的围巾，端庄典雅。在丈夫李廷钊和女儿的陪伴下，她缓步走到会场正中的座位坐下，聆听另外两位诺贝尔生理学或医学奖得主大村智及威廉·坎贝尔演讲。

下午两点十五分，屠呦呦步履沉稳整肃，缓缓走上讲台。她身着一袭宝蓝色套裙，更显女性知识分子的温文尔雅，上衣前襟印有中草药青蒿图案，闪闪发光的胸针造型是她名字的字母缩写"TYY"。

与其他两位站着演讲的获奖者不一样，因为屠呦呦年事已高，她是坐着演讲的，而且在演讲会上还有一件令人深为感动的事情。诺贝尔主题演讲会的主持人卡罗林斯卡医学院传染病学教授扬·安德森先生在屠呦呦演讲全程中一直单膝跪地，一只手从后面扶着屠呦呦，另一只手为她拿着话筒，三十分钟一动未动，直到她讲完为止。值得一提的是，他既是一位主持人，又是一位教授！这个尊重科学、尊重老人的场景，感人至深。

屠呦呦演讲的题目是《青蒿素——中医药给世界的一份礼物》。她的演讲结合幻灯片进行。她的同事廖福龙主动离开报告厅，到楼上放映室替换了瑞典放映员，全程承担了屠呦呦诺贝尔奖演讲的幻灯片放映。

这时候，在瑞典卡罗林斯卡医学院的诺贝尔奖演讲台上，第一次响起清正柔婉的中国声音。这声音带有浓浓的宁波口音，却洪亮有力。

屠呦呦首先感谢了诺贝尔奖评委会、诺贝尔奖基金会授予她2015年诺贝尔生理学或医学奖，感谢了瑞典人民的热情接待。然后她说："作为一名科学工作者获得诺贝尔奖是个很高的荣誉。青蒿素研究获奖是当年研究团队集体攻关的结果，是中国科学家集体的荣誉，也标志着中医研究科学得到国际科学界的高度关注和认可，这是中国的骄傲，也是中国科学家的骄傲。"接着她说，"我再次衷心感谢当年从事'523'抗疟研究的中医科学院团队全体成员，铭记他们在青蒿素研究、发现与应用中的积极投入与突出贡献。"

她借诺贝尔奖颁奖典礼这个平台，一一说出这些有功单位的名字。

　　　　山东省中药研究所
　　　　云南省药物研究所
　　　　中国科学院生物物理所
　　　　中国科学院上海有机所
　　　　广州中医药大学
　　　　军事医学科学院

这段获奖感言，屠呦呦写在一张纸上，一字一句地念出来，声音清脆，心意诚恳。

屠呦呦把自己的成绩归功于党和国家的信任，归功于中国科技界万众一心、攻坚克难，展现了一位八十五岁老科学家对科研工作无私奉献的精神，也充分彰显了她谦逊细致、集体主义的高风亮节。屠呦呦以自己的专业服务于人类福祉，并将其作为自己的理想追求，鼓励大家对工作精益求精、更上一层楼，让中华中医药宝库为人类再立新功，充满了昂扬向上的正气，赢得了广泛的赞赏和高度的评价，在世界面前展示中国科学家的风采。

演讲中，屠呦呦回顾了四十年前在艰苦的条件下发现青蒿素的过程，表达了她对当年一起从事研发和协助团队的感谢，也表达了对青蒿素抗药性增加的担心。

她说："遏制青蒿素抗药性的任务迫在眉睫，为保护青蒿素联合疗法对恶性疟疾的有效性，我诚挚地希望全球医药工作者认真执行遏制青蒿素联合疗法抗药性的全球计划。"

她说这句话的时候，疟原虫已在全球一些地区对青蒿素药物产生了令人担忧的抗药性。她在这里说出来，一是期望全球同行保护青蒿素的有效性，二是向世界宣誓——我要攻克疟原虫的抗药性。

这是她时刻不忘挽救生命、悲天悯人的为民情怀。

这也是她一生倾情青蒿素的宣言。

半个小时的演讲中十次提到中医药。

"我想再谈一点中医药。毛泽东曾强调：'中国医药学是一个伟大的宝库，应当努力发掘，加以提高。'青蒿素正是从这一保护中发掘出来的。通过抗疟药青蒿素的研究历程，我深深地感到中西医药各有所长，两者有机结合，优势互补，应当具有更大的开发潜力和良好的发展前景。"

由青蒿素扩展到中医药，这就是一个中国科学家的家国情怀。还是那句老话，科学无国界，科学家有祖国。

最后，她以王之涣的《登鹳雀楼》结束了整个演讲："'白日依山尽，黄河入海流。欲穷千里目，更上一层楼。'请各位有机会更上一层楼，去领略中国文化的魅力，发现蕴含于传统中医药中五千年的宝藏！"

这里有她矢志不渝研究青蒿素的个人志愿，也有让中医药走向世界的宏大愿望。

屠呦呦演讲持续了二十七八分钟，精彩而务实的演讲博得现场阵阵掌声。

张伯礼院士事后说："屠呦呦的诺贝尔奖演讲非常精彩，当我在台下听到她说的这些话时，特别感动！青蒿素的发现是我国发扬举国体制、集中力量办大事的体现，是解决重大科学与临床问题的典型。中医药在这项研究中的贡献不容忽视，把中医药与现代科技结合研究发展，将带给世界更多惊喜。虽然青蒿素是特殊时期团队协作的结果，但屠呦呦的贡献是非常关键的发现。在过去很长一段时期，我们强调集体，忽视了对科学家首创贡献的认可。"

他说："如果说对待工人、农民的态度是考验这个民族的良心的话，那么对待知识分子的态度标志着一个民族的文明。我们应当补上这一课。"

而那位一直跪着给屠呦呦拿话筒的瑞典人扬·安德森，事后也对她的演讲大加赞赏："屠教授的演讲很精彩，时间过得很快。我觉得她是个很可爱的科学家，我很尊敬她。"

演讲结束后，三位诺贝尔奖得主上台合影。考虑到屠呦呦身为女性，兼之年事已高，主办方给她准备了一把椅子，但她很快站了起来，再次引发全场掌声。

活动结束后，屠呦呦告知保健大夫牙痛，其实当天早晨准备演讲前即出现了牙痛症状，但为不耽误演讲，决定带病上阵，并未进行处置。最终因为牙痛加重未能参加晚间的招待会。

呦呦鹿鸣，食野之蒿

2015年12月10日，是隆重的颁奖日子。

下午四点三十分，2015年诺贝尔奖颁奖典礼在瑞典首都斯德哥尔摩音乐厅如期举行。

庄严素雅的斯德哥尔摩音乐厅再次布置一新，高高的穹顶上，巨大的金色吊灯将中央大厅映射得金碧辉煌。金色大厅里灯火通明，光辉灿烂。那黄澄澄的金橘、火红的杜鹃、绿色的叶兰，把大厅装扮得高贵雅致。

颁奖仪式当晚在这里举行。贵宾们早在大厅里等候了，瑞典王室、政府内阁、诺贝尔奖评委会、各国驻瑞使团和社会各界人士共一千三百多人出席典礼。每位宾客都盛装出席，男士一律穿黑礼服，系白色领结；女士们则脚蹬高跟鞋，身穿长款晚礼服，使大厅显得格外庄重优雅。

世界上所有公开的大场面往往是记者先到，此时也不例外，来自世界各地的记者早在大厅聚集就绪，他们身着五颜六色的服装，操着不同的语言，抢位置，摆电脑，架起长短不一的摄影机、照相机，高高低低的"武器"像一些"炮筒"和"枪口"对准了大厅的主席台，单等那个重要的历史时刻的到来。

领奖贵宾走进大厅了。

屠呦呦出现了。

屠呦呦坐在中国人的"幸运号"八号座位上，她的旁边分别是七号座位上的日本科学家大村智和九号座位上的文学奖得主阿列克谢耶维奇。

屠呦呦身着一袭亮紫色长套裙，佩戴着一枚充满中国古典韵味的银色胸针，款款走进大厅，与其他两位获奖者一起，登上用两万朵鲜花装饰的领奖台就座。她的出现，就像"万绿丛中一点红"，这位中国女科学家在一片黑色燕尾服和白色领结的嘉宾中，增添了一点"中国紫气"，格外醒目。尽管旅途劳顿，活动频繁，但八十五岁高龄的屠呦呦面带笑容，精神矍铄。

上午十一点三十分，音乐骤起。

这一时刻终于来临了。

众目睽睽之下，诺贝尔生理学或医学奖评委会秘书长兰达尔和三位评委，优雅地缓步走上主席台，发布诺贝尔奖新闻。兰达尔面带微笑，先后用瑞典语、英语宣布2015年诺贝尔生理学或医学奖授予获得者——

中国药学家屠呦呦

爱尔兰科学家威廉·坎贝尔

日本科学家大村智

就在兰达尔宣布的同时，他身后的大屏幕上依次出现了获奖者的照片和简介。

屠呦呦的照片出现在大屏幕，她很有特点，戴着眼镜，嘴角微微带笑，屏幕简介中写着"生于1930年，中国中医科学院，北京，中国"。

这次表彰的三位科学家，主要是因为他们在寄生虫疾病治疗研究方面取得的成就，这个成就，诺贝尔奖评委会仍然用"无法估量"这个词来评价。

诺贝尔奖评委会成员、发言人汉斯·弗斯伯格的原话是："你们的发现代表了一种医学范例的转变，不仅为那些遭受致命寄生虫疾病的病人带来了革命性的治疗方式，而且提升了个人的福祉和社会的繁荣，你们的发现对于全球的影响以及全人类因此而获得的益处是不可估量的。"

外国话虽然饶舌，但意味深刻。世界上没有一项成就比用"无法估量"来形容更加重要的了。

在评价屠呦呦的科学贡献时，汉斯·弗斯伯格的颁奖词是这样说的——

每年大概有50万人死于疟疾，其中大多数为儿童。在20世纪60和70年代，屠呦呦参与了中国一个开发抗疟药品的重要项目。当屠呦呦在阅读古籍时，她发现一种叫作青蒿的植物在治疗发烧的配方中多次出现。于是她开始在感染疟疾的老鼠身上试验这种青蒿的提取物。试验发现一部分的疟疾寄生虫死亡但整体的试验结果并不一致。因此屠呦呦继续回到古籍中寻找。在一本1700年前的古书中，她发现一种对青蒿低温提取的方法，这样得到的提取物疗效非常显著，可以杀死所有寄生虫。这其中有效的成分随后被确认并被命名为青蒿素。在后来的研究中发现青蒿素能够通过一种独一无二的方式杀死寄生虫。屠呦呦对青蒿素的发现引起了对抗疟药品的研制和发展，这种药品已经挽救了上百万人的性命，将过去15年疟疾的致死率降低了一半。

颁奖典礼开始了，三位获奖者走上领奖台。

"现在领奖的是屠呦呦女士，来自中国，生于1930年，她现在在中国中医科学院工作。屠呦呦和她的丈夫及两个女儿一起来到了斯德哥尔摩。"

伴随着主持人的中文介绍，屠呦呦走上领奖台，她精神振奋，器宇不凡，尤其是身上这套以紫色套裙为主的颁奖礼服为她增色不少。这件紫色套裙是国际著名华裔设计大师伽罗特地为屠呦呦设计的，此人很有名气，曾为欧洲王室成员等名人设计过服装。

他设计的这套礼服套裙名为"紫气东来"，充满了中国韵味，象征着一股祥瑞之气从东方扑面而来。服装里有青蒿的意境，也有九九归一的韵味，特别是用紫色蕾丝织出来一些朦朦胧胧的符号，象征着中医药走向世界的百年诺贝尔之梦。

屠呦呦出现在大厅中央，让人们看到了什么？

一个古老而经典的东方故事。当初老子出函谷之时，远处几缕炊烟腾腾升起，夕阳下忽然一团紫气由东而来，散溢出来的吉祥之气弥漫天宇。紫气中，人们看到道风仙骨的老子，在紫气环绕中自带慈祥，骑着青牛飘然而来。

屠呦呦发现青蒿素是从葛洪那里得到灵感，而葛洪是道家，道教教主是老子，故此大家从屠呦呦身上感受到那种神仙之气自然而来，就不足为奇了。

这是中医药的光芒，也是传统道教文化的独特魅力。

套裙上别着一枚胸针，白金加紫宝石做成，造型中融合了"屠呦呦"三个字中每个拼音的开头字母"TYY"，还能隐隐辨别出凤凰尾翼、蝴蝶翅膀等优美幻景，也有人说这里隐藏着一棵生命力旺盛的青蒿，各种元素组成一幅美不胜收的标志，给人无限遐想。

业内人士称这套服装为服装设计的无与伦比之作，穿在屠呦呦身上恰到好处，相得益彰。

设计者伽罗说："屠呦呦是中国人的骄傲！她对艺术的热爱以及对设计师的尊重令我非常感动。我必须让屠老师以无与伦比的美丽登上诺贝尔奖领奖台！因为我感觉自己肩负着十三亿中国民众的重托啊。"他这么说，也这么做。为了不让服饰受一丝一毫的损坏，伽罗和助理亲自护送十几件服饰登上了飞机，送往斯德哥尔摩。

当屠呦呦穿着伽罗为她精心打造的紫色套裙，步履轻盈地走上诺贝尔奖领奖台的时候，这位中国药学家的光彩照人与华贵大气，让大厅内参加颁奖典礼的人们，为之倾倒；让全世界关注诺贝尔奖颁奖仪式的人们，为之震撼。

颁授仪式开始了。诺贝尔基金会主席卡尔－亨里克·赫尔丁致辞之后，三位获奖者依次授奖。伴随着悠扬的音乐声，屠呦呦从瑞典国王卡尔十六世·古斯塔夫手里接过了诺贝尔奖证书、奖章和奖金。

颁奖现场回荡起热烈掌声。

屠呦呦，一个中国科学家，她发现的青蒿素创造了"三个第一"：第一次由中国科学家因其在本土进行的科学研究而获得诺贝尔奖；有一百多年历史的诺贝尔奖，第一次颁发给一名亚洲女科学家；中国中医药成果第一次获得了这个科学界的最高奖项。

这是全世界科技界的庄严盛典，也是中医药界的历史性的时刻。这是中国医药学界的巨大胜利。屠呦呦，她为中医药走出国门，造福世界，维护人类健康作出了重大贡献。

屠呦呦，中国人为你自豪，为你骄傲！

民族荣耀，共襄盛典

"诺奖周"剩下的环节就轻松多了。

按照惯例，颁奖仪式后所有获奖者都要参加在斯德哥尔摩市政厅举办的晚宴。这个晚宴别具一格。

大厅不大，但不仅要坐满一千多位来宾，还要留出足够的空间让数百位服务员穿梭其中，提供服务，据说一个人的活动空间只有四十厘米宽，所以被称为"世界上最拥挤的奢华晚宴"。

屠呦呦与丈夫李廷钊一同坐十号桌，诺贝尔奖得主之一威廉·坎贝

屠呦呦荣获2015年诺贝尔生理学或医学奖

2015年10月，瑞典国王卡尔十六世·古斯塔夫给屠呦呦颁发2015年诺贝尔生理学或医学奖

尔代表发言之后，晚宴就开始了。第一道菜是大菱鲆和扇贝，佐菜为褐化黄油、欧白鱼子酱，酒水配的是2008年法国泰廷爵年份干香槟；第二道菜是裹蘑菇和块根芹的炭烤小牛肉，佐菜是块根芹汁和土豆派，酒水配的是2010年勒东山酒庄教皇新堡红酒；最后一道是甜点，所配酒水是2008年卡斯蒂酒庄经典瓦坡里切拉-雷乔托甜酒，这是意大利一种选用风干的葡萄酿造的甜红酒。

这些名菜名酒，屠呦呦没记得多少，但她很清晰地记得宴会之后的自助饮品中，在一种由诺贝尔博物馆特制咖啡与茶调配饮料的原料中，有中国安徽祁门红茶。

祁门红茶才是她最喜欢的。

因为那是国货！

其实，在屠呦呦领奖和参加晚宴的背后，还有故事：

12月10日上午，根据瑞典医生的建议，屠呦呦由于身体原因，需要卧床休息，一直由她的家人及随团医生陪同，未能参加上午的其他安排。颁奖仪式后，下午六点左右准备参加晚宴时，屠呦呦曾出现心前区刺痛，经服用速效救心丸后缓解。随团医生和瑞典心血管医生建议她务必充分休息，取消第二天的外事活动。

12月11日上午，张伯礼院士、王笑频司长、陈士林所长、朱晓新书记、张俊华、刘嵚等参加了北京同仁堂（瑞典）有限公司开业新闻发布会。会上王笑频司长对北京同仁堂（瑞典）有限公司开业表示祝贺。她指出今年中医药外交活动取得出色的成果，对提高中医药国际影响，推动中医药为人类健康服务，起到了重要作用，加快了中医药走向世界的步伐。中国驻瑞典大使陈育明在会上发言，他希望中医药能够抓住契机，进一步发挥治疗疾患、传播文明的特殊优势。北京同仁堂（瑞典）有限公司的开业将进一步让瑞典人民了解中医药，让中医药为瑞典人民的健康服务，引起瑞典人民更多关注，增进中瑞文化交流。卡罗林斯卡医学院的代表也向北京同仁堂（瑞典）有限公司的开业表示了祝贺，表达了对中医药学的理解和支持。希望通过双方不断交流，从而促进中西文化的交流与传播，让欧洲人民了解中医药文化，为瑞典人民带来福祉，意义重大。

12月11日中午，张伯礼院士在返回酒店后召开代表团会议。他表示，此次活动完成得很好，青蒿素研究获得诺贝尔奖，受到基金会和瑞典科学界高度评价，各国主流媒体评价积极，正面报道突出。在此过程中，代表团还积极开展了学术交流，推动国际合作；屠呦呦研究员克服身体困难，出席了重要的"诺奖周"活动，展现了老科学家以国家为重的情怀和奉献精神。并且，中医药走向世界机遇难得，应加快步伐，包括加强高水平学术交流，增进国际科学界了解，加快中医药文化传播，提升我国文化软实力，加强顶层设计，加大资金投入，实施中医药国际化系统工程等。

大使官邸，举杯庆功

回国之前，12月13日，中国驻瑞典大使馆举行庆祝获奖招待会，邀请兰达尔秘书长、瑞典卡罗林斯卡医学院院长安德斯·汉姆斯腾，还有瑞典各界人士、旅瑞华人华侨、中资机构和学生学者等两百多人参加。

可惜的是，原计划出席招待会的屠呦呦因当天身体不适，在医生的强烈建议下，最后一刻取消了参会。

不过招待会期间，陈育明大使发表了题为《寸草寸心，造福世人》的致辞，向屠呦呦研究员表示由衷的敬意和热烈的祝贺。

兰达尔秘书长频频点头称赞说："屠呦呦从中国源远流长的历史与博大精深的传统医学中获取了人工合成青蒿素的妙方，制造出抗击疟疾的良药，堪称独一无二的伟大壮举！"

屠呦呦的致辞，由她的女婿毛磊宣读："青蒿素获奖是中医药走向世界难得的机遇，应以此为契机，加强中医药界和世界各国的高水平学术交流，增进国际科学界对中医药的了解。同时，我相信青蒿素和传统医学将为人类健康做出更大的贡献。也希望大家能够给予持续关注。"

时时刻刻不忘青蒿素，不忘让青蒿素和中医药走向世界——这就是科学家的博大胸怀。

瑞典华人对屠呦呦获奖欢欣鼓舞，向她赠送了具有当地露西亚节日特色的礼品，还赠送了华裔小朋友为屠呦呦亲手绘制的图画和书写的感言。

一场招待会圆满结束。

"诺奖周"也胜利落下帷幕。

事后，随访的张伯礼院士与屠呦呦一同参加颁奖典礼，感慨良多，作《沁园春·诺贝尔奖礼行》一首，以示纪念。

斯德哥摩，北欧风光，诺贝尔城。大奖彰百年，神州难酬，茵茵蒿草，呦呦首鸣！

学府讲演，管弦齐奏，御宴气派皇家情。正襟坐，观盛装颁誉，至上光荣。

三千年医药兴，佑生救疾民族昌盛。慨百草根叶，聚天地精，抗逆苦害，自然馈赠。

四气五味，七情和合，增效减毒复方雄。昂首看，更领健康潮，众呦常鸣！

屠呦呦一行于2015年12月13日结束诺贝尔之旅，载誉而归。在这一周时间里，屠呦呦出现在公众面前的机会实在不多，因为身体原因，她推掉了除了获奖演讲以及颁奖典礼、晚宴之外的大多数活动，甚至连12月11日瑞典国王对诺贝尔奖获得者们的私人宴请也没能参加。但诺贝尔生理学或医学奖评委会秘书长兰达尔在回忆她参加颁奖盛典的时候，总会说屠呦呦："由于身体原因，她有的活动不能参加，但只要她出现，就会给人以应对自如的感觉，她的人格魅力就立刻显示出来。"

荣获"国家勋章"：最高国家荣誉

2019年9月29日，七十周年国庆前夕。

2015年，屠呦呦获得诺贝尔奖后留影

天安门广场，风和日丽，人民英雄纪念碑高耸入云，格外壮美。

纪念碑西侧，庄严的人民大会堂，是中华人民共和国权力的象征。鲜花簇拥，五星红旗飘扬。武警战士持枪伫立大门旁，警卫森严。

中华人民共和国国家勋章和国家荣誉称号颁授仪式，将在人民大会堂金色大厅隆重举行。这也是共和国历史上第一次举行国家勋章和国家荣誉称号的隆重颁授仪式。这个"隆重"，才是最高规格的隆重。

让我们一起来看几个细节吧。

——国宾护卫队全程护送。当天的九点多，共和国的英雄模范们集体乘坐礼宾车从京西宾馆出发，在国宾护卫队的护卫下，沿着复兴路一路东行，前往人民大会堂。

国宾护卫队是干什么的？

它担负的主要任务是国家元首或政府首脑来华访问时，在抵京、离京及出席欢迎仪式的行车途中，以摩托车编队的形式，对主宾车辆实施外交礼仪和安全警卫。

现在它在护卫着共和国的人民英雄。

何等气派！

——东门外迎候。人民大会堂东门外，高擎红旗的礼兵分列道路两侧，肩枪礼兵在台阶上庄严伫立，青少年热情欢呼致意。车队到达后，英雄们陆续进入人民大会堂，青少年代表手持鲜花欢呼着迎接，礼宾护卫队托枪向英雄行注目礼。英雄们沿着红毯拾级而上，进入人民大会堂东门。党和国家功勋荣誉表彰工作委员会领导同志在这里集体迎接他们的到来。

这是国家的至高礼仪。

——会场气氛热烈。会场设在人民大会堂金色大厅，金色大厅气氛热烈庄重，巨幅红色背景板上，共和国勋章、友谊勋章、国家荣誉称号奖章图案熠熠生辉。背景板前，十八面鲜艳夺目的五星红旗分列两侧，十八名英姿挺拔的解放军仪仗队礼兵在授勋台两侧持枪伫立。

三楼中央大厅被称为"金色大厅"，为人民大会堂国家接待厅，号称人民大会堂"第一厅"，是每年两会、总理记者招待会，举行国宴，大使递交国书的重要场所。今天，在金色大厅接待共和国人民英雄，为英雄颁奖。

——庄重的入场式。九点五十八分，伴着欢快的乐曲，中共中央总书记、国家主席、中央军委主席习近平同国家勋章和国家荣誉称号获得者一同步入会场，全场起立，热烈鼓掌。上午十点，在金色大厅内，颁授仪式正式开始。

谁出席颁奖仪式？

中共中央政治局常委李克强、栗战书、汪洋、赵乐际、韩正，国家副主席王岐山出席。中共中央政治局常委王沪宁主持。

少见的党和国家领导人悉数出席的最高阵容。

整点十时，颁授仪式开始。

两名护旗手高擎五星红旗，三名礼兵手捧共和国勋章、友谊勋章和国家荣誉称号奖章，迈着雄健的步伐，行进到仪式现场。

解放军军乐团奏响《义勇军进行曲》，全场高唱中华人民共和国国歌。在雄壮激昂的《向祖国致敬》乐曲声中，习近平总书记为国家勋章和国家荣誉称号获得者一一颁授勋章、奖章，同他们亲切握手，表示祝贺。全场响起一阵阵热烈的掌声。少先队员向这些功勋模范人物献上美丽的鲜花，敬礼致意。

整个颁奖典礼，从入场到进入金色大厅，再到从习近平总书记手里接过奖状，屠呦呦几乎没有一句话，但她面带浅笑，始终表现一种慈善与自信，令人难忘。

那么，为什么要如此高规格褒奖英雄呢？总书记在颁奖会上说道："崇尚英雄才会产生英雄，争做英雄才能英雄辈出。党和国家历来高度重视对英雄模范的表彰。今天我们以最高规格褒奖英雄模范，就是要弘扬他们身上展现的忠诚、执着、朴实的鲜明品格。"

人生至此，可谓风光荣耀，不枉此生。

国家如此，必将为实现中华民族伟大复兴的中国梦注入强大动力。

他们才是国家精神的代表，他们才是人民英雄，他们才是我们民族的脊梁！他们，值得全民敬重！

屠呦呦，已站在世界科学殿堂的顶峰，赢得了祖国高规格的褒奖，也赢得了许许多多中外人士的尊敬。

人们还记得，2017年1月9日，也是在人民大会堂金色大厅，八十六岁的屠呦呦站在国家最高科学技术奖的领奖台上，从习近平总书记手中捧回大红证书，而今两年过去了，屠呦呦已经八十八岁，再次从习近平总书记手中捧回"共和国勋章"证书，春风满面。

截至2020年8月11日，与她一起获得这个勋章的，还有于敏、申纪兰、孙家栋、李延年、张富清、袁隆平、黄旭华、钟南山，共计九人。

这次，屠呦呦是被授予共和国勋章唯一的医学科学家。

"共和国勋章"是这个国家最崇高的荣誉之一。这个以红色、金色为主色调，镶嵌着国徽、五角星、黄河、长江、山峰、牡丹等元素的勋章，象征着他们是为党、国家和人民的事业作出巨大贡献，建立卓越功勋，道德品质高尚、群众公认的杰出人士。

当荣誉、鲜花、掌声纷纷扬扬投向屠呦呦的时候，正如作家冰心所言：成功的花，人们只惊羡她现时的明艳，然而当初她的芽儿，浸透了奋斗的泪泉，洒遍了牺牲的血雨。作为中国人，我们为这位降生名门的宁波女儿而自豪。让我们沿着她最初生命的轨迹，去探究她成功的秘密。

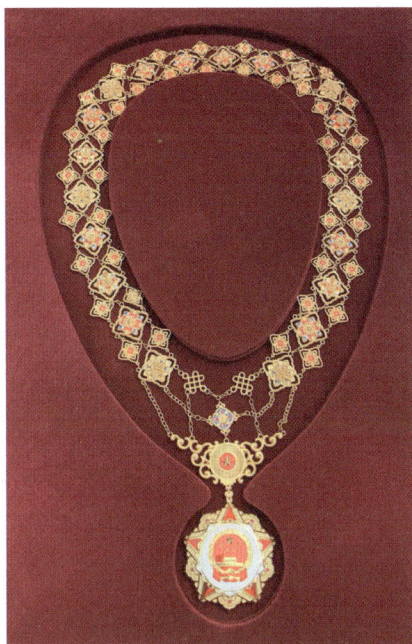

2019年9月，屠呦呦获得"共和国勋章"

第二章　战乱童年

家俭则兴，人勤则健；能勤能俭，永不贫贱。

——选自《曾国藩家书》十六字家训

呦呦降生，哭声伴着战乱的炮声

翻开地图，你可以看到宁波是一个海港城市。

宁波的历史可以追溯到七千年前的河姆渡文化。夏时，宁波所在地区称为鄞。唐朝，称宁波为明州。同时，宁波依托地理优势成为全国最大的开埠港口，与日本、高丽均有非常频繁的贸易往来，对外贸易的进一步发展使得宁波成为海上丝绸之路的出发地。元代，宁波已经成为南北货物的集散地和全国最为重要的港口之一。清代，宁波出现了全国闻名的著名学派浙东史学，与西方的交流也日渐频繁。鸦片战争后，1844年，宁波开埠。外资的进入使得宁波本土经济受到重创。此时，"宁波商帮"开始转变为近代商人并将新兴的上海作为主要活动地点，对上海的城市建设和文化发展产生了重要的影响。中华民国时期，宁波经历战乱，经济发展起伏很大。1916年8月底，孙文考察宁波，在当时的浙江省立第四中学（今宁波中学）发表讲话，鼓励商人积极经营并敦促宁波改善市政。但是，在同一时期，军阀混战也给宁波带来了动荡。1917年，军阀蒋尊簋、周凤岐等宣布宁波"自主"，与浙江省督军杨善德军队交火，周凤岐溃军进城抢掠。1927年1月至2月，国民革命军击败孙传芳部军阀，进入宁波。同年3月至7月，由于国民党清党，这些动荡直到20世纪30年代方才有所缓解。

屠呦呦正是在这个动荡的年代在宁波老屋降生了。

1930年12月30日的黎明时分，宁波城的上空还响着稀薄的枪声和隆隆的炮声。居于宁波市开明街508号的屠家老屋，传来了婴儿"呦呦"出世的声音。

这是屠家继三个公子后终日所盼的"千金"。

呦呦哭声，犹如鹿鸣。

女娃降生后，按照中国读书人家取名习惯，"女诗经，男楚辞"，从两种古典书籍中分别为男孩、女孩寻找最佳名字。父亲看着屠呦呦的小脸，听着她呦呦的哭声，犹如鹿鸣，一个画面生动地出现在视野中，画面中有一群小鹿"呦呦"地鸣叫着，在无垠的原野悠然自得地啃食蒿草。父亲拍桌一叫——多美啊！这不就是《诗经·小雅》里描写的那句"呦呦鹿鸣，食野之蒿"的情景吗？

一幅画，一声稚嫩的呦呦鸣叫，一个多美妙的故事。

"名字有了。"父亲沉浸在小女儿降生的幸福之中，随口吟诵出那句诗，"呦呦鹿鸣，食野之蒿……"

母亲问："什么名字？"母亲是一个知书达理的人。

"就叫呦呦……"

"呦呦，呦呦……嗯，好听，真好听！"母亲心疼得紧紧搂住了女儿。

后来，父亲吟完"呦呦鹿鸣，食野之蒿"，意犹未尽，又对上了一句"青青蒿草，报之春晖"。似乎这才有哲理，这才对仗完美。这四句满满童话般的诗句，使呦呦度过了幸福诗意的童年。

尤其是"青青蒿草，报之春晖"，竟使呦呦一生冥冥之中与青蒿结下了不解之缘。

整个孩提时代，屠呦呦一直生活在宁波开明街——这片地处中心城

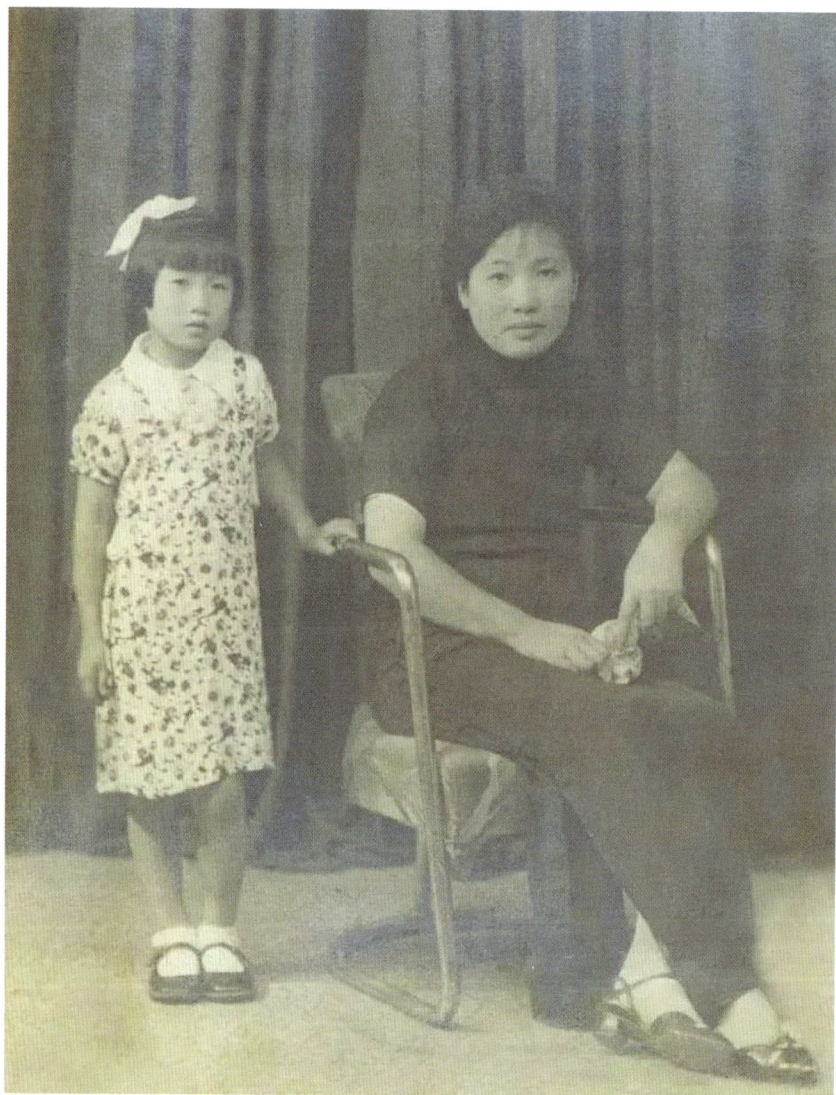

迄今为止能找到的唯一一张幼年屠呦呦和母亲的照片

区的"莲桥第"区域，令屠呦呦从诗意童年起，就浸淫于旧时宁波最为精致、最为小桥流水、细雨朦胧的江南气息中。

江南，本就是人之向往的地方，而江南的宁波古镇更是非去不可的地方。那里的人美丽、温婉，那里的水清澈、细腻，让人站在那里陶醉，不想离开。

在这里八面来风，五方交汇，风情万种的《夜上海》《夜来香》等民国歌舞，光怪陆离的古老中幡、肚皮拉车等民间杂耍，拍案叫绝的皮影戏、木偶戏等民间戏剧，如火如荼的斗鸡、斗狗表演，精彩纷呈，令人叹为观止。漫步于商业作坊街，体验濒临绝迹的造纸、酿酒、榨油、打铁等传统行当。跻身民间小吃坊，江南小吃姜糖、打年糕、老嫩豆腐也应有尽有。尤其是清晨街边的叫卖声，清脆悦耳，让您乘兴而来，竭尽欢乐而归，在娱乐中感受民国沧桑，在休闲中领略百业精彩。这在屠呦呦的幼年留下了永不泯灭的记忆。

从这片水乡美景向东步行三公里左右，则是20世纪30年代宁波城的另一处精华所在——三江口。姚江和奉化江，一个由北而下，一个由南而上，相汇于此处，然后合二为一，汇集甬江，经镇海的招宝山入海口后，向着东海奔腾而去。一时间，宁波人可以将大半个中国纳入其贸易视野。与此同时，三江口的江厦码头也一度兴盛不已，千帆竞发，百货流通……于是便又有了那句俗话："走遍天下，不及宁波江厦。"

不过，在屠呦呦的儿时记忆里，三江口的繁华，一定不如距家不到两站地的"天一阁"更具有吸引力——这是城中最大的图书馆，她在这里博览了她喜爱的群书。

同时，"天一阁"顶层的藏书楼，里面还收藏了两本关于屠呦呦家族的宗谱：一是父辈《甬上屠氏家谱》，二是母辈《鄞县姚氏宗谱》。两本宗谱记录着两家数百年的家训，共同昭示着家族兴盛之道——重学重教、礼义传家、踏实做人，传递着关于立身处世、治家持业的谆谆教诲。翻阅宗谱，屠呦呦家族重教行义、累仁积德的家风跃然纸上。

在宁波，屠家称得上名人辈出、家学深厚。而屠呦呦母系所在的姚家也是书香门第。两家皆为名门望族。

宁波文史研究者袁良植介绍，屠家祖先在南宋庆元年间从江苏常州府无锡县迁居至宁波，至今绵延达七百余年。中间出过包括吏部尚书和太子太傅赠太保屠滽、文学家和戏曲家屠隆、博物学家屠本畯等，既有高官显贵，又有文人墨客。

历史总有惊人的巧合之处。

在屠家宗谱里，屠本畯这个名字让人惊奇。数百年前，他就从事着生物药品研究工作。著有《闽中海错疏》《海味索引》《闽中荔枝谱》《野菜笺》《离骚草木疏补》，其中《闽中海错疏》成书于明万历丙申，是中国最早的海产动物志，在江浙一带闻名遐迩。

再说宁波开明街26号姚宅，是屠呦呦外婆家，它像"外婆澎湖湾"一样承载了屠呦呦另一段少年时代的记忆。

这是一幢开明街旁当下仅存的典型民国建筑，已成文物。由屠呦呦的外公姚传驹兴建。

这幢坐北朝南的建筑，由前厅、大厅、正楼、后屋组成。前厅和大厅为三间二弄的二层楼房。饰车木栏杆，廊楼板端面有卷草纹雕饰。正楼为面阔三间一弄、进深五柱的高平屋，五脊马头山墙。后屋为三间一弄硬山式高平屋。踏过空荡荡的大厅，可见一个不宽敞却温馨的小院子。一株高大的乔木用繁茂的枝叶掩起了正楼的面貌。深秋时节，红叶会悄然铺满院子，像一幅秋实图刻印在屠呦呦的脑海里。

在素有尊师尚道之风的宁波，姚传驹曾任上海法学院、复旦大学、大厦大学教授。给屠呦呦印象最深的是外公身穿长袍、脚蹬布鞋、满脸慈祥的形象。

在屠呦呦父亲屠濂规的个人档案中，还记载着他早年工作于上海太平洋轮船公司，后来担任银行职员。屠呦呦幼年，父亲常年在上海工作，两地分居，所以屠呦呦的母亲带着她住进了外公、外婆家。在这座由外公姚传驹修建的大宅门内，屠呦呦与众多亲人一起，共同度过了那段动荡的岁月，常常听到日机的轰炸声和吓人的防空警报声，声声贯耳。

姚宅的周边邻居中，曾汇集大批名人，包括元代"甬上第一学士"袁桷、一代邮票设计大师孙传哲、宁波帮巨子李镜第……堪称文人荟萃、望族云集。

如今屠呦呦已八旬高寿，离开宁波六十多年了，仍是一口流利的宁波腔，对宁波的记忆犹新，可见她对家乡、故人的眷恋程度和家国情怀。

"呦呦"哭声，注定她生不平庸

屠呦呦爱哭。

在襁褓时，她就常哭。渴了也哭，饿了也哭，黑天也哭，白天也哭，动不动就哭，而且哭得没完没了，闹得街坊四邻不安。人们都说屠家生了个"哭叫子"，呦呦鹿鸣，是鹿的转世（鹿为吉祥物）。

父亲屠濂规听了这话，暗暗窃喜，加上他笃信玄学，再加上爱女的哭声很似鹿鸣呦呦，他认为小女名字起对了，从她出声的第一声哭啼，就是这种鹿鸣的感觉，难怪街坊四邻亦这样说。

父亲屠濂规很欣赏这种"呦呦"的哭声，像是播放一种音乐，洋溢在他的心田，有一种醉醉甜甜的感觉。同时这种声音弥漫在屋里屋外，里弄院外，他不认为这是扰民，这是一种和谐美满的幸福。他能在这种"呦呦"的音乐声中入眠。

而作为母亲的姚氏却并不这样认为，她觉得这是一种不祥的预兆，是一种病理的反射。小女每一场长时间的哭泣后总是眼泪汪汪的，这让做母亲的心急如焚，结果抱孩子去医院看大夫，大夫说哭是孩子的天性，爱哭不是坏事，注定你的爱女生不平凡。说得母亲破涕为笑，揩去眼中幸福的泪花。

然而，到1946年，十六岁的屠呦呦经受了一场灾难的考验——她不幸染病，高烧不退，被迫终止了学业。

起初，大夫诊断是疟疾发作。

这种病民间叫"打摆子"，发病有规律，又热又冷，在我国南方发病率居高不下，北方也有。全世界都有，尤其东南亚国家是重灾区。得病快，治愈率低，死亡率高。

经过大夫细腻观察，又否定了疟疾，最后确诊为肺结核，闹得家人虚惊一场。倘若是得了疟疾，在当时是没有救的。因为还没有青蒿素这种救命药。现在有了，那应是屠呦呦的功劳。

正是那场突如其来的病急乱投医，使十六岁的少女屠呦呦第一次听到"疟疾"二字。这个吓人的病魔，在当时是与死亡画等号的。她为自己最终没有确诊为"疟疾"而庆幸不已。同时也使她下定了决心——"我要学医，拿下疟魔，救死扶伤，贡献社会"。

应该说，一代大药学家的原始起点，抑或诺贝尔奖的因子，就是源自这种"救死扶伤"的朴素愿望。

宁波，魂牵梦萦的故乡风土人情画

从1930年出生到十八岁离开故地去异乡求学和奋斗，难得回来一次，但故乡宁波永远是她魂牵梦萦的地方。

屠呦呦小的时候常跟父亲一起站在开明街上，用好奇的目光打量远处，目光所及的是水月桥，桥下舟楫繁忙；延庆的古寺，钟声悠远；日湖之上，天封塔倒影婆娑，飘飘忽忽的；采莲桥下被荷叶覆盖了，船只从荷叶丛中游过；远处天穹下，马头墙勾勒出幢幢江南院落，重重叠叠；再远是地平线，地平线那边就看不清是什么地方了。

家乡的风景给了她暖暖的感觉。

稍大一些，她就到江厦街了。

江厦街很早就是一个商贸城镇。宋明时期，宁波与日本、朝鲜、爪哇、柬埔寨、越南、泰国等国之间频繁的商船往来就在江厦街的江边码头停泊和起航。到了清代，北到河北、山东，南到福建、广东，各种物产都在宁波江厦码头集散，走向世界各地。

这就是宁波人所说的："走遍天下，不如宁波江厦。"这句话明确地反映了江厦街的繁华景况。

当屠呦呦来到江厦街的时候，她用一种渴求的目光看着江厦街上的一切，并不宽阔的街面上没有汽车，自行车也很少，过往行人大都是步行，货物也是手提肩挑，只有少数人坐着人抬轿子，坐着黄包车，来来往往，所以街上也不拥挤。江厦街两侧，旧时建筑是两层楼，木结构，半边街一带都是平房，显得低矮潮湿。每当渔汛季节来临，江边桅樯林立，鱼商客户纷至沓来，热闹非凡。但半边街鱼行太多，弄得整条街上都是鱼腥气。

在宁波，她跟着父亲去一个父亲很喜欢的地方——三江口，不仅仅因为它的繁华，还因为它是"宁波商帮"的扬帆之地。

父亲喜欢"宁波商帮"。

作为中国"十大商帮"之一，"宁波商帮"是中国创业精神的象征。明代中晚期有了创办"同仁堂"的乐显扬，"宁波商帮"就兴起来了。到了清代中晚期，宁波商人登陆上海，渐成气候，成为重要的商业和社会力量。孙中山就说："吾国各埠，莫不有甬人事业，即欧洲各国，亦多甬商足迹，其能力之大，固可首屈一指也。"甬，即宁波简称。甬人即宁波人也。

"宁波商帮"以诚信经营著称，敢于开拓，鼎盛时期相当厉害，像中国的第一家日用化工厂、第一家机器染织企业、第一家灯泡制作厂、最早的民营仪表专业厂、最早的保险公司、最早的房地产公司，还有最早的证券交易所，等等，都在宁波人的手里一一诞生。二战以后，"宁波商帮"转移到香港、北美去了，包玉刚、邵逸夫等在那些地方崭露头角，世界级工商巨子名震一时。对清末上海、天津、武汉的崛起和二战后香港的繁荣都作出了卓越的贡献。

屠呦呦曾问父亲，"宁波商帮"为什么会这样？

她的意思就是"宁波商帮"凭什么长盛不衰。

父亲就告诉她，如果说"潮汕商帮"是胆大、敢冒险、行事作风凶悍，那么"宁波商帮"具有诚信、团结、创新的现代商业意识。特别是诚信精神，可以看作是"宁波商帮"的传统，世界上最早的邮局"民信局"，就是宁波人创立的。

"宁波商帮"精神对她影响很大。

除了这些，宁波的世俗生活、风土人情对她形成完整的性格，培养她的家国情怀都是不可或缺的。

码头之夜那些《夜上海》《夜来香》等民国歌曲不绝于耳，歌声是从岸边低矮渔家房屋中隐约传出的，婉转、伤感，她听了，心中常生出一些惆怅之花、柔软之情。

大街、胡同，有古老的民间杂耍在表演，肚皮拉车、皮影戏、木偶戏，等等，吆吆喝喝，热热闹闹。虽然嘈杂，但是可以瞥见宁波古老的传统文化之类的东西。在一个街角，那些斗鸡的、斗狗的、斗蟋蟀的，人群一圈一圈地围着，一惊一乍地吆喝着，有人拍案叫绝，有人垂头丧气。随后上街的，是舞狮，一雄一雌一仔表演"三狮共舞"，敲锣打鼓，惊心动魄。江湖之上有练真功的，有混世的，也有浑浑噩噩愧对人这一生的。这世界真是光怪陆离啊。

屠家居住的宁波开明街，位于宁波老城区中心"莲桥第"一带，不远是一条商业作坊街。作坊街叫卖声是少不得的，那叫声重重叠叠，此起彼伏，清脆悦耳，给人一种乘兴而来，尽兴而归的满足。作坊街的一边，造纸的、酿酒的、补锅的、卖草药的、榨油的、打铁的、做竹伞的，一些传统手艺，噼噼啪啪，轰轰隆隆，叮叮当当的不是一般地热闹。街坊邻居从这街上走一趟，日常生活用品就都有了。

作坊街的另一边是好吃的，宁波传统小吃这里都有。

层层叠叠苔生片，滴滴糯糯绿豆糕；千层饼，豆酥糖，碱水粽子箬壳包；糯米细沙加八宝，地菜马兰炒年糕；宁波汤团水晶包，仓桥面结顶顶好；另外别忘糯米焦，双喜吉饼你还要……

当然还有姜糖、打年糕、老嫩豆腐，"三臭"特色小吃——臭冬瓜、臭苋菅、臭菜心，葱油、清蒸、爆炒样样不缺，特别是"三臭"，一种"烂发肥、臭生香"的感觉让人回味无穷。

"醉香螺"是屠呦呦最喜欢的，也是母亲的拿手好戏，她做出的醉香螺螺肉鲜嫩、糟卤醇香，谁吃谁上瘾。作为父母唯一的女儿，她备受疼爱。曾让许多同学羡慕不已的是，喜食香螺的屠呦呦，在繁忙的求学生活中，妈妈总会亲手做好腌香螺，捎给自己心爱的女儿。

一方水土养活一方人。

她在宁波长大，童年时代就感受到了民国沧桑，也领略过宁波百业精彩和风土人情。宁波源远流长的文化给她留下了永不泯灭的人生记忆。

河姆渡遗址中一群神奇的鸟儿，从石头缝里窜出，飞向七千多年前的宁波，带来了远古不屈的精神光芒；那棵百年古树，焕发出新的生命光辉；雄伟的天峰塔，高高矗立着，像一个顶天立地的巨人；"天一阁"的书籍，记载着古人的智慧，启迪着后人的才华；而那布满了青藤，铺满了青苔的鼓楼，披星戴月，阵阵钟声回荡海天之间。

外贸港口的风帆，沿着海上丝绸之路，满载中国文化符号，从宁波飞向世界各地；广阔的杭州湾，漫长的海岸线，影响着宁波人，心胸如海，广阔无边。

这让她记忆深刻。

也融化在了她的血液中。

少年的熏陶和经历，对于一个人由天真到成熟的转变，至关重要。宁波文化是一种由浙东文化、商帮文化、海洋文化三者融合的多元文化。这些地域文化丰富了她的精神世界，增强了她的精神力量。地域文化像一股滚滚洪流裹挟着她的人生方向。

宁波再一次孕育着一位世界顶级人物的成长。

童年眼中的"天一阁"，永远刻在她的心底

十几岁的时候她就去"天一阁"了，那个离家不到两公里的藏书楼，

是宁波市的象征，也是宁波人的骄傲。

因为它是宁波"书藏古今，港通天下"的独特城市印记。

藏书楼在宁波月湖西边，是中国最古老的私家藏书楼，亚洲最古老的图书馆，世界最早的三大家族图书馆之一。世界三大家族藏书楼，另外两家都在意大利，很显赫，一家是1452年建的贵族马拉特斯塔图书馆，另一家是佛罗伦萨共和国的统治者柯西莫·美第奇和他的孙子洛伦佐·美第奇建立的举世闻名的家族图书馆。

藏书楼，公元1561年，也就是明嘉靖四十年始建，到1566年，也就是明嘉靖四十五年建成，一开始建藏书楼是为明朝兵部右侍郎范钦藏书的，占地面积为两万六千平方米，历时四百多年。

后来他的八世孙，大藏书家范懋柱进献了大量藏书，"天一阁"藏书数量猛增，名气也就大了。1772年，也就是乾隆三十七年，为"昭文治之盛"，乾隆帝编修后来闻名于世的《四库全书》，颁发圣旨天下采访遗书，范懋柱一人拿了珍本图书六百四十一种，收入《四库全书》九十六种。

再后来，乾隆帝敕命测绘"天一阁"房屋、书橱款式，兴造著名的"南北七阁"，把《四库全书》等贵重书籍珍藏在这里，"天一阁"从此名闻中国。

"天一阁"历尽风雨和战火洗礼，新中国成立后，"天一阁"的珍本、善本数量得到了恢复，国宝级的绝版文献得到了较好珍藏，仅珍本善本就有八万多卷，可以称得上"天下第一藏书楼"。

她问父亲："藏书楼为什么叫'天一阁'？"

父亲说藏书楼最怕什么？就是火，大火一烧，毁于一旦。火最怕什么？那是水，水火不容，用水一浇火就灭了。而《易经》中有"天一生水"的说法，既然"天一"能生水，何不就让"天一生水"保护藏书楼？于是范钦老先生取名"天一阁"，借水防火，免去历来藏书者最大的忧患——火灾。

这些屠呦呦听不懂，反正她觉得水能灭火，保护着这座世界上最古老的藏书楼带着中华文化薪火传承下来，惠泽一代代后世子孙。那个年纪，知道这些就够了。

父亲说，别小看这藏书楼，它是宁波文化的一个象征，因为宁波人崇尚文化，重视教育，所以才会"人才辈出"。

屠呦呦接着问，咱宁波出好多能人喽？

那是当然。父亲说，早在南宋，鄞县史氏家族出过三名宰相。明代就多了，有一位名臣名叫方孝孺，被誉为"天下读书种子"；有四位内阁首辅沈一贯、张煌言、熊汝霖和沈宸荃；还有多位尚书在朝廷侍奉皇上。

文人就更厉害了。

明代哲学家王守仁，提出了"心外无物"的哲学思想。清初学者黄宗羲主张民权，经济上提出"工商皆本"，学术上提倡"经世致用"的理念，对天文、地理、数学、宗教都有研究。民国时期的文人陈布雷、林汉达，作家柔石、殷夫、唐弢，书法家沙孟海，国画大师潘天寿，等等，都是宁波的骄傲。

屠呦呦为之自豪："咱宁波，就是厉害！"

父亲说："你长大啦，要以他们为榜样，也要做一个厉害的人喽。"

从小就天真直率的屠呦呦用力点头："当然喽，我要比他们还厉害……"

落在屠呦呦眼中的宁波城"天一阁"，它不仅是一个偌大的藏书馆，更是一个知识的天梯，勇敢地爬上去，就能改变自己的命运。

名门之女

屠呦呦获得诺贝尔奖后，她的身世一直成谜。有人说她的父亲经商，有人说她的爷爷是位老中医，甚至还有人说屠呦呦的父亲做过宁波市的市长，唯一能够确认的反而是她的亲舅舅，曾任香港甬港联谊会会长的经济学家姚庆三。

其实，父亲说过，在宁波，不管是他们屠家还是母系所在的姚家，两家都是宁波史上的名门望族。只是她不想提及罢了。

先从屠家说起吧。

实际情况是，她父亲名叫屠濂规，家谱中是这样记载的："濂规，字介澄，号眉寿，又号憨僧，屠氏二十世，鄞县第一高等小学毕业生，肄业效实中学，生光绪二十九年癸卯五月二十五日午时。"

作为屠家第二十世后代，屠濂规生于1903年，也就是清光绪二十九年，九年之后，清王朝灭亡。宁波开化早，屠濂规从鄞县第一高等小学毕业后，又就读于效实中学，因为这些学校最初是由西方教会所办，所以他接受的一直是西化教育。在屠濂规的个人档案中，记载着他早年在上海太平洋轮船公司就职，后来做银行职员，眼界开阔，一生爱国好学，在清末民初称得上是"学贯中西"的高级知识分子。

屠呦呦自小就会唱一首民谣：

> 小白菜，嫩艾艾，阿爸出门到上海，上海物事带进来，邻舍隔壁分点开。

这是父亲出海的时候母亲教会她的。父亲在上海太平洋轮船公司工作的时候，很少回家，一旦回家她就缠着父亲讲外边的故事。

在她离开开明街，去上高中的时候，有一天，父亲从上海回家了，就带她去了一趟"天一阁"藏书楼。父亲说："这次不讲外边的故事，咱去一次'天一阁'，沾点书香气，让咱家呦呦成一个有学问的人。"

"好——"

屠呦呦高兴极了。

"天一阁"藏书楼是她一直想去的地方。小时候她还是一个挺活泼的女娃，一到藏书楼就充满了好奇，忍不住惊叫起来。

"哦，好气派！"

在她眼前是一座坐北朝南的砖木结构的古楼，分两层建筑，硬山顶，重楼式，仰脸看有她五六个人高，屋顶为斜坡，青瓦盖在屋顶上。一层分开六间房，二层除楼梯间外为一大通间，以书橱间隔。

父亲说，楼是范钦建的，周围的园林由他的后人建设，后人叠砌假山、修亭建桥、种花植草，形成现在的规模。楼阁前凿出一个叫"天一池"的通月湖，形成的园林以"福、禄、寿"作总体造型，用山石堆成"九狮一象"景点，使整个楼阁与周围陪衬，有了江南私家园林的风貌。

屠呦呦说："建这么大藏书楼，这个人不得了哦。"

"这个人叫范钦，是明朝兵部右侍郎，就是个管军队的大官。"父亲跟她讲范钦好学的故事。

父亲说范钦不是在一个地方当官，当几年会换个地方，但每到一个地方总要收集那里的书籍和文章，有先辈诗文，有名人著作，也有淹没在世间没有传播的好文章。他有个习惯，就是一边收藏，一边学习，一边整理。几十年过去了，他收集的书籍有七八万卷。书籍多了，没法总带在身边，他就把他在宁波湖西河边的住宅变成了藏书楼，起个名字叫"东明草堂"。范钦这个人为官清正，不图名，不图财，因痛骂大臣欺压百姓被诬告而关过监牢，复官后辞去了官职，回到宁波，一心读书、抄书和藏书。

父亲说："他最后成了一个做学问的人。"

这个藏书楼的建造者，叫范钦的人，他的官职屠呦呦没有记住，但他不图名、不图利的精神让她印象很深。

进了藏书楼，屠呦呦看见那么多书，简直惊呆了。

"啊、啊，这些书要攒好几辈子啊。"

"这里的书又多又珍贵。"父亲说，"藏书楼重建时，政府还派兵守卫呢，就怕有人偷书、抢书，这里的书一本都少不得。"

父亲告诉她这里边的书有几十万卷，主要是地方志、考状元、考秀才的一些登科记录，总之，史料方面的书最多，当然还有家谱，家谱也很珍贵。

"咱们家的家谱，还有你外婆家的家谱都在这里……"

屠呦呦说："看看咱家的家谱吧。"

父亲就带着她来到藏书楼顶层，那里是放置家谱的地方。在排列整齐的家谱中，父亲让管理员找到了两本关于屠呦呦家族的家谱，一本就是父辈的《甬上屠氏家谱》，另一本是母辈的《鄞县姚氏宗谱》。

父亲说，咱家的《甬上屠氏家谱》是1919年编的，就连封面的名字，也是由民族英雄左宗棠的季子、书法家左孝同写的。

"你看咱屠家那时候怎么样？"

屠呦呦伸出大拇指称赞。

父亲翻着这本《甬上屠氏家谱》给屠呦呦讲述家族发展过程、重要人物和突出事件。

屠呦呦手捧两本沉甸甸的家谱，心里生出一些神圣感。家谱上首页的"屠家家训"是这么说的——

> 若有孝子顺孙、义夫良女及一切善行，合族尊敬之。颓废则周恤之。若习恶为非赌博者、窃盗者、酗酒争斗者、内乱鸟兽行者、横暴乡里者、诓骗财物者、不孝不悌不仁不慈不睦者、官吏而贪渎行宪者，合族摈之，终身不齿。

这些家训虽然与她未来的中医药研究没有直接的联系，但这些家训却充分体现儒家"仁、义、礼、智、信"的理念，对族人立身处世、个人的教养和持家治业标准高、要求严，让族人都做正直、善良、高尚、受人尊重的人。让家训内化为一个家族的优秀精神，为她未来的为人处世，对她健全而完美的人格形成，起到了无法替代的作用。

父亲说到了屠家一个重要人物，这个人物在屠家的家谱里记得清清楚楚，有点让屠呦呦感到惊奇。

他叫屠本畯，出身书香门第，父亲曾在嘉靖年间官至后部右侍郎，屠本畯也做过官，后辞掉官职返乡治学，几百年前他就研究生物药品，写了好几本书，有《闽中海错疏》《海味索引》《闽中荔枝谱》《野菜笺》《离骚草木疏补》，等等。这些书中，《闽中海错疏》是明万历丙申年写成的，也就是1596年，是中国最早的海产动物志，在江浙一带相当有名，因为它在中国和世界上都是最早的，所以在生物学史上具有重大意义。

若干年后，她开始研究中医药，对这本《闽中海错疏》的重大意义，了解得更深了。

而《野菜笺》这本书，更接近她对中医药的研究，书上记载的家乡宁波常见野生植物二十二种，对植物形态、生活习性等，都描述得十分形象而准确。

如描述"百合"，说"似莲有根如蒜"，将百合用身边的家常植物来形容，让人一看便浮现在眼前。又说"甬芋"是"甬芋青青，田芋软，田家籍作凶年饭"，基本上反映了芋的形态和备荒的用途。

关于植物的生活习性，如"雪里蕻"，屠本畯在书上写："四明有菜名雪里壅（蕻），头昔蓄珍莫比雪深，诸菜冻欲死，此菜青青蕻尤美。"说的是，雪里蕻是芥菜类中叶用芥菜的一个变种，叶色绿，耐寒力强，在南方冬季具有露地越冬的习性，记载与实际情况十分相符。

还有其他植物，如描述"香椿"，说香椿生无花，叶娇枝嫩，成杈杈，嚼之竟日香齿牙，最好在香椿开花前摘取嫩芽食用，形象地描述了香椿的生长发育和用途。书中还对落花生、萱、薇、蕨、芫荽等野生植物的生物学特性和用途作了描述。书中也写了动物，他描述的动植物多数能说明其形态、生活习性等，使读者能明确辨认它们的种类。

在屠呦呦看来，她的前人之所以能将故乡的野生动植物的形态与生活习性写得如此形象、准确就一条路，那就是深入实际，亲自调查，亲自观察，通过直接的实物资料与前人对动植物认识进行辨别，纠正谬误，才能有这样好的效果。

这一点，值得好好借鉴。

所以《四库全书提要》对这部《野菜笺》评价很高，说它"辨别名类，一览了然，颇有益于多识"。

父亲说，这位前人不仅学底深厚，而且品德高尚，他鄙视名利，廉洁自持，到老仍勤学不辍，晚年自称憨先生，有个"读书四当论"在古人中赫赫有名。

> 吾于书饥以当食，渴以当饮，欠身以当枕席，愁及以当鼓吹。

后人将这个"四当论"与汉代三国魏国人董遇的读书"三余论"、欧阳修的读书"三上论"相提并论，流行于世，鼓舞着历代读书人求知不倦。董遇所谓"三余论"是"董遇劝学"中所说："冬者岁之余，夜者日之余，阴雨者时之余也。"就是利用冬天、夜间、雨天一年业余的时间来读书。欧阳修的读书"三上论"，也就是马上、枕上、厕上，是一种珍惜光阴、见缝插针、忙里偷闲的读书方法。

相比之下，"四当论"比董遇和欧阳修的"三余论""三上论"意义更加重要和深远，所以屠呦呦十分佩服这位在生物学史上占有重要地位的屠家人。

"四当论"让她受用一生。

随后，"天一阁"藏书楼也成了她常去的地方。身处"天一阁"中，屠呦呦抚摸着刻有岁月痕迹的廊柱，行走在绿荫葱葱的院落中，院落中五步一廊，十步一桥，让她尽情欣赏典型的江南园林风貌，闻到浓浓的古典书香，心旷神怡，陶醉其中。

历史总是惊人的巧合。先祖屠本畯，在研究医药学、农学、动物学方面，在中国和世界上都是最早的，其著作在生物学史上具有重大意义。而屠呦呦创造了中医药走向世界的一个奇迹。

重读书，好探究，时间跨越数百年，屠家两位生物药品研究者在冥冥之中产生了一次神奇的交集。若干年后，她研究青蒿素那些年月，总能从她身上找到这位前人的影子。在祖国古今医学史的星空中，屠呦呦和她的祖宗屠本畯，相映生辉，光彩照人。

时光飞逝，到了父亲屠濂规这里，在这位深受西方教育的父亲安排下，屠呦呦和三个哥哥从小就开始接受良好的教育。

平时喜好读书的父亲屠濂规，也影响了女儿。家中楼顶上那个摆满古籍的小阁房，既是父亲的书房，也成为屠呦呦最爱的去处。

后来，她回忆说——

　　因为父亲喜好读书，家中楼顶那个摆满古籍的小阁间，既是父亲的书房，也成为我小时候最喜欢去的地方。父亲去看书时，我也会坐在一旁，拿本书看，其实也看不太懂内容。我那个时候比较喜欢中医药方面的书，因为中医书大多数配有插图，很喜欢看。在父亲的引领下，我经常上完课就回家看书，慢慢养成了读书习惯。我从小有个特点，只要自己喜欢的事情就一定会坚持做下去。

不知不觉中，她对中医产生了兴趣。

乐趣是在默契的学习气氛中建立的。小阁间摆满各类书籍，也有古典医书什么的。少年屠呦呦把父亲的书房当成了自己的阅览室。虽然看不太懂文字部分，但是中医药方面的书，大多数配有插图，这让屠呦呦接触了多本医学古籍，如《黄帝内经》《神农本草经》《伤寒杂病论》《千金方》《四部医典》《本草纲目》《温热论》等。当时年纪小，识字不多，但是在磕磕绊绊中，她认得了几百种中草药的名字，在潜移默化中慢慢有了些"童子功"。

　　特别是读了本家屠本畯的著作——《闽中海错疏》《海味索引》《闽中荔枝谱》《野菜笺》《离骚草木疏补》等，她发誓要像先祖一样，成为一名药学家。

母亲姚仲千有时说她："一个女娃家，看这些医书干什么呢？"

父亲说："只要她有兴趣，就让她尽管去看吧。将来当个女医生也是不错的哦。"

母亲虽有些不愿意，但她服从了父亲。

父亲的支持，家族的榜样，使她对中医药更有兴趣了，就像有了新的动力，添上了新的翅膀。

其实她对中医并不陌生，她爷爷就是中医，坐堂行医救人无数。而对她有直接影响的是在开明街附近，宁波有名的"药行街"。

药行街东起江厦街口，南与灵桥路相交，中间与开明街十字相接。街长二里多路，向西就到开明街，丁字相交。街面窄窄幽幽的，夏日里两边的法国梧桐并肩携手为路人撑起一片绿荫，刚好能走开两辆小货车。天气晴朗时从东往西一眼看到尽头。街虽短，却是一条"包治百病"的老街。从清末1906年到屠呦呦出生的1930年这二十多年，街上开了五十多家药行、药店，著名的"寿全斋""大乙斋""人和堂""宝盛"等就在此街。特别是北京同仁堂、天津达仁堂、杭州胡庆余堂等老字号派员长驻此地进货。

药行街从此闻名天下。

父亲说，同仁堂是中医老古董，七八百年了，全国都出名。同仁堂虽在北京，却是咱们宁波老乡创办的。若干年后，当屠呦呦从事中医药研究的时候，多次登门拜访同仁堂，但最后一次去的时候，乐氏最后一个继承者却自杀身亡了。

这让她无比痛惜。

不过，当时在药行街上一走就看到：这家，在收集草药；那家，就把草药炮制成了药丸；另一家，坐堂医生就把这些药丸卖出去治病救人了。在药行街，经常看到这样的场面：一位阿婆不停地向一位坐堂医生鞠躬，嘴上说一些感激不尽的话，感谢医生给家里的娃子治好了疾病。

此时屠呦呦会想，也许她的爷爷就在这些坐堂医生中，接受过无数次病人家属的感谢呢。

当时年少，屠呦呦在熙熙攘攘的人群中看不到药行街背后的商业交易，她看到的是"悬壶济世""医者仁心"这样的社会风尚。

在屠呦呦心里，药行街渐渐神圣，街上的人也都受人尊重，将来做一名中医大夫也是不错的选择。

古代有这么一句谚语，说"三岁看大，七岁看老"。这是不是幼童心理发展的一般规律呢？从三岁、七岁不会看到她的未来成就和功业，但幼童时期所处的家庭与环境，对她的心理特点、个性倾向形成却有很大的关系。对屠呦呦来说，年幼时说不上什么抱负和理想，只是朦朦胧胧中的一种向往、一种倾向，但这一阶段所形成的性格，会对她的将来造成比较大的影响。

这些向往和倾向也许就是一生。

恍若梦闪的姚宅童年时光

屠呦呦父母两大家族皆具有重教传统。教育后辈，培养健全人格是家族一以贯之的作风。这样的家庭氛围，对屠呦呦的影响是巨大的。《甬上屠氏家谱》和《鄞县姚氏宗谱》，也同样传递着关于立身处世、治家持业的谆谆教诲。

比起屠呦呦的父族，屠呦呦的母族一系也称得上当时宁波的豪门望族。母亲姚仲千为姚传驹之女、著名经济学家姚庆三的妹妹。

从姚氏宗谱来看，历史上姚氏与屠氏有三次联姻，屠呦呦父母的结合，两个家族的秦晋之好，也是有些姻缘的。屠氏与姚氏的联姻属于门当户对，顺理成章。

世事难料，人生就是充满了众多的机缘巧合。

1937年，日本全面侵华。1941年，宁波沦陷，因为战乱和细菌武器的侵害，屠家坐落在"疫情区"的房屋被烧毁了，也因为父亲在上海太平洋轮船公司工作，不经常回家，母亲姚仲千就带着一家人住进了外公、外婆家，由开明街508号搬到26号，迁入姚宅。

从十一岁起，屠呦呦就生活在这里，直到1951年考上大学。

"抗日战争开始之后，我就住到外婆家里了，一直到上完高中考到北京医学院才出来。"

那时候在开明街，外婆所居住的姚宅门前那一株枝叶繁茂的香樟树，以及香樟树映照在墙体上绰绰约约的倒影，叫她着迷。晚上风一吹，那沙沙的响声，迷人的香气，让她心平气和地进入梦乡。

有一首宁波歌谣正好是她那一段时间生活的真实写照。

　　摇呀摇，摇到外婆桥，外婆来盖纺棉花，舅舅来盖摘枇杷，枇杷树里拗朵花，舅母带着巧的走人家，东家走西家，西家走东家，还讲人家伐泡茶，叽里咕噜十人家。

少女时期的她，自由、快乐，身穿着浅色短裙，戴一副黑边眼镜，显得面色白皙、清秀，在香樟树的倒影中蹦蹦跳跳，出出进进，翘起乖巧的麻花小辫，过着无忧无虑的童年生活。邻居提起她时，就会说她是"一个宁波小娘的样子……"

姚宅在海曙莲桥街区域内，门牌号写着开明街26号，是屠呦呦的外公姚传驹在民国初期建成的。

房子坐北朝南，有江南民居的特点，由前厅、大厅、正楼、后屋组成一个整体。进门是天井，左右有厢房，中间是大厅，后面大致和前面对称，也有后天井。房屋为穿斗式木构架，不用梁，而以柱直接承檩，外围砌一层薄薄的空斗墙。房屋整体前后贯通，开门大，通风好。地面是防潮的石板。房顶两端为防火的马头墙。整座房屋有雪白的墙壁和黑青的瓦，颜色比较素，简洁大方、清新脱俗。

走进姚宅，要穿过空荡荡的大厅，可见一个不宽敞却温馨的小院子。院内一株香樟树，高大、繁茂，把正楼都严严实实地遮住了。深秋时节，红叶会悄然铺满院子，轻轻地踩着厚厚的一层树叶，就会感觉到浓浓的禅意，古朴、自然、幽静。一栋接地气的老宅子，临街底层，开窗见绿，与书香门第才有的那种老宅子十分吻合。

那时，能够在天封塔对面拥有如此规模的私人房产，必定是宁波城里大户人家。

确实如此。

属于鄞县的姚氏是儒商世家，从一世祖姚毅开始到十七世姚永烈，都是儒商并重，世代相袭。怎么说呢？总之一句话——姚氏历代朴诚勤谨，有古君子风，被时人称为厚德儒商。

外婆家重视族人接受科举教育，虽然没有进士，却有两位族人中举，一位是十世祖姚孙楠，万历三十七年（1609年）乙酉科举人，曾任山东高塘洲训导；另一位是姚家镛，光绪乙丑恩科举人，曾任湖州德清县教谕。还有一个姚传法，上海沪江大学毕业后，赴美留学，获丹尼森大学科学硕士、耶鲁大学林学硕士，回国后担任高校教授。尽管他曾在国民政府任职，被选为国民党立法委员，但新中国成立后还是成了一位学者——中国著名林学家、中国林业事业的一位先驱者。

有两个姚家人对屠呦呦影响很大，一个是她的外公姚传驹，另一个是她的舅舅姚庆三。

据《鄞县姚氏宗谱》记载，姚传驹，字咏白，开明街上仅存的民国建筑姚宅就是姚传驹兴建的。他从日本高等商业学校毕业，曾在东北三省沦陷前任中国银行行长、民国财政司司长等职，后任上海法学院、复旦大学、大厦大学教授，还获得过北洋政府的二等嘉禾章，曾写《呈大总统请改革弊制由》《上熊秉三先生希龄书》等提倡改革的著名文章。

外公姚传驹兄弟三个，大哥姚传骏，邑庠生，曾任奉天营口缉私分局局长，吉林永衡官银号上海分号经理；姚传驹是老二；老三姚传骧，国学生，曾任木兰榷运分局局长。

姚家都是读书人，都有官场或者经商的背景。

外婆家也是，屠呦呦外婆家姓周，也是著名儒商之家，外婆周氏就是鄞人周咏春的第五女。周咏春白手起家，从宁波出发到上海淘金，逐渐发展为商界名流，由上海闯荡而后在汉口发迹，曾为汉口德商瑞臣洋行的买办，被推举为汉口商会会长、汉口宁波同乡会会长。周咏春两个弟弟也分别是上海实业家、沪上著名建筑业营造商。

在屠呦呦之前，姚宅最出名的，当数她的舅舅——著名经济学家姚庆三，是民国时期有重要影响的英雄人物。

生于1911年的姚庆三，1929年毕业于复旦大学，随后留学法国，毕

浙江宁波开明街26号屠呦呦外婆家

业于巴黎大学最高政治经济系。他归国后，就投身于中国货币研究，任国民经济研究所研究员，后来任上海金城银行总管理处分行经理。1934年，姚庆三的专著《财政学原论》出版，这也是中国最早的财政学教科书之一。

舅舅最出色的一次工作是币制改革。1934年6月，美国通过《购银法案》，导致国际银价上升，造成中国白银大量外流。

如何应对？南京国民政府的办法很简单，收税！你往外走，我就开征收白银出口税，结果呢，根本不解决问题。

这可如何是好？当时的经济学界、金融学界爆发了一场有关白银问题与改革币制的大讨论。大讨论双方有两个人，一个是马寅初，一个大经济学家，对货币改革持不同观点；另一个就是姚庆三，当时的大学者，支持实行货币改革。两个人的唇枪舌战震撼了民国学界。直至1935年11月，姚庆三等学者的观点被政府采纳，货币开始改革，"舌战"才宣告结束。

这次改革不简单，是中国货币体系进入现代化过程中迈出的关键一步。

姚庆三与西方经济学大家凯恩斯的缘分也颇深。

可以说，将凯恩斯学术思想引入中国，并留下中国第一批研究凯恩斯理论文献的人，正是姚庆三。

1953年起，姚庆三在新华银行香港分行任职，1979年又调任中国建设财务有限公司（香港）总经理，这两家机构都不简单，都是香港中银集团的前身。从四十二岁到七十五岁，姚庆三为祖国海外金融事业的繁荣作出了很多贡献。1985年转任中国水泥公司总经理。1989年11月逝世。

这个出色的舅舅曾使屠呦呦敬仰一生，成为她一生的榜样。舅舅鼓励屠呦呦说："好奇心是一切求知和做学问的源头，我们的呦呦将来说不定要当科学家呢。呦呦，加油哦。"

姚家人就是这么优秀，还有姚宅的邻居，也不乏优秀人才，曾汇集大批名人，包括元代"甬上第一学士"袁桷、中国著名的学前教育专家张雪门、一代邮票设计大师孙传哲、宁波帮巨子李镜第，等等，堪称文人荟萃，望族云集。

这对屠呦呦来说，身处文化底蕴如此丰厚的环境，无疑是她成为科学巨人最初的动力渊源。

因姚家条件优越，屠呦呦从抗战开始时就一直居住舅舅家，从十一岁到二十一岁，在这里度过了她小学、中学的美好岁月。

这期间有十年之久，对屠呦呦的成长产生了巨大的影响。舅舅家的雄厚实力使得屠呦呦在父亲家庭发生了变故后，能从鄞县私立效实中学转入宁波中学，顺利完成高中学业。

姚氏传承的诚信务实、进取肯干、坚韧不拔和互助团结的儒商家风，熏陶着屠呦呦的为人和学风，这也与她以后深造药学，毕生致力于青蒿素研究所需要的科研精神一脉相承。

如今时光流转，姚宅已开发为莲桥第，老房子修葺一新。门前的青瓦石板，隔开了身后的繁华。老宅后门，正对着宁波的地标天封塔与城隍庙。几十年后，屠呦呦获得诺贝尔奖，又为老宅增添了浓墨重彩的一笔。一些慕名而来的游人，纷纷在门前拍照留影。宁波本地人路过时会自豪地告诉身边的孩子，这栋房子了不起，走出了一位令人尊重的世界级女科学家。

屠呦呦父母两家，都是宁波名门望族，可说为真正的"谈笑有鸿儒，往来无白丁"，让她自小就生活在书香门第，受到大家闺秀的熏陶，为她未来登上世界科学顶峰，打下了厚实的人文基础。

所以她很恋旧，直到九十岁，在北京多次委托熟人从宁波老家拍老宅子的照片传给她，悉心保存，不时拿出来带着难以言传的故乡亲情，欣赏故土。

即使离开宁波快七十多年，她的普通话中仍然含着化不开的宁波腔，对宁波的记忆刻在血液中，这是她对家乡、对故人的眷恋，以及难以割舍的家国情怀。

祖人、祖业、祖训、族谱、书院……承载的是千百年故乡的历史记忆，承载着我们从哪里来、到哪里去的答案，是我们共同的精神家园和信仰之源。

这也是任何人都割舍不掉的含义深刻的"乡愁"。

第三章　艰辛求学

　　我1930年12月生于浙江宁波。作为家中唯一的女孩，和哥哥一样接受了从小学到大学的完整教育。我小时候不是很活泼，在班上不声不响，成绩中游，并不拔尖。我从小有个特点，只要自己喜欢的事情就一定会坚持做下去。

　　　　　　　　——2019年11月，屠呦呦书面回答《龙》杂志总编辑专访

童年的快乐时光

　　在宁波，屠家跟整个宁波一样，颇有重教之风，对子女教育更是一以贯之，非常重视。

　　出身于书香门第的屠呦呦，五岁被父母送入家门前的幼儿园，转年后，进入宁波私立崇德小学读初小，扎着鹿角辫，成为一名小学生。十一岁起就读于宁波私立郧西小学高小，十三岁起就读于宁波私立器贞中学初中，十五岁起就读于宁波私立甬江女中初中。

　　屠呦呦的学业说起来就这么简单。

　　可是那时代，这不简单。

　　那时女孩到四五岁"缠脚"的千年陋习尚未除尽，相当一部分女孩仍是"小脚一双，眼泪两缸"，特别是大户人家务必要有"三寸金莲"，然后足不出户，出户必有花轿抬着，直到十二三岁出嫁。从民间到官府，人人都知道这是伤害女性的恶劣习惯，朝廷也曾诏令禁止缠足，规定"有效

屠呦呦在宁波读书期间的学籍资料

他国衣冠、束发裹足者，治重罪"，但禁而未止，效果不大。

尽管屠呦呦有一个很好的家庭环境，不管是屠家，还是外婆姚家，都有条件让她求学上进，为沿袭宗族儒商辈出打下文化基础，但作为一个女娃，也正是由于她出身于屠家、姚家这样的大户人家，屠呦呦更要自小缠足，做女工，绕着锅台转，最后嫁入富人家，相夫教子过一生，接受默默无闻、被流逝时间所湮没的命运。因为只有富有的大户人家的娇贵小姐，才有这样的条件，缠足之后足不出户，出户八人大轿抬着。

屠呦呦也四五岁了。

有一天，父亲跟母亲一起当着屠呦呦的面说起缠足的事儿。父亲对屠呦呦说："你晓得不，现在你该做一件很重要的事了。"

屠呦呦好奇地问："什么重要事儿？"

"你快五岁了，我们邻家跟你差不多年龄女娃，都缠脚了……"

"缠脚？"她瞪大眼睛说，"那小姐姐缠一次哭一次，可痛啦，我可不缠。"

母亲看一眼父亲，正色道："那可不行，等你过了十二岁，不缠脚就嫁不出去了。"

"那就不嫁呗。"

母亲说："你让父母养你一辈子啊？"

"不啊。"屠呦呦笑笑说，"我长大啦就到药行街，当中医，挣钱养我自己，也养你们……"

这时，父亲也很认真地说："我不是跟你说着玩的，这是正经事，让你母亲给你缠脚，从明天开始！"

屠呦呦抬腿就往外走，一边走一边说："从明天开始你们不要找我了，我也不回家啦，我去学中医了……"

父亲喊她，她头也不回，向着药行街跑去，那执拗、永不回头的样子让父亲心里有了底气。

父亲哈哈大笑，母亲也笑了。

母亲说："你回来，这是父亲在试探你哦……"

屠呦呦回来后，父亲问她："不让你缠脚，让你去上学堂，你能好好学吗？"

"你们让我上学？"屠呦呦反问。

是的，这个年龄马上就要上育婴堂了，父亲、母亲是在试探她对学习有没有兴趣。

父亲说："你三个哥哥都上学，你是我们的宝贝疙瘩，哪能不让你上学？"

母亲说："年轻弗学好，到老一根草。咱宁波人说的话要好好记着哦。"

屠呦呦决心可大了。

"那我一定学出个样儿让你们看……"

父亲屠濂规、母亲姚仲千满意地笑了。

其实此时，女孩放脚，求学，走向社会，男女平等之风已如冰山开化。从这一点说，屠呦呦是幸运的。在她出生前，清朝皇宫就开始有了"革命气象"。未满十三岁文绣进宫，嫁给十六岁的溥仪，在初露萌芽的"首都革命"活动中，文绣毅然逃出樊笼，迁居天津，公开提出离婚，并获"恩准"，可见民国时期女性地位有了显著提高。

这种时代大潮与整个宁波重教之风相应，一贯恪守"古今来许多世家，无非积德；天地间第一人品，还是读书"古训的父亲屠濂规，把屠呦呦送进学堂，让幼小的她开始了求学之路。

1935年，五岁的屠呦呦上育婴堂了，这个梳麻花辫的小姑娘，背着小书包，穿着青布衫、百褶裙、白袜、黑鞋，就像我们在电影上看到的江南小女，很文静地走在青石铺路的开明街上。

她去的这个育婴堂很开化，门窗不用纸镶玻璃，很亮堂，教室前边挂着一座钟，一天到晚发出"咔咔"的声音，接着学生到来，看着学生离去。这让年幼的屠呦呦分外好奇。

她记得每天上午去育婴堂都要从家里带一双布鞋，放在育婴堂大厅的鞋洞里，然后换上另一双鞋进教室，因为教室都是打蜡的地板，换上专用鞋子保持洁净。

进育婴堂第一件事，就是随着老师弹奏的手风琴节拍大家手拉手走圈圈，一圈一圈的，就那么转来转去，好像和现在说的热身差不多。然后上课，课程很简单，就是看看书，画画画儿，做做操，之后做简单的算术，或者讲讲童话，看看幻灯片，唱唱歌。歌词就那么两三句，比如说："天上多少星星，亮晶晶，我要问你明天天可晴？"再就向幼儿介绍野兽、飞鸟、昆虫、植物等。幼小的屠呦呦在育婴堂学习生活，可高兴啦。

可是不久，快乐的童年生活戛然而止。

战乱开始了。

"瘟疫"二字，刺痛了她幼小的心灵

1937年7月，卢沟桥事变爆发。当年8月，日寇空袭上海，近在咫尺的宁波不断遭到日军飞机空袭。为了保命，宁波很多人家开始逃难，投亲靠友去了，一些不愿离开自己家园故土的人，敌机一来，就跑到就近临时挖好的简易防空洞里避难。敌机飞走，再出来找吃的。这就是宁波人说的"跑轰炸"。

1940年10月27日，星期天。

开明街上空无一人，院子里老母鸡"咕咕咕咕"的叫声很清晰。开明街这个宁波老城最繁华的地界在沦陷后，风声鹤唳，人烟稀少，多数人选择闭户不出，躲在家里干点零活，搓搓麻将。

今天怎么这么静？开明街26号屠家大院内，屠呦呦与父母在一起感到奇怪——今天怎么听不到飞机轰炸声，往日令人惊恐的防空警报声也悄无声息。这是怎么啦？

当时在姚江滨的槐树路私立崇德小学念初小的屠呦呦，要到同学家去做作业。母亲姚仲千担心她的安全，不同意她外出。

正在僵持时，父亲还没来得及说点什么，"呜呜——"刺耳的空袭警报突然响起，打破了开明街的寂静，工夫不长就看见一架飞机飞过来了，飞机轰鸣着盘旋在街道上空，低得好像近在咫尺，伸手一把就能撕下来。

父亲到街上望了一望说："飞机上还是'膏药旗'，日本鬼子的飞机又要来轰炸了。"

奇怪的是，这次飞机上没有炮弹落下，落下来的是一些纸张，就是现在说的传单，传单雪花似的从空中飘下，掉在柏油马路上，很是扎眼。飞机在天上盘旋，传单在不停地落下，足足持续了一个钟头。

屠呦呦出门捡了一张，看不太懂，就交给了父亲。父亲拿了传单端详半天，然后说，上面画的是日本、德国、意大利的国旗；有一张漫画是两只手相握，表示"中日亲善"；这上边印着的中文大意是："你们正在闹饥荒，民不聊生，日本人民则丰衣足食，尚有余粮来接济你们……"

——屠呦呦有些迷糊了，日本人来到我们土地上不是扔炮弹，炸死人，就是抢粮食，不做好事，这次怎么会"好心接济"？

屠呦呦看看父亲，父亲说："不知道什么事，反正鬼子哪有这等好心……"

下午两点多，日寇的飞机轰鸣着又来了，还没等屠呦呦看清飞机的模样，就看到从天上落下好多东西，远远望去，好像一片淡黄色的云雾，掉下来砸得屋瓦"沙啦啦"作响。屠呦呦出门，发现原来是一些大麦、小米、面粉，还有一团一团的棉花球。

飞机走了，再没有任何动静。有的邻居出门看着那些粮食，试探地准备去捡。母亲说："咱是不是也去捡一点回来？"

父亲不让。

"咱家不缺粮食，日本人扔的咱不要。"

附近邻居家，有一个元泰酒店，酒店的账房先生何福林捡了一粒放在嘴里，咬了咬说："真的是小麦啊。"

这一尝，毁了他。

到了晚上，干旱的宁波意外地下了一场雨，淅淅沥沥地下了一整夜，落在屋顶上的麦粒和面粉等杂物被冲刷下来，掉进了居民露天的水缸里漂浮着。那时宁波没有自来水，家家户户都有一个十来平方米的院子，放一口水缸接水吃。

第二天，有些邻居把落在地上的谷物扫成一堆，让老母鸡吃下去，不久老母鸡突然死了。三天后，元泰酒店的何福林先生有了发病的症状，周身通红、淋巴肿大、高烧不退，只熬了一天，就病死了。

几天后，水缸旁的石板缝里长出了麦苗，跳蚤突然间多了起来，这些跳蚤个头比寻常的小，颜色偏红，十分诡异。后来证实，它们都是吸饱了鼠疫实验者血液的疫蚤。同时投下的麦粒、面粉也染有鼠疫杆菌，所以日寇飞机过后，跳蚤骤增。

屠呦呦并不知道，死神已经悄然潜入宁波。

有一天，放学回家的屠呦呦发现，街头巷尾议论纷纷，说开明街口滋泉豆浆店赖福生两口子突然死了。

回家后，她听母亲说，做姜糖的老板的女儿也出现头痛、恶寒、发烧的症状，老板赶忙叫了黄包车，把人送到了鄞县中心卫生院，医师诊断说是恶性疟疾传染病，要立即住院进行隔离治疗。

这是她平生第一次听说"恶性疟疾"这个名词。而她更想不到，若干年后，她为消灭这种恶性疟疾奋斗了大半生。

紧接着，开明街、东大路、东后街、太平巷，等等，四面八方都不安静了，越来越多的人出现了这种"恶性疟疾"症状，整条开明街也有十几户人家传出啼哭声，此起彼伏。开始大家都以为就是冷热病，也就是"疟疾"，去医院治一下就好了。可是多数人用了治疗疟疾的药物一点儿用都没有，死的人反而越来越多。有时候一天有九个人突然死了，最多的一天死了二十个人。

屠呦呦紧张地问父亲："没有药能治这病？"

父亲说："就是吃一点奎宁丸，可还是救不了人，死的人反而越来越多……"

这也是她第一次听说有一种治疟药叫"奎宁"。屠呦呦说："要是有药治疗就好了……"

父亲摇摇头。

"哪有好药？谁来管啊……"

后来，在屠呦呦考取北京大学的第二年，美国微生物学家塞尔曼·瓦克斯曼发现了链霉素，获1952年诺贝尔生理学或医学奖。链霉素才是鼠疫的克星。而在当时，无药可救。

不久，那个做姜糖的老板的女儿虽然经过隔离治疗，但还是没救活，屠呦呦记得她死的样子，脸上毫无血色，剪了一头齐耳短发，右边的鬓角别了一个珍珠发夹，眉目清秀像是睡着了一样。可是不难看出，她的脸被烧得通红，脖子肿得老高，看上去很是难受。她的母亲想把她打扮得好看些，因为父母还没来得及送她出嫁呢，就买来了棺木将她安葬在乡下凄冷的山上。

> 一路哭来一路行，死鬼棺材横头哭二声，
>
> 勿怪阿婆娘心相狠，怪尔自家太短命。

屠呦呦还记得，一望无际的稻田地里，那个孱弱的母亲抱着那个小小的棺木，哭唱着，晕倒在稻田里好多次。

这是屠呦呦第一次看到死人。

原来，死亡这么可怕。

挽救生命是多么伟大的事啊！

屠呦呦又一次哭了。

这场灾难的罪魁祸首，经华美医院院长丁立成化验，开明街疫病确诊为烈性传染病中的天字一号——鼠疫。空投鼠疫的地点与鄞县政府官署只差四百米。

父亲在《明史纪事本末》看过，对鼠疫的描述令人悚然："上天降灾，瘟疫流行，自八月至今，传染至盛。有一二日亡者，有朝染夕亡者，日每不下数百人，甚有全家全亡不留一人者，排门逐户，无一保全。"鼠疫，几乎毁灭了一个明王朝。

鼠疫！屠呦呦第一次经历瘟疫，鼠疫几乎把宁波毁了。鼠疫更像是

她童年时光一道血淋淋的伤疤。

那个国破山河碎，任人宰割的岁月啊！

后据资料记载，日军在开明街上空投下带有鼠疫菌的面粉、麦粒、跳蚤等物，造成大批人因感染鼠疫暴死，有姓名、地址可查的死亡人数为一百零三人，全家死绝的十二户、计四十五人，为杜绝病原，被迫将一百一十五户的一百三十七间房屋焚毁，成为五千平方米的鼠疫场废墟。

1940年11月5日，鄞县县政府第291号布告称："我们宁波不幸发生鼠疫巨祸，此病极易传染，凡疫区内住民及一切物件都要严厉封锁，为此布告全县民众一体遵照……"疫区商店全部停业，学校一律停课。

封锁疫区，防疫隔离开始了。

这天深夜，在大量警察配合下，防疫人员勘定疫区界限，随后由施工队以木桩、绳索将疫区围绕，隔离墙在三天后完工，墙高一丈，墙顶加弧形铁皮压顶，防止鼠类窜越。围墙内，圈住了开明街附近五千平方米的范围。保安警察、行政警察分成内外两线，执行封锁政策。根据政府告示，疫区内的居民根据不同症状被分级隔离。

封锁区内所有住户、商店都实行硫黄熏蒸消毒，房屋内地板、沿街阴沟石板撬开了，灌浇石灰水，之后又喷洒一些福尔马林、来苏尔等药水。

屠呦呦家在隔离区内，一家人被隔离了。

11月的宁波，还算不上冷。每间房住四五个人，打着地铺，盖着薄被，一日两餐，男女分食，都是一碗稀饭和几块霉豆腐。

天黑了，屠呦呦趴在隔离病房窗户向外看，隔离区内的开明街，路灯更暗了，看不清人影了，喷洒过石灰消毒后所有地方都是灰蒙蒙的，穿着防护服的消杀人员走来走去，更衬出阴沉恐怖的气氛。虽然被隔离着，但内外各种情况还是会在人们的口耳相传间，偷偷传递。

隔离医院在开明庵内，收治疫区内外一些疑似感染的病人。这些病人被圈在医院里，并不治疗，其实是在一个等死的地方，只进不出，所有

1940年11月5日，《时事公报》揭露了鼠疫巨祸人都在等着这些人死去，好早些结束这场灾难。他们被活活抛弃在一座阴森森的地狱，等待生命结束。

有一个埋尸队的泥水匠，说他目睹了日寇制造的这场人间惨剧。

"真是惨死了。"

泥水匠说病人就像一个个醉汉，两眼充血，表情惊恐，两手乱抓头发乱撞墙，嘴里胡言乱语地狂叫一阵之后，就昏死过去了。有的眼睛鼓出来死了，痛苦得受不了，身体痉挛像"虾子"一样弯曲着死了。有一个母亲刚死，孩子也跟着走了。泥瓦匠说，屋子里的人都有身体红肿的症状，那还没事，一旦红肿变成黑色，这个人就会死了。

更惨的是，她听两个防治组担架队的人在走廊里说的，有一个叫阿三的感染病人，被钉进棺木的时候还睁着眼，冲外面的人使劲摆手，他一点也不想死，撮着嘴唇像是要找亲人，眼泪一滴一滴，好长好长时间都不肯闭上眼睛。他是被钉棺木的人用石灰活活呛死的。他死之后，他的一个亲人哭晕了过去。

这突如其来的一切，太恐怖了，居民千方百计逃出疫区，促使县政府加强管控，施工队连夜筑起一圈很高的围墙，只留几处必要出口，以备工作人员进出。外逃的路被堵死了，只能在临时医院里，在封锁区内活受罪。

这种惨状，让屠呦呦毛骨悚然。

所幸的是，她家人没一个感染。

不幸的是，家被烧毁了。

经过半个多月严格防控，疫情得到有效缓解，外逃病人大部分被追回，没有造成疫区外大规模传染，当地政府认为已经消毒两次，不会再招危险，可准予启封，由各房主自行扫除清洁。

月底，屠呦呦一家人从隔离医院出来，再次回到开明街，外围筑起了高一丈、厚十寸的空斗隔离墙。他们从隔离墙小门回到家，清扫卫生，准备过正常人的日子。

哪会想到，几天后风云突变。

当地政府认为空斗隔离墙内鼠疫封锁区房屋建筑简陋，地基低湿，虽然几次施用硫黄熏蒸，却难肃清，如果鼠蚤经过几天繁殖，遇到机会仍有复发的危险，甚至会猖獗无度，所以决定，对鼠疫封锁区进行焚毁，以绝后患。

随后，防疫人员一起动手，鼠疫区内十一处引火点，同时起燃，霎时间烈焰腾空，火势大作，噼噼啪啪响彻天空，滚滚浓烟笼罩了大半个宁波城。那熊熊大火仿佛发了疯似的随风四处乱窜，肆无忌惮地吞噬着一切。经过四个多小时焚烧，疫区内所有住房、商店、工厂付之一炬。

当大火蔓延之时，封锁区内居民眼看亲手建起的家园顷刻之间化为灰烬，家当付之一炬，留下满地瓦砾废墟，无不捶胸顿足，大哭大叫。居民的心，在滴血。

屠家的房屋也被烧毁了。

事情后来弄清楚了。1940年10月27日，日本侵略者使用了灭绝人性的生化武器来对付毫无抵抗能力的宁波居民。他们在拿中国人做人体实验。

犯下这个罪行的是臭名昭著的日军"731"部队特别细菌远征队"奈良部队"，他们用飞机在宁波开明街上空撒下大量带有鼠疫杆菌的疫蚤、麦粒和棉絮等杂物，三四天后开明街暴发鼠疫灾难，五千平方米的瓦砾场成了"鼠疫场"。

日寇投下两公斤鼠疫菌，造成宁波一千五百五十四人死亡。为防止疫情蔓延，焚毁一百一十七户房屋共计一百四十四间。用心之险恶，手段之猥琐，暴露了"731"部队的恶魔心态。

1995年，开明街口建起"侵华日军鼠疫细菌战遗址纪念碑"。2009年7月，建成"宁波开明街鼠疫灾难陈列馆"，被确定为海曙区爱国主义教育基地。

那时，屠呦呦十岁。

十岁，她记事了。

鼠疫、疟疾都是瘟疫，不管是丧尽天良的人为制造，还是自然界发生，都是危害人类生命的可怕的传染病。若干年后，这段往事在她心中还是一片挥之不去的阴影。

因为这一切，不能遗忘，需要正视，需要铭记。这次，给了她一次深刻的灵魂洗礼。

1941年4月，日军在镇海登陆后继续向宁波推进，国民党守军未能有效抵抗，导致宁波城在短短一天内被日军完全占领，成为沦陷区。

屠呦呦眼看着那些还没弄清怎么回事的居民，就在她眼前被炸得血肉模糊，跟跟跄跄地倒下了。她被吓得哭了起来。

日寇对宁波实行的是"无差别轰炸"，以平民为目标，对人群密集区域和商业繁盛地带进行狂轰滥炸，包括轰炸灵桥、江厦街一带，炸毁商铺住户，炸沉民船。轰炸让宁波城里一片狼藉，火光冲天，造成成百上千的无辜居民死伤。

这是人类战争史上第一次直接以平民为目标实施空袭，完全突破了战争伦理的底线。

宁波，一座不设防的城市。太平天国后拆了三江口炮台，"训政时期"拆了城墙，城厢的军事防御力量比晚清时期还要薄弱。到了民国时期，宁波地方防御工事都在海岸河口，城区及其周边没有任何防御能力。面对日寇的滥炸荼毒，残暴侵略，手无寸铁的无辜生命只能被动挨打，惨遭荼毒。就在屠呦呦的眼前，日寇飞机除了投下炸弹、燃烧弹，飞机上还用机枪对平民进行扫射，炸死、打死、炸伤许多百姓，房屋被炸毁，还有的房屋被震倒了。

这是日本鬼子对中国人民犯下的滔天罪行。

为此中国人民不畏强暴，开展了艰苦卓绝的抗日斗争。抗战时期，屠呦呦不得不多次转学。1941年11岁的她转入鄞县城区私立鄮西小学读高小。1943年，私立明州中学改名为私立器贞中学，并迁入月湖竹洲岛。屠呦呦又转入该校女生部读初中。

看着宁波这座老城饱受灾难，屠呦呦幼小的心灵受到深深触动。她对老师说："日本鬼子太欺负人了，咱们为什么治不了他们？"

老师拍拍她的背说:"人家强大,咱们国家太落后了……"

屠呦呦看看老师严肃的脸默默地点头。我们多灾多难的祖国,任人宰割,千疮百孔,给她幼小的心灵留下了深深的印记。长大,一定做一个与祖国人民同甘共苦的有用人才,让中国人在世界上站立起来。

勿忘沦陷区的宁波!

勿忘苦难的童年!

在甬江女中

1945年8月15日,日寇投降,中国人民抗日战争取得了最终胜利。宁波民众得知消息无不欢欣鼓舞,纷纷走上街头庆祝胜利。长期的战争苦难终于结束,人们迎来了和平的曙光。宁波回到了中国政府的管辖之下。

当年,十五岁的屠呦呦进入宁波甬江女中读初三。

这个甬江女中有点来头,它是中国第一所女子中学,被载入了《教育大辞典》,在近代中国百年教育史上都占有很高的地位,在宁波姚江畔屹立了近百个春秋。

上课第一天,校长沈贻芗就讲了这所女校的前世今生。

校长说,甬江女子中学简称甬江女中,创立于清道光二十四年(1844年),1857年定名为崇德女校。

最初,这所学校是一所教会学校。

甬江女中的前身是宁波女塾,1844年,由英国基督教会传教士爱尔德赛女士创办,选址在城西祝都桥(今中山西路182弄36号附近),只收女学生,一律免除在校费用,开设圣经、国学、算术等课程。这所教会女塾,比梁启超和经元善发起创办的颇有名气的上海经正女学还早五十四年。

在宁波三江口的核心地段,有一个看似奇怪的1844广场,实际这个广场的名字就是因为这地方有个甬江女中,建校时间是1844年,才叫1844广场。

屠呦呦至今依然记得，有这样一所古朴典雅的老房子，三层小楼、灰白砖墙，依稀可见它当年的风采。

后来，甬江女中改名崇德女校，当时崇德女校不管是在宁波，还是中国，都是大名鼎鼎的，因为它是旧中国第一所采用中西结合教育的女子学校。

再后，在甬江之滨的战船街新建校舍，改名私立甬江女子中学。二十八岁的沈贻芗为首任国人校长。

沈贻芗，一个好听的名字。她是屠呦呦第一次遇到学问这么高的女人。老师和同学们都很敬重她，女中老师说，沈贻芗从上海沪江大学毕业，赴美留学，远涉重洋去宾夕法尼亚州立大学深造，获文学硕士学位，回国任教。她一生未婚，把学校看作自己的家，把学生当成自己的女儿。她最美好的花晨月夕都是同天使般的少女们一起在早自修、晚自学的课堂中度过的。

老师说："她当校长后，艰苦创业，严谨治学，率领学校跻身省立中等学校行列，大长了国人的志气。"

屠呦呦转入甬江女中，读初三，当时初中段有三百多名学生。这些少女都非常爱戴和崇拜这位女校长。

有一天，沈贻芗校长给她们班上课，有同学突然问她："为什么要穿这么难看的校服？"

女中规定，学生在校期间必须身着校服。这也是校长亲自提议这么做的。有些富家女子对此很不满意。

沈校长说："是的，咱们的校服不太好看，夏天穿裙子，平时穿黑旗袍，不华丽，但朴素大方，别有一番风味。还有一个重要原因你们知道吗？现在富人越来越少了，学校规定好了穿什么样的衣服，你们再也不用为穿戴打扮分心，既能让你们集中精力专心学习，又能养成勤俭节约的好习惯，这不好吗？"

一个女生说："我喜欢漂亮的衣服，穿着漂亮的衣服来学校上课，不是更好吗？"

"外表的漂亮只是外在。"沈校长说,"小同学,好好学习吧,有内涵、有知识的人,才一生受人尊重……咱们女性要解放,要站起来,就是要有学问,做一个知识女性。你没有一点社会地位,穿着再漂亮的衣服,还是一个没有地位的女人,一个低贱的人……"

说这话的女生低头不语了。

少言寡语但生性率直的屠呦呦情不自禁地鼓掌了。

"校长说得好!"

全班同学都佩服校长这一番话,并表示受益匪浅,与此同时,屠呦呦把校长当成她第一个人生的榜样,立志做一个像沈贻芗校长这么有学问、有修养、有抱负的人。

她把一首《劝学诗》抄在笔记本上,开始了初中最后一年的学业。

> 三更灯火五更鸡,正是男儿读书时。黑发不知勤学早,白首方悔读书迟。

这所中西合璧的教会学校,有教会学校的基础,不是一味地讲授《三字经》《百家姓》《四书五经》等,屠呦呦读初三期间,女中开设了公民、国文、数学、英语、物理、卫生、音乐、劳作、历史、地理、童军、体育等课程,还有品德教育,她在英语、音乐、美术、劳作、体育等方面的表现尤为突出。

晚上,屠呦呦还参加了女生夜间组织的唱诗班、读经班,在基督徒中文教师协助下阅读圣经。课间,音乐老师指导她们练习钢琴。

这是少女们最自由、最快乐的美好时光。

> 小么小儿郎,背着那书包进学堂;不怕太阳晒,也不怕那风雨狂;只怕那先生骂我懒呐,没有学问喔,无脸见爹娘;郎里格郎里格郎里格郎……

她们这些"大脚片子"遇到了历史上破天荒的开化时代，打破闺门禁锢走上了社会，接受近代自然科学和社会科学知识教育，逐步走上自强自立的路子。

她们每天背着书包上学，哼着歌曲回家，白衣素裙，朝气蓬发，英姿飒爽。她们在学校参加运动会，做数学题，做化学实验，背诵唐诗宋词，还跷着十个手指弹钢琴。她们在教室里唱歌，在操场上跳舞，在姚江边的树林里背诵英语……

屠呦呦的课程不是门门优秀，但只要是她特别喜欢的，那一定学得很好。

有一次，要考试了。她看到老师在印刷试卷，那时候没有复印机，试卷要用铁笔在蜡纸上刻好，然后刷油墨印出来。印刷每一张试卷这么费力啊，她感觉老师很辛苦，下决心一定好好答卷。那次考试她认真做了，让人高兴的是，她那次做得很好，还捧了个奖状回家，高高兴兴贴在墙上。

但她兴趣最浓、最长久的还是上实验课。

教室里阳光明媚，整齐摆放的桌凳干干净净，女生们身穿统一服装，整整齐齐地坐在教室等待上课老师的到来。

"上课！""起立！"

"老师好——""同学们好——"

每节课完成这一成不变的课前程序，成为甬江女中少女们的青春回忆。对屠呦呦来说，她最开心的事情，是听着下课铃声响起，老师说声："下课！"然后她就飞也似的跑出教室，跑去实验楼，上业余实验课。

她最喜欢的莫过于做实验，瓶瓶罐罐里的液体倒在一起，产生的奇妙化学反应，让她啧啧称奇。

她忘不了甬江女中教学楼里琅琅的读书声，体育馆那健身跳舞的身影，还有实验室那出奇的安静。

实验楼是学校的镇校之宝，楼内的实验台、橱柜，以及各种实验器材琳琅满目。学校花大价钱从英国进口了玻璃仪器、小天平、烧杯和实验剂，还有显微镜，五颜六色的粉末，大肚子玻璃烧瓶，像蛇一样弯曲的玻璃管子，以及一些稀奇古怪的物品。悬挂在墙壁上的精密气压计，白色度盘上镀金的长指针闪闪发亮。

玻璃瓶里装着一些动物标本。爬行类有蝮蛇、眼镜蛇、蜥蜴；昆虫类有各种蝴蝶、蜘蛛等；鸟类有孔雀、画眉、相思鸟等。还有许多矿物标本和一些动物模型与小白鼠的尸体。

对这些动物标本，特别是一些面目狰狞、凶相毕露的动物，女生们都害怕，大部分因为害怕绕着走，个别的甚至发出尖叫。屠呦呦也不例外，最初她感觉太恐怖了，不敢靠近，但强烈的好奇心和对实验的兴趣，促使她慢慢消除了恐惧心理。

为了壮胆，她会在同学和老师面前，仔细调整那些动物标本在玻璃瓶里的位置，然后小心把手擦拭干净，一步一步接近那些动物标本，从接近到用手去抚摸，把它们放在自己手里做实验。……后来，她对去生物实验室做实验，就有些期待了。

好奇心和兴趣让她的生物实验课格外出色。

有一次实验课，她们进到实验楼，生物老师已经在那里等候了。实验室充满着一股湿气，好像常年被水雾罩着。可以看见，每一个实验台上都有几个水龙头，几个瓶瓶罐罐摆在桌子上，而"重头戏"显微镜也摆在桌子的一角，挺立在那里。女生们找位置坐好，发现老师在讲台上放着一盘洋葱，很奇怪，便交头接耳起来。

"这是要做什么实验呢？"

"不是吧，怎么会用洋葱做实验？"

而这时，屠呦呦双臂交叉一动不动，静静地看着老师开始教大家怎样制作"临时装片"。先用刀片切取一块洋葱鳞片，再用镊子从洋葱鳞片叶内侧撕取一小块透明薄膜，也就是内表皮，把撕下的内表皮浸入载玻片上的水滴中，用镊子把它展平，就成了。

讲完了，生物老师搬过一台显微镜放在讲台上。

"屠呦呦，你来对光，调镜头。"

屠呦呦说声："是！"便走上讲台。

让她来对光和调整镜头不奇怪，为了节省实验时间，老师往往让操作仪器熟练的学生来对镜头。

这对屠呦呦来说是个鼓励。因为对光和调整镜头，对使用显微镜、观察标本都很重要。

先要对光。

对光并不是随便转一个镜头对着"通光孔"就行了，对光要求很严格，必须用"低倍镜"，而且当光线较强时用小光圈、平面镜；而当光线较弱时则用大光圈、凹面镜。反光镜要用双手转动，直至看到均匀光亮的圆形视野为止。光对好后不要再随便移动显微镜，以免光线不能准确地通过反光镜进入通光孔。

再就是调镜头。

在低倍镜下，对准光源，调节反光镜在视野下最亮。放标本玻片于载物台，下降镜筒到快近玻片处，下降集光器，调小光圈，慢慢用粗调上升镜筒，直至看清标本为止。

一切完毕，老师仔细地看了一遍，然后对同学们说："同学们，今天的实验课，请同学们用显微镜观察一下，洋葱表皮细胞是什么形状的？"

洋葱表皮细胞是什么样的？同学们都很好奇，一个接着一个走上讲台，眼睛对准镜头，轮流观察那块洋葱切片在显微镜下的细胞形状，然后大声说出来。

"看清了，是一块有条纹的东西。"

"不对，它的形状是不规则圆形。"

"你说得也不对，规则的，是规则长方形……"

老师没给答案，最后叫屠呦呦上讲台，问她："屠呦呦同学，你看到的是什么形状？"

屠呦呦上讲台，两手扶住显微镜，看了一会儿说："老师，洋葱表皮的细胞是近似长方形的格子……"

老师说："同学们都观察了，说法不一样，那么到底谁的观察正确呢？"

同学们静静地等着。

老师一拍巴掌说："答案是——屠呦呦同学观察正确！"

老师又让同学们上讲台重新观察一遍："大家再看一次，为什么你们观察是错误的？"

一部分同学再上讲台重新观察之后，向屠呦呦伸出大拇指。

老师说："屠呦呦同学学习扎实，值得表扬。"

老师表扬了屠呦呦之后说，如果我们将来要当一个科学家，就要学会做实验，实验室和科学发明是分不开的，科学发明都是从实验室做出来的；科学家一旦离开了实验室，就好比在战场上打仗的战士交出了武器。

老师说，不光是做实验，学任何知识，做任何学问都要认真、扎实，不可以有半点马虎。将来你们要干大事，不要连个标本都不敢动，正像咱们沈贻芗校长说的，要"革掉胭脂气""贻芳馨于人间"……

受到老师表扬后，屠呦呦有些不好意思地低下头去。

自此她上进心更强了，尽管她不显山露水，总是不声不响地走在板路上，只能听到鞋底碰得石块咔咔作响，但她心里暗暗下定决心，像沈贻芳校长那样做一个受人尊重的人。

战病魔，命运中的另一种学业

后来，屠呦呦随父母迁入宁波市开明街26号的姚宅。在这座大宅门内，从十一岁起在这里生活，直到二十一岁考上大学，她与众多亲人一起，共同度过了那段动荡的岁月。

她十三岁就读于宁波私立器贞中学初中。十四岁时，哥哥屠恒学给她写了一封信，她一生都受益匪浅。

　　呦呦，学问是无止境的。当你局部成功的时候，千万不要认为满足；当你不幸失败的时候，亦千万不要因此灰心。学问决不能使诚心求她的人失望。

可以说，她兄长的这一席话点亮了屠呦呦内心的明灯，坚定了做学问的信心，为她指出了一条正确的道路。

从此以后，她学习的劲头更足了。

谁知，到1946年，屠呦呦十六岁的时候突发疾病，被迫中止了学业。那时她正在宁波私立甬江女中，只好因病休学了。这是她人生路上一场生死攸关的灾难性的考验。

那时正读初三第二学期，有一天，她突然感觉身体不适，早上没胃口，吃不下饭，上学路上没精打采的，也没放在心上。下午放学回家的时候，就感觉没力气走路了，整个人都打飘，浑身感觉冷飕飕的。回家躺在床上，又起来，躺下也很难受。她感觉明天不能上学了。她有点着急。

母亲姚仲千摸摸她的头，有点发热，说可能是感冒了。

第二天，母亲用海鲜做了面条，她一点胃口也没有，一碗面只喝了一点海鲜汤，硬撑着吃了几根面就吃不下去了。

她坚持要去上学，母亲却拦住了她："咱不上学了，到药行街诊所去看看大夫吧。"

母亲扶着她来到药行街一家诊所，坐堂大夫看了她的舌苔，切了脉，又试试头，之后说："不是感冒，有可能是疟疾发作……"

一说"疟疾"二字，少女屠呦呦一下子就蒙了。她忽然想起以前日寇在他们开明街上投放的鼠疫，那是不是一种恶性疟疾？那些场景又过电影一般浮现在眼前，仿佛就在昨天。

她懂得了一些疾病常识，疟疾，宁波民间叫"打摆子"，倘若是得了疟疾，在当时是没有救的，就好像是与死亡画上了等号。

母亲心里着急，嘴上却轻轻说："那就全仗大夫了……"

坐堂大夫说："我给你开七天的药，你回家用水煮了喝上，如果病情有好转，就再来继续开药，如果不见好转，就不用来了……"

这话让母亲蒙了。——大夫这是什么意思？当着屠呦呦的面，她没敢多问，拿了药就往家走。

其实，她也清楚医生的话是什么意思。

回家后，母亲马上熬药给她喝。不管什么病，也不管好治不好治，药总是要喝的。刚喝完药，她就想咳嗽，开始憋着不咳，可是怎么都憋不住，母亲就让她咳出来。她就用力咳了一下，咳过之后感到嘴里有血腥味儿，用纸接了一下，发现咳血了。

又过了一天，她还感到憋闷，每一次呼吸都是"咕噜咕噜"的声音，就像用吸管喝粥，粥快喝完时的那个声音。就是说，用了几天药不但不见好转，病情反而加重了。

屠呦呦闭着眼什么话都不说了。

她一直看着窗外，姚宅门窗外那一株枝叶繁茂的香樟树，正是夏天，树上长满了碧绿的叶子，一股清香扑鼻而来，给人一种生机勃勃的感觉。可是，有一片叶子忽然随风飘落，晃晃悠悠地在半空飘着，离开窗口，不知飘到哪里去了……

我就是那片飘落的树叶吗？香樟树，秋天也不会落叶的，这夏天却落下来了。——我如果挺不下去，最后看看这棵香樟树的景色也挺好，不过，想到家乡宁波的一切，想想姚宅，少女天真烂漫的抱负啊，理想啊，等等，都好像来不及实现就要离去了。想到这些，她不禁热泪盈眶。

她似乎开始明白，人惧怕的并不是死亡所带来的痛苦，而是当闭上眼之后就再也见不到所有人，还有我们留恋的一切，向往的一切。人的生命是多么宝贵啊。

她躺在床上，紧紧地抓着妈妈的手，尽量阻止着，不让眼泪流下来。这时她才感到，人最幸福的事情就是你的身边还有亲人的陪伴，可是如果她走了，就再也见不到亲人了。

她对母亲说："妈，我以后再也见不到你了怎么办？"

母亲安慰说："不会的，不会的，妈在呢，妈不会离开你。"

屠呦呦背过身去："可是，我要离开你们了……"

这回母亲慌了。

尽管诊所那位大夫说如果不见好转就不要来找他了，但不找他怎么办？母亲单独去找了那位医生，向他说了病情。医生说得跟以前一样："你不要来找我，到华美医院去吧，那里有个肺结核诊所……"

"她不是'打摆子'？是痨病？"

"我看像……"

母亲托人给父亲捎信让他抓紧回来，说呦呦得病了，没说得太严重。父亲屠濂规回来了，急急忙忙雇了一辆三轮车，拉着屠呦呦去了姚江边上的华美医院。

父亲知道，这所医院是由美国基督浸礼会传教士马高温兴办的，是宁波乃至浙江的第一家西医院，也是第一次鸦片战争后外国人在华建立的第一家西医院，设有专门的肺结核诊所。根据药行街诊所医生的嘱咐，他们找了肺结核诊所就诊。

肺结核诊所医生开始为屠呦呦看病，他一边拿听诊器听她的前胸，一边问了症状，是不是发热、咳嗽、盗汗？有没有咯血、胸痛、呼吸困难？等等。然后问到哪里看过病，吃过什么药，接触过什么人？等等。

一贯沉得住气的父亲有些急了，不等医生说话他便问："女娃不是'打摆子'？"

医生是一位北方人，说话干脆利索。

"初步诊断，不是你们南方人说的'打摆子'，我们所说的是肺结核的可能性较大……"

母亲说："也叫痨病？"

医生说："有待观察。"

母亲长舒一口气："只要不是'打摆子'就好了。"

"你不是大夫。"医生说，"你怎么知道痨病，或者肺结核就一定没事？住院治疗，观察情况。"

于是屠呦呦开始住院治疗。肺结核是一种传染病，病人一般需要隔离治疗。她住在一个单间里，开始打针、吃药。

屠呦呦为自己最终没有确诊为"疟疾"而庆幸。因为如果是疟疾就完了，当时还没有青蒿素这种救命药，在中国认为无药可治。现在有了，那是屠呦呦的功劳。当时，却是死路一条。

若干年后，屠呦呦自我调侃地笑说："我当时得的之所以不是疟疾而是肺结核，主要是青蒿素这种治疗疟疾的救命药还在等待我去研究发现。倘若说我真正得了疟疾倒下，就不会有今天的青蒿素问世了。"

当时母亲说，不是"打摆子"就好，父亲却晓得痨病的厉害，虽然没有"打摆子"那样十几天就没命，却也有"十痨九死"之说。痨病这病，说轻也轻，说重也重。说重，如果体质不好，感染肺结核对身体元气耗损很大，体质就会越来越差，身体太虚，吃药、打针都不管用，只能靠免疫力扛过去，多活几年。说轻，一些体质好的人感染后，根本没有可察觉到的症状。

所以父亲还是担心。

治疗期间屠呦呦却还是惦记着学业，就问医生："我的病什么时候能治好呀？"

"你有啥事？"那位北方医生反问她。

"我要上学，没读完初三呢。"

"治病要紧，上学的事先别想了。"医生说，"你这个病，争取一个月能见效，三四个月明显好转，好转不等于治愈，一般巩固治疗需要一年以上……"

屠呦呦有些发急了。

"这个病不治的话，人会死吗？"

医生看看她，对她摆摆手，宽慰她说："不会，你放心。"

"那我不治了，上学去！"

医生没想到她会这么说，脸色马上就不好看了："你这啥意思？瞧不起我们当医生的？你想让我们做一个见死不救的坏人？"

屠呦呦没再说什么。

可病房外的父亲却听到了。

此时，经历了战乱洗礼的屠家，生活已变得十分拮据，得了肺结核，对这个小女孩生命的考验可想而知，而对他们屠家来说也是个难以承受的经济负担。

屠呦呦那时候懂事了，当她的病情明显好转，而且稳定后，她又向医生提出出院回家的要求。

"我认识一位老中医，想让他给我调理。"

医生这次答应了，他说："可以，我们华美医院是西医医院，你这病最好是中西结合治疗……"

几个月以后，她出院了。

屠呦呦说她认识一位老中医，是真的。上高小的时候，她上学路上老碰上一个背背篓的阿爷，背着一些野草、野花从北仑山下来。据说，晋朝时期北仑山上有一个神医叫葛洪，漫山遍野地在山上采药为民治病，留下许多传说。十几岁的屠呦呦对北仑山就有了许多美妙的幻想。

每碰到那个阿爷，屠呦呦就感觉他身上有一股仙气，她总是朝阿爷笑笑，问一些北仑山的事。

有一次下大雨，屠呦呦被淋成一个落汤鸡，阿爷就带她去一个中药铺避雨。她这才知道阿爷就在药行街开中药铺。

这样一老一少就认识了，以后每次碰到他，屠呦呦都喊他阿爷大夫。她还发现这个阿爷大夫跟药行街上贩卖药材的其他人不一样，他不做药材生意，他自己上山采药，回来自己炮制，然后自己开方为人治病。她感到好奇。

"阿爷大夫，你不做药材买卖？"

阿爷说："我们祖上跟着乐氏家族学中医，成了祖传，如果再贩卖药材就瞎了手艺了。"

"就是开了同仁堂的那个乐氏？"

"是啊，在咱宁波很出名，全国都挂号了。"

"他们家在哪？"

"在宁波府慈水镇，现在没人了，到北京去了，给皇帝看病，后来自己开了同仁堂，是个有名的中药铺。"

"同仁堂就是乐氏开的，咱们宁波人啊。"屠呦呦自豪地说，不过她又问："可是看病没有卖药材挣钱……"

"用祖传手艺治病救人，比纯粹挣钱重要啊。"

屠呦呦用力点头。

"等我长大啦，你收我为徒弟吧。"

阿爷大夫笑了："我们不收女徒弟。"

没想到，这次却要求他为自己治病了。屠呦呦把阿爷的事告诉了父亲，父亲说他也知道这个老中医，在药行街他家是唯一一个不做采药生意的中药铺。父亲同意了。

屠呦呦在父母陪同下找到了阿爷的中药铺。老中医一眼就认出屠呦呦来了，所以询问病情，号脉，看脸色，了解治疗过程，都格外仔细。

"在我们中医这就叫痨病，人要得了痨病，体内必有虫生，吸食人的气血。在治疗的时候，如果只补气血，不加杀虫，那么饮食到胃里产生的气血就会给阴虫吃掉，不再生气血了；要是只给杀虫药物，不补气血，那就会五脏受伤，又怎么会治好病呢？所以，我在给你的大补之中，加杀虫药物，既让元气大而全，真阳不散，又会达到杀死阴虫的目的，身体就相安无事了……"

对阿爷大夫的说辞，父亲只是听个大概，没有明白真实意思，于是就问："女娃这病……"

阿爷大夫说："根据她的治疗情况，以扶正祛邪为主，兼顾杀虫，补虚，加上止咳化痰平喘，这样对症处理。我给她开方用药，前三服汤药是探路，如果对症，第四服开始就有效果，再加一些辅助方法，针灸、拔罐……"

父亲听了信心十足。

"这病能去根吗？"

"还要看她的心情，心情好气血旺盛，身体就好，加上药物治疗，就不再复发。"

父亲说："那就谢谢大夫啦。"

"不用谢，也是我们爷俩的缘分好。"阿爷大夫药开好了，又对父亲说："这药平和，五脏兼顾，扶正为主，正邪兼顾，会没事的。"

父母听了，欢天喜地。这位老中医在药行街是很有名的，只要他能说这话，那就一定有把握治好。

这家中药铺价格也便宜，家里能负担得起。

中医就这样，一个人一个药方，一个人一个药罐子，一个人一种药，而恰恰这样就能治好病。

他们回家后，屠呦呦一边吃药治疗，一边调理身体。她吃妈妈熬的中药，味道那么苦，苦得她捏着鼻子，忍着眼泪往下灌。由此她有了喝中药的经历，也懂得了"良药苦口"的道理。虽然让她身体备受折磨，但身体渐渐好转，恢复得很快，这期间她对中草药有了浓厚的兴趣。

有一天晚上，她躺在床上，一边看妈妈在小炉边轻轻扇着扇子为她熬中药，一边想，既然肺结核危害这么大，医学家为什么找不到根治它的方法呢？既然中药又能治这病，那么中草药里一定还隐藏着更多不为人知的秘密，一定还有其他治疗疾病的神奇力量吧？

虽然还是一些朦朦胧胧的想象，但这想象却像种子一样悄悄埋在了她幼小的心灵，就像麦粒悄悄落到泥土里一样。

养病期间，她在香樟树下活动腰身，有时也跟着到姚宅外边走走，或者跟着父亲到宁波城去长长见识，但更多的是待在父亲的书房里，一待就是一上午。父亲的书房里藏了好多书，古代的、当代的，文学的、历史的，种类很多。

她开始读书了。

因为吃中药，她对父亲书柜里中医方面的书尤其感兴趣，像《神农本草经》《本草纲目》等，除了文字，每一种草药都配了图画。屠呦呦对照着图画，从中了解一些草药的药性，还认识了不少植物，有的只听说过名字，没见过长什么样子。

这场病，让她在家待了两年多的时间。后来谈到这场疾病，屠呦呦记忆很深。

> 1946年，我十六岁的时候不幸染上了肺结核，被迫终止了学业，那时医学还不发达，得肺结核能活下来实属不易。经过两年多的治疗，病情才得以好转。这次经历让我对医药学产生了极大兴趣。
>
> 医药的作用很神奇，我当时就想，如果我学会了，不仅可以让自己远离病痛，还可以救治更多人，何乐而不为呢？

人不伤，不成长；心不伤，不坚强。经过这样一场生死考验，才知道半夜忧伤的无论什么事，都没什么大不了的，应该选择一条自己想走的路，一直走下去，那才是最关键的。

饱受病痛折磨的屠呦呦从那时起便知道了学医很重要，父亲也希望她长大后能够悬壶济世，做个受人爱戴的好医生。

后来在屠呦呦看来，这段经历也正是她对医药学产生兴趣的最早起源。当她躺在病床上忍受疾病折磨开始思考未来的时候，她似乎就下定了决心——"我要学医，救死扶伤，贡献社会"。

每次，碰到老中医阿爷背着背篓从山上回来，她会用敬佩的目光看着他，然后一老一少爷俩就走过铺着石板的小巷去药行街阿爷的药铺，看他坐堂行医。如果碰不到，她就绕到药行街，专门去探望他。

时间长了，了解深了，阿爷在药行街上治病救人的事传得更是神乎其神了。

说有一个阿婆被毒蛇咬伤了，本来要锯掉一条腿的，他用草药给她治好了，跑起路来比兔子还快。

说有一位邻居风气冲心，吃东西就吐，一身枯瘦，老中医阿爷给他吃了十四天中药，他吐出五六个蛤蟆一样的东西病就好了，长得胖胖壮壮的。

还说有一个小孩咳嗽得厉害，没有痰，却干咳不止，吃了不少药不管用，老中医阿爷不给他治，让他回家自己治，用黄蒿拌鸡蛋，搅匀了，用香油煎了吃，睡一觉，第二天就好了。

这让屠呦呦更佩服老中医了，对草药也更好奇了。

长大以后她也想跟阿爷一样背着采药篓子到北仑山葛洪采药的地方去，采药为民，为百姓治病，那该有多好。

应该说，小的成功可以是偶尔为之，大的成功是一点一滴积累起来的。一代药学家的原始起点，就是来自"治病救人"的朴素愿望。有人说，有了这种愿望就已经走在大功告成的道路上。

风雨之后，犹见彩虹

1948年2月，休学两年，肺结核痊愈了。她急不可耐地要去上学。经过一场重病，屠呦呦更加珍惜学习的机会，而父亲、母亲也要将她送入宁波最好的学校。经过父亲多方奔走，十八岁的屠呦呦终于以初中毕业同等学历转入私立效实中学读高中一年级。

入学的那天，母亲用番薯和小圆子，做了一碗热气腾腾的"番薯汤果"，让屠呦呦吃了一顿。在宁波的传统习俗中，"番"和"翻"同音，在宁波人的理解中，吃番薯，就是将过去一年的霉运全部"翻"过去，从此平平安安上学去。

读效实中学，让她与父亲屠濂规成了校友。屠濂规当年就是效实中学的毕业生。

和屠呦呦一班的还有一个叫李廷钊的，当时在班中二人很少交流，没想到多年之后会成为夫妻。

效实中学，1912年2月创办，一所颇为传奇的学校，名气很大。创办发起者何育杰，中国早期物理学家兼教育家，从任京师大学堂格致科教习开始，终生从事物理学教育事业，与夏元瑮共同在北京大学为中国培养了第一届物理学本科毕业生。另有叶秉良、陈训正、钱保杭等一批著名的科

1949年，高中时代的屠呦呦

学家参与支持，还有宁波当地实业家、本埠士绅李镜弟，借得西门盘诘坊育德农工小学堂址，创办效实中学。

"效实"之名怎么来的？严复翻译赫胥黎的《天演论》中有这么一句话："物竞天择，效实储能"，"效实"就是这么来的。1942年，上海分校就改称"储能中学"。

这所学校以"私力之经营，施实川之教育，为民治导先路"为宗旨，创校之初就提出了"教育之事，贵有适性，与人适意志，与地适风尚，与时适际遇"的教育理念。

1917年的时候，效实中学声名鹊起。当时的中国两所名校上海复旦大学、圣约翰大学，都与效实中学订约，凡效实中学毕业生都可以免试，直接保送入学。

屠呦呦入校时，学校刚从抗日战火中走出来不到三年，1941年4月，宁波沦陷后，直至1945年10月，效实中学才得以复教。

那一年，效实中学迎来了一个文静而不起眼的女生——屠呦呦，老辈家乡人说起当时的她，说她"长得还蛮清秀，戴眼镜，梳麻花辫，一个宁波小娘的样子"。这就是对屠呦呦青葱岁月的印象。

谁也不曾想到，学校迎来了一个未来的诺贝尔奖获得者。

当时她跟其他同学一样，背着书包上学、放学、吃饭、睡觉，生活就是这样一成不变地轮回着，无风无雨的日子不停地从身边走过……

新中国的到来，突然改变了一切。

1949年5月，宁波解放。解放军首先拿下余姚，余姚成为宁波地区第一个解放的县城。之后，解放军雄赳赳气昂昂地跨过灵桥，在宁波秋毫无犯，并很好地保护了这座古老的海滨古城。

屠呦呦得知"天一阁"藏书楼安然无恙十分兴奋。

"真是宁波幸甚，天下幸甚！"

5月25日清晨，宁波市民三万余人上街游行，庆祝宁波解放。效实中学、甬江女中等十多个中等学校两千多名师生在宁波市体育场集会，欢庆宁波解放。

集会结束后，屠呦呦心情无比激动，与效实中学师生一起参加了群众自发举行的大游行，师生们抬着老师绘制的毛主席和朱总司令的巨幅画像，昂首阔步走在欢庆队伍的最前列，扭起秧歌，纵情喊出"中国共产党万岁""毛主席万岁"的心声。

街道两旁，挤满好奇兴奋的群众，大街上贴满欢迎标语，鼓楼、东门、西门、南门各处还编写出大幅墙报，到处都是庆祝宁波解放的欢腾景象。

游行回来的晚上，街巷中到处传唱着"解放区的天是晴朗的天，解放区人民好喜欢……"激动万分的屠呦呦一夜未眠。

宁波解放是人民解放军不畏艰难、敢于牺牲、浴血奋战的结果，是无数革命先烈同仇敌忾、宁死不屈、前赴后继的结果。它标志着宁波人民在共产党领导下推翻帝国主义、封建主义和官僚资本主义三座大山，从此翻身做主人。面对千疮百孔、经济濒临崩溃的局面，宁波人民将在共产党领导下，以翻身做主人的全新面貌，不畏艰难，励精图治，意气风发，在战争的废墟上重建家园，创造社会主义建设新成就。

作为一个高中生，屠呦呦立志刻苦学习，学成报国，为建设家乡、建设祖国做出自己的一份努力。

尽管当时她热情高涨，学习努力，但她在高中阶段整体学业成绩并不算拔尖。高中一年级班上有五十一名学生，由于种种原因，到高中二年级下半学期班上学生减少至三十六名。屠呦呦在效实中学的学号为A342。从宁波市档案馆等处查证相关史料，高中学籍册和成绩单中清晰地列着各科的平均成绩——语文七十一点二五分，英语七十一点五分，数学七十分，生物八十点五分，化学六十七点五分。

生物成绩比较突出，也源于屠呦呦对生物课特别喜欢。每次生物老师在课堂上讲课，屠呦呦都听得津津有味。有一次，生物老师开玩笑似的说："如果其他同学都能像屠呦呦一样勤学好问，认真听讲，我即使再辛苦也开心！"

屠呦呦承认她那时很文静，很低调，表现并不是很突出，但是读书却很认真。回忆当时，她的同学李廷钊也说："她很普通，衣服穿得也很朴素，不是特别引人注目，属于默默无闻型的。"

最初的学习成绩并不影响她未来成为一个优秀的科学家。诺贝尔的火药，居里夫人的镭，爱迪生两千多项发明，爱因斯坦相对论，等等，我们只知道他们改变了世界，具体他们爱不爱学习，成绩好不好，其实没有任何意义。

1950年3月，屠呦呦转学进入宁波中学读高三，这是她在宁波求学生涯的最后一年。

在宁波中学也一样，成绩单上有九十多分的，也有六十多分的。宁波中学教政治的班主任徐老师回忆起屠呦呦，说她在班里话不多，相对其他学生并不算很活跃，放了学就直接回家，但她读书很认真，总是低头看书，从小就是一个爱做学问的人……

为了鼓励她，徐老师曾给她写过这样的评语："不要只贪念生活的宁静，应该有面对暴风雨的勇气。"

但有一点，不管是在效实中学，还是在宁波中学，屠呦呦的一个特点始终没变——碰到喜欢的事，她一定会尽力完成，这个文静的少女能突然迸发出一股子拗劲儿，坚持下去，努力做好。

也就是说，她通常的学习成绩并不数一数二，但她有个性、有毅力，是一个很有特点的学生。

现任效实中学校长说："中学时代的学习成绩并不影响屠呦呦成为诺贝尔奖获得者。"

他认为，"忠信笃敬"的校训对这名校友及其一生坚持对青蒿素的科研产生了重要影响，即研究科学，第一在尽心与忠心；第二在真知，知之为知之，不知为不知；第三在专一，不见异思迁，作缀无常；第四在虚心，不骄人自满等。

她是宁波中学五十一届（春季）高中毕业生。也许，她从效实中学毕业，就是带着效实中学的这个"校训"进入北京大学，以后又凭着这个"校训"精神去研究抗疟神药青蒿素。

再见吧，生吾养吾的宁波娘土

屠呦呦之所以能顺利考上北京大学，其中一个重要原因，就是养病期间看了很多书，提前复习了高中课程。因为疾病，却意外地让她产生了一股子心劲儿——对生命的审视和思考，这种心劲在鼓励着她，让她干什么都很认真，很深刻，让她有了一种不达目的誓不罢休的决心。

1951年的夏天，已是高中毕业生的屠呦呦认定，自己的求学之路还将继续。考上大学，自然成为她的人生目标。

那个年代考大学，在考试之前就要填报志愿。全家人都很关注这件事，因为她所填报的志愿关系到她人生的发展方向，或者说关系到一个人的命运。特别是在那个年代，一个志愿就是一锤定音，基本决定人的一生。

一张薄薄的志愿书展现在眼前，父亲屠濂规、母亲姚仲千面面相觑，他们知道她会选什么专业，但他们不说，让她自己填。他们很清楚，家中这个唯一的女娃，喜欢自己拿主意。相信自己的女娃会选择她喜欢的有出息的专业。

而他们的女娃也在沉思——

开明街上无药可救的瘟疫，生命的挣扎，刺痛了她幼小的心灵；身患"痨病"的死亡威胁，被治愈的经历，让少年屠呦呦对医学向往已久；北仑山上的神医、创立同仁堂的故乡人、身背背篓的老中医阿爷，都是"悬壶济世"的榜样。

还有她自己，在那个混乱的缺医少药的年代，她相继得过疟疾、患过肺结核，在中医的医治和中药的调理下，她痊愈了。正是从那时起，屠呦呦与博大精深的中医文化结下了不解之缘。一本医书、一棵草、一朵花、一种玻璃实验杯，她都兴趣盎然。

她心中，依然有数。不为良相，便为良医，人生大境界。治愈病痛，挽救生命靠"良医"，"良医"靠什么？

药物！

药物正是治疗疾病、挽救生命的最主要手段。那还犹豫什么？她拿起笔，在志愿一栏里中规中矩地写上——"北京大学医学院药学系"。

这让当年同班同学、后来的北京大学常务副校长王义遒，中国科学院院士石钟慈，著名学者傅璇琮，刮目相看。因为当时，国内开设药学系的大学寥寥无几，北京大学医学院药学系更是其中翘楚，屠呦呦的选择显得很有个性。

就凭她的家庭出身，她完全可以嫁入豪门一生荣华富贵，或者延续家族传承成为一个女掌柜、女经济学家、一个令人仰望的高贵女人。这些都有基因遗传，可能她会活得轻松愉快。而她却选择了学医，选择了在科学上攀登，也选择了人生艰难的脱俗。

获得诺贝尔生理学或医学奖后，她自己也说，她是误打误撞走进了医药学的世界。

> 我小时候经常看到周围的中医治好了很多病人。我当时就想，学医可以让这么多人免除病痛，是一件很高尚的事。但说实话，当时我并没想过自己将来一辈子会沉浸在医药学的世界中。

接着是考试。

1951年以前，新中国没有迎来统一命题、统一考试、统一录取的高考时代，大学招生都是学校自主命题考试，从当年起，新中国第一次实行全国性的统一招生考试，国家规定暑期招生办法，当年有一百四十九所高校实行统一或联合招生，全国分为东北、华北、西北、华东、中南、西南六区，由同一地区的高校进行联合招生。

北大、清华等名校皆属于华北区。

按照规定，作为浙江考生，有志北上求学的屠呦呦需要离开已生活二十多年的老家宁波，前往省会杭州参加考试。三天时间里，未满二十一岁的屠呦呦在考点浙江大学校园里，完成了自己的高考征途。

当时，华北区高校的录取榜，会登载在《人民日报》《光明日报》等报纸上，在等待发榜的日子里，她没事儿就去翻翻这两份报纸。

当1951年的夏季即将到尾声时，有一天，她在当天的《人民日报》上看到了自己的名字。那一瞬间，她怕看错了，就拿着报纸找别人来看。

"是你的名字，屠呦呦！"

她把报纸带回家，让父亲、母亲和外婆看，他们说是真的，咱们的呦呦考上北京大学了。

她好像一直在做梦，直到后来接到了北京大学寄来正式的录取通知书，她即将启程，北上入京，开启自己在高等教育阶段的求学生涯，她才知道，这一切都是真的，她成为北京大学一名大学生了。

她的同学李廷钊对她说："祝贺你，屠呦呦！"

屠呦呦说："你呢？"

李廷钊说："也是去北京，父亲让我去北京外国语学院学英语。"

"那我们北京见。"

当时对屠呦呦来说还谈不上什么好感，他们心仪相爱是以后的浪漫。

此后，邻居家知道了这个消息，纷纷夸奖。

1951年，是新中国成立的第三年，屠呦呦以优异的成绩考取了比较生疏的北京大学医学院药学系，成为共和国的第一代骄子。

收到通知书那天，父亲让母亲多做了屠呦呦爱吃的几个菜，请来了亲朋好友，以示庆贺屠呦呦的录取。父亲喝点小酒，在庆贺中又吟诵了他心中的诗：呦呦鹿鸣，食野之蒿；青青蒿草，报之春晖。

接着他说："我们的呦呦，考上北京大学医学院药学系，研究《本草纲目》，食之蒿草，是真正的名副其实了。我们希望你步步登高，永不退缩，爸爸和妈妈就是你的坚强后盾，来，让我们共同干杯庆贺……"

在一阵碰杯声中，屠呦呦表达了自己北去求医的决心，激起了大家的阵阵掌声。

那时候年轻如花，生机勃勃。这样的年纪就是要超越自我的藩篱去闯荡生活。

本来少言寡语的屠呦呦更加沉默了。心想：我要走了。离开前，我要到宁波各地走一走，看一看。城隍庙边各种小吃令我垂涎；天一广场熙熙攘攘的人们手拉着手，笑嘻嘻地看海边古城，享受着美好的生活；灵桥，你好；天一阁，你好；药行街，背背篓的阿爷，你们好。感谢你们给了我这么多，都渗透到我的骨子里了。你们给我的这一切，都是我所爱的。

有点潮湿的、温馨的南方夏夜，降落在开明街姚宅。站在香樟树下的树影中，望着姚宅窗口中照射出来的灯光，她像一朵宁静小花幸福地开放在用石板铺设的大地上。

感谢父母，感谢长辈们。那个长相清秀白皙、梳着麻花辫的女娃，从此就要离开了。离开生我养我的故土和亲人，到外地去闯荡了。

再见，故乡。

第四章　青年呦呦

中药应当很好地保护与发展，我国中药有几千年的历史，是祖国极宝贵的财富，如果任其衰落下去，那是我们的罪过。

——1954年，毛泽东对中医药问题作出批示

心仪的北京大学，心仪的北京城

1951年11月，北京城，秋风凉爽。

作为新中国培养的第一代大学生，二十一岁的屠呦呦满怀新中国成立带来的欣喜与少年的憧憬，以及悄然生长的梦想，来到了人人向往的首都北京。从宁波到北京几天几夜，她坐的是烧木炭的汽车，烧煤炭的火车。

是的，那时候，汽车是烧木炭的，火车是烧煤炭的。现在好像是不可想象的，但那时候就是这样。

尽管如此，那时的年轻人就是胸怀大志，朝气蓬勃，到了向往已久的北京，更是激动万分。而在屠呦呦自然带笑的眼神中，看上去平静坦然，却掩饰不住来祖国首都的兴奋与自豪。

身为一个宁波女娃，能来北京上大学，赶上了热火朝天的社会主义建设，将来学成，有了为国家建设和民族发展作出自己的贡献的大好时机。生逢此时，十分幸运。

屠呦呦整理了一下行李，走到大街上。很少离开宁波城的她，到了北京城感觉一切都是陌生的，也是新鲜的。与宁波相比，这里马路宽阔，

人多车多，而宁波只是个水乡小镇。

屠呦呦叫了一辆人力三轮车，蹬三轮车的师傅是一位心直口快的"北京爷"。开口闭口"您您您"的，很是客气。

"去哪您？"

屠呦呦说："请去北京大学医学院。"

师傅说："一瞧您就是刚来的大学生，您不能光说单位名称，您要说个具体地址吧……"

"哦，对不起。"她看了看录取通知书说，"就是西城区西什库天主堂附近……"

"这不得啦，您上车！"师傅说，"那里我知道，是菜园胡同那边。"屠呦呦刚上车，师傅就满嘴京片子，开始谈天说地，他说现在好啦，土匪、特务、恶霸都打干净了，还有反动会道头子、反动党团骨干分子，都没啦。您呐，不管到哪里，只要是北京地儿就甩开膀子，大摇大摆地走就得啦，安全着呢……

北京就是北京，天大地大北京大，三轮车在宽阔的大街上飞奔，坐在三轮车上的屠呦呦感到前所未有的舒畅。

屠呦呦突然想起来什么，用力拍拍三轮车说："师傅，师傅——"，蹬三轮车的师傅回头问："什么事啊您？"

"去天安门。"

"好嘞。"他拉着三轮车拐了个大弯就上了长安街。

不久就看见天安门城楼了。红墙、黄瓦、青砖，意味着雄伟、壮观、辉煌。在父亲屠濂规那里，这就是"承天启运、受命于天"的天安门。城楼两旁有"中央人民政府万岁""中华人民共和国万岁"的大字标语。正中悬挂毛主席的巨幅画像。

那叫气派，那叫神圣。

军容整齐的解放军战士，鳞次栉比的商家店铺，宽阔平整的马路和川流不息的自行车、三轮车、公交车，以及步行的人群，一队队、一排排的少年儿童行走在长安街上。儿童们唱着歌，欢蹦乱跳。

凝视着雄伟壮丽的天安门城楼，每一个中国人都会由衷地感受到作为中国人的喜悦与自豪。一种强烈的爱国豪情会在每一个中国人的心中升腾。

屠呦呦的心情无以言表，睁大双眼望着这个新奇的世界。

蹬三轮车的师傅又说话了："小姑娘，不是跟您吹，前年的开国大典咱参加了。"

屠呦呦说："哦，很感人的喽？"

"说实话，那天我流泪了。"师傅说，"五星红旗真红，红得鲜艳艳的，很耀眼，那是咱们的国旗第一次在天安门广场升起来，知道不？广场上三十万人一齐摘了帽子，站立着，抬起头，仰望五星红旗。这个时候，我才真正感受到——中国人民真的站起来了。我浑身血都沸腾了……"

"还有炮声，那叫礼炮。炮声响了二十八下，每一响大地都震动，就像报春的惊雷，在天地间不停地响，震动着每一个人的心。我的心都快要跳出来了。我这个蹬三轮的，蹬自己的车，拉自己的人，也不再受外国人驱使了。那场面，铁石心肠的人也得流泪，周围许多人都流泪，我也流泪了。"

师傅的话，让屠呦呦的思绪又回到了故乡宁波。

1949年10月1日那天，她与父亲一直守在收音机前，聆听开国大典的广播。当收音机传出毛主席在天安门城楼上发出的中国最强音："中华人民共和国中央人民政府今天成立了！"一向稳重的父亲忍不住手舞足蹈，笑容满面，还唱起了宁波民间小调："清晨起来靠门西，手端水碗笑眯眯——"

父亲说："刚才说话的人是毛主席，领导共产党为我们打下了天下，有了共产党才有了新中国，人民才能过上好日子，你才能有机会上学。"

屠呦呦那时已经十九岁，她知道中国发生了什么，听到家乡人高声叫喊，欢呼雀跃，她深受感染。历经日本鬼子烧杀抢掠、无差别轰炸，"731"部队带来的瘟疫造成的死亡、饥饿和疾病，那些死亡的尸体、挣扎的身影，又浮现在眼前。

她知道新中国的成立意味着什么。

她现在就行走在天安门城楼下，是在离毛主席最近的地方。我辈正逢其时，理应感知党恩，学成报国。

屠呦呦对师傅说："师傅，你们北京人真有福气。"

"不，小姑娘，北京是我们的，也是你们的，北京是咱们中国人的北京。"

"师傅说得真好……"

虽是秋后，街道两边青青的蔬菜依然可见，萝卜、白菜种类繁多，鲜鱼也有。公园随处可见遛鸟的、打牌的、下象棋的大爷。湖边，有妇女、孩子穿得暖暖的，手里举着大串糖葫芦，在玩耍。年轻人纵情欢笑，唱歌跳舞。那边是个露天照相馆，照相师傅正在给两个人拍合照，生活虽穷，笑容却是迷人。

师傅说："你看哈，这大街，多干净，今年除四害，苍蝇、蚊子、老鼠、麻雀统统杀光。路也净了，街也宽了，人也舒坦了……"

远处的高楼旧是旧了点，但气势不减。城堡的拱门下，道路有些曲折，但穿过去仿佛通向的是一个远大前程。

国家新建，百废待兴，为国效劳正是时候。

一向寡言少语的屠呦呦按捺不住内心的好奇与激动，不停地催着蹬三轮车的师傅："快点，再快点——"

师傅叫一声："好嘞！"使劲脚蹬踏板，三轮车飞快向前，在老北京的街头巷尾穿行，一些牌楼、胡同、四合院、城隍庙都被甩在身后……

屠呦呦心想：北京是祖国的心脏，中华民族的象征。北京也是我人生的转折点。今后我将在这座千年古都生活学习，以后或许就在这里工作。我的青春和热血将在这里播撒。我的一生，或许就永远与这座皇城割舍不断了。

京城菜园胡同，扎小辫子的学医人

带着对未来的憧憬、医学梦想以及父亲的期待走进北京大学医学院，但落脚菜园胡同，却有点失落。

屠呦呦没想到这个北京大学医学院不在大学校园内，而是在北京市西城区西什库大街33号附近。实验室和宿舍，在附近的菜园胡同13号。

菜园胡同！神圣庄严的北京城竟有这么一条小胡同。来自祖国各地四面八方的同学谁都没有想到。

"这是北京大学？"

"这是一条胡同。"

"北京大学在东城，咱这不到了西城？"

"第一次来北京城，谁晓得！"

一个北京籍的同学说："您呐都外地人，哪晓得北京大学？东城沙滩大街才是北京大学，四层高楼，红砖砌成的大红楼才是。那叫红楼。"

屠呦呦生性直爽，听了他们的话反而觉得自己应当站出来安抚民心，避免大家有什么抵触情绪。她和同学们的低落情绪都会影响未来的学业，一定要打掉。

于是，她对北京籍同学提出了一个要求："你老北京，给讲讲这个教堂，让大家长长见识——"

北京籍的同学也不客气，说讲就讲，说西什库教堂在北京城里很有名气，最初是一个法国耶稣传教士建的，在西安门内的蚕池，到了雍正就不买洋教的账了，颁布禁教令，不准传教，就把这个教堂废弃拆除了，到了1860年，英法联军打进中国，又迫使中国人信耶稣教，清政府没办法，又重建教堂，到了慈禧的时候，教堂就迁到这里了。

"北京城教堂多的是，为什么西什库教堂出名？知道不？也没什么大不了的，就是这个教堂有一块石碑，乾隆皇帝亲笔题写的。皇帝嘛，这么就出名了。"

屠呦呦接着就说了："既然西什库教堂是北京最好的教堂，那么咱们身在此处，应当感觉自豪。"

这个不大说话的宁波同学，说出来与众不同的看法，同学们对此有点愣，不自觉地抬起头来仰望教堂高高的塔尖。

还真不错！附近其实是一个皇家建筑群，在这建筑群中鹤立鸡群一般冒出一个独特的哥特式建筑物，每天抬头就能看见，四个高高的尖塔，三个尖拱构建物，正中有圆形玫瑰花窗，端庄、绮丽，在青松翠柏环绕之中洁白挺拔。大堂平面呈十字架形状，钟楼塔尖直刺苍穹，神秘而又庄严。

身在此处，不禁让人感受到一种隔绝红尘的宗教气氛，长期居住在此，心无旁骛。

屠呦呦说："身在此处好处多，心静啊……心静，才能学习专心哦。全身心投入钻研课程，多好。"

这样一说同学们的情绪有些转变了，可是看着高大华丽的教堂，再看看他们的教室和宿舍，低矮、简陋、陈旧，又有些灰心。

教室陈旧不说，宿舍不是一般的简陋，不仅墙壁脱落，窗户还透风，完全可以用"破旧不堪"这个词来形容。摆在宿舍内的几张床，木板陈旧，坐上去嘎吱嘎吱响，似乎要断裂的样子。

屠呦呦又鼓励同学，她说这是："天将降大任于斯人也，必先苦其心志，劳其筋骨，饿其体肤……"

从宿舍窗户向外看，周围还有几块分散的菜地，露出一些秋冬季节生长的青菜，在飘落的细雪中泛着绿色。后来，有几回，几个北方同学还跑到那块被人废弃的菜地去，把没拔完的白菜拔回来，让食堂炒了给大家吃上一顿。同学们对这个环境又有新看法。

屠呦呦说："菜地有绿色，绿色就是生机和希望。"

同学们又没话了。

胡同巷子里，不时传出"锔盆儿、锔碗儿、锔大缸儿"的吆喝声，挑着货担子走街串巷的商贩，时不时地就光顾菜园胡同。

那时刚解放不久，一些老风俗还在，胡同口不时传来邻居一些花样翻新的京腔："三大钱儿卖好花，切糕鬼腿闹喳喳，清晨一碗甜浆粥，才吃茶汤又面茶；凉果炸糕甜耳朵，吊炉烧饼艾窝窝，叉子火烧刚卖得，又听硬面叫饽饽；烧卖馄饨列满盘，新添挂粉好汤圆……"

屠呦呦则说："这是北京大爷给我们菜园胡同送来了人间烟火……"

这回同学们真的服了。这就叫心中有爱，眼里有光，到处都是春暖花开。同学们都是高智商的人，他们逐渐能从心理上接受这个不尽如人意的学习生活环境。因为那时新中国成立不久，国家还拿不出钱来提供物资，修建校舍。他们相信国家会越来越好，他们的学习生活条件会不断地改善。

也正是如此。

入学一年后的1952年，全国高等学校院系调整，北京大学医学院脱离北京大学，独立建院，更名为北京医学院，直属中央卫生部领导，办学经费由中央财政部转中央卫生部拨发。校址迁到北京市海淀区学院路38号。院长为胡传揆教授。胡教授是中国医学教育家和皮肤性病学家，毕生致力于皮肤性病的防治研究和医科大学的教育事业，培养了五代科技人才。

此后教学与生活条件大为改善。

胡传揆教授来当院长，也是医学院的荣幸。

屠呦呦见证了新校长上任后，从中央争取了一千万斤小米大兴土木，兴建校舍，这批宝贵的小米找来了大批工人，学生们也参加义务劳动。一幢幢崭新的教学楼、实验室、图书馆、学生宿舍拔地而起。

与此同时，一批知名专家和心怀祖国的留学英才被聘为教师，代表着当时中国和世界一流医药学术水平的专家登上了讲台，为学生们讲解最前沿的医药学知识。

北京大学医学院，前身是国立北京医学专门学校，创建于1912年10月，是中国政府教育部依靠自己的力量开办的第一所专门传授西方医学的国立学校。1923年9月，学校奉命改建为国立北京医科大学校。1946年7月与北京大学合并，成为北京大学医学院，药学系设立了本草、制药两个专业。

1951年屠呦呦这一届，按照入学年份排列，被称为"药学第八班"，约有七十名学生。因为战火和疾病她多次中断学业，所以屠呦呦在班上年龄相对较大，同学们称她为学姐，最小的同学比她小三岁。

一个宁波女子初到北京，就跟大多数江南女子到北方一样，"南北差异"让她不适应，譬如南方晚上睡觉都要开窗，北方冬天睡觉从来不开窗，她老觉得憋得慌。从小习惯了湿润天气，到北京后春风阵阵，吹得她皮肤干裂，冬天就冻得长冻疮，手脚奇痒。她在宁波，吃大黄鱼、带鱼、鲳鳊鱼，还有母亲做的醉香螺，主食是大米，而在北京就是啃馒头、喝玉米面粥，就咸菜，吃炒菜，肠胃都不习惯，经常闹肚子。还有北京自来水，苦涩，咸味大，喝到嘴里堵嗓子，费好些劲才能咽下去。有时候停电了，还得点煤油灯做作业。

到北京没多久，她就瘦了，还生了几次不大不小的病，圆圆的脸蛋，出现了尖下巴，黑框眼镜架在小巧的鼻梁上，眼镜显得更大了。

尽管如此，她没耽误学习。

大学期间，就跟在高中时同学、老师的评价差不多，她的同学周仕锟与王慕邹都用了"非常普通"来形容，说她对课外文体活动仍然不太热衷，做事为人低调。

他们说："她对功课学习毫不含糊。"

当时，开设生药学课程的是楼之芩教授，他与屠呦呦是浙江老乡，相距不到二百五十公里。楼教授从贵州陆军军医学校大学部毕业，又去英国深造，获英国伦敦大学药学院博士学位。当时，伦敦大学极力挽留，爱文思药厂也高薪聘请，但楼教授不为所动，1951年1月毅然回国，当选中国工程院院士，担任中国药学会理事长。他是生药专业唯一的教授。

上课时，楼教授发现屠呦呦在班上很安静，认真听讲，认真做笔记，认真提问题，对所学知识记得牢固扎实，称她是个"低调又能吃苦的好学生"。

植物化学课，屠呦呦也喜欢。

开设这一课程的是林启寿教授。

林教授也不简单，这个安徽省无为县人，植物化学家，毕生致力于药学教育和药学研究，1949年6月应聘到美国马里兰大学医学院药理系任研究员，新中国成立不久毅然回国，受聘于北京大学医学院药学系任副教授，从事药物化学和植物化学的教学科研。

20世纪50年代，屠呦呦与老师楼之岑教授一起做研究

楼之岑、林启寿两位教授品格高尚，值得敬仰。

在业务上，一位教她怎样对各类原产药材进行分类、识别，并通过显微镜切片观察内部组织；另一位教她如何从植物中用不同的萃取剂提取有效成分，鉴定化学结构，撰写化学鉴定方法。这两位教授对她后来发现青蒿素，都起到了至关重要的作用。

大学四年，屠呦呦校外活动不多，校内也很少交际，她的主要活动轨迹就是宿舍、食堂、实验室、图书馆。

在甬江女中，她对实验室产生了浓厚的兴趣，在大学依然如故。为了把两位教授的课堂知识应用于实践，学校放暑假，她就像老家宁波药行街上那位背背篓的阿爷，戴上草帽，背上一个包，到近郊的山区沟旁、树林、田野小路中寻找书本上记载的植物，采一些野花、野草背回来，带回学校实验室做实验。

对他们药学系来说，除了在课堂上听各科教授讲授理论课，剩下的就是做实验。

她把从野外采摘到的野花、野草放在实验室里，经常亲自咬一咬，尝一尝，感受这些花草的味道。

做实验她有自己的套路。

"不能混，不能懒，不能好高骛远；要认真，要胆大心细，要学会思考，还要有耐心……"

她说："我从刷瓶子、刷试管开始就认真对待，在做实验过程中不懂就是不懂，不懂就问，不要装懂，不懂没什么丢脸的。"

一开始，她也胆小，因为害怕操作不熟练或者担心细胞染菌，经常出错，不是步骤有问题，就是数量控制不好，总是以失败告终。后来导师手把手地教，加上自己反复琢磨，操作规范了才明白，操作的时候动作越快效果越好，比如对消化完的细胞，就是要靠快速的吹打、吸取，才能保证它转移的量最多。

再如对小鼠的保护和培养，她不仅胆大心细，还不怕脏，每天喂食、换水，一周内两次换垫料，尽量使它们保持最好的生活状态，保证观察结果的准确。在对小鼠接种给药时，如何抓住小鼠，以防被抓伤，给小鼠注射及灌胃时，要做到既正确，又迅速。

当年与屠呦呦选择同一专业的王慕邹，退休前为中国医学科学院药物研究所研究员，他对屠呦呦的印象是，搞实验一丝不苟，十分认真，有时近乎苛刻。

后来诺贝尔生理学或医学奖评委会秘书长兰达尔说："屠呦呦在艰苦环境下进行科学研究，亲尝草药甚至身染疾病，她的牙齿因此受到严重损害。"

在宁波效实中学校园有一座屠呦呦铜像，这个铜像是南京油画雕塑院院长王洪志创作的，其蓝本就是屠呦呦在实验室的一张照片，那专注的眼神、微微晃动的试管、坚定的姿态……这种笃志凝神的科研精神也是屠呦呦在大学生活的真实写照。

再就是读书了。

她明朝有个本家，著名学者屠本畯，一生都在读书，做学问，留有著名的读书"四当论"。一次，一位朋友劝他说："你年事已高，就不要这么辛苦读书了。"他是这么回答的："吾于书饥以当食，渴以当饮，欠身以当枕席，愁及以当鼓吹，未尝苦也。"

前辈屠本畯一生鄙视名利，廉洁自持，以读书、著述为乐，到老仍勤学不辍。屠呦呦自小敬佩这位族人前辈，老早就定下以他为榜样，立志生命不息学习不止，在宁静的校园里勤勤恳恳、踏踏实实，读书、学习。

所以泡图书馆成了她的一大爱好。

她泡的图书馆，1922年7月建成，当时叫国立北京医学专门学校图书馆，内藏大量生物及医学类图书，包括少见的古代珍善本，不少图书是清朝末期因为战乱而从皇宫中流传出来的古籍秘方，包括特藏珍本、善本古代图书等，并有中国大陆唯一珍善本手抄本《太平圣惠方》一部十函共一百卷一百册，无比珍贵。

每周日，一整天，如果你在实验室找不到她，你去图书馆一定能看到她的身影。她会捎着干粮，带着军用水壶走进图书馆，如果说书是人类的精神食粮，那图书馆就是一间"餐厅"，她就像爱上美食一样爱上了图书馆，如饥似渴地吮吸着知识的营养。在图书馆的一个角落，你都能看到她时而半蹲着身子，时而倚在桌上，时而弯着腰，手上拿着一本书，读得聚精会神。

不过肚子还是咕咕叫的，眼看中午到了，她吃口饭，喝口水，三下五除二解决饿肚子问题，再去"啃食"更美味的精神食粮。关于中医药的书，关于植物化学、本草学和植物分类学方面的书她最喜欢，正如一种菜符合她的胃口一样。图书馆是她的风水宝地，她在这里大饱眼福，又增长见识。

一缕缕暖暖的阳光洒在地板上，她静静地在书中徘徊着。要是在雨天，雨水在窗外织成帘子，滴答滴答的，别有一番朦胧的诗意。虽然图书馆有好多人，但静得出奇，仿佛掉根针都能听见，只有一点儿"沙沙"的笔记声和轻微的翻书声。天渐渐黑了，她仍然恋恋不舍，离开图书馆的时候还忍不住回望一会儿那些书的影子……图书馆，成为她成长路上的良师益友。读书，成为她的一种情结，甚至超越图书本身的价值，成为她生命的一部分。

屠呦呦努力学习，取得了优良的成绩。

三年过去了。在升入大四时，各班要分科了，按照不同方向分为药物检验、药物化学和生药三个专业。屠呦呦所在的药学系分药物化学、生药两个专业。

分科也算个大事。

系主任告诉他们各个专业的前途和去向，让他们自己选择。他先说了药物化学，这个专业主要是为国家培养具有药学、管理学、经济学等知识和技能的人才。这个专业的毕业生，一般都会进入国内各大著名药厂工作，可以说是一个很吃香的热门专业。

相对来说，生药专业比较冷门。这个专业的毕业生，一般会进入实验室和科研机构，从事药物研究的工作。

很明显，药物化学专业是坦途，前景看好的可能性大，而生药专业是搞研究，在崎岖不平的小路上攀登，还不一定到达顶点。

介绍完，系主任说："这就是两个专业的基本情况，大家根据平日学习情况和兴趣爱好，自由选择吧。"

两张表格，一张选择药物化学专业，另一张选择生药专业。

当时，药学系的药物化学专业是大家选报的热门，选择了它，很有可能一生衣食无忧，前途光明。眼看着选择药物化学那边的表格一张一张地增多起来。

屠呦呦站起来，把表格送上去。选择生药专业那边的表格寥寥无几。她把表格放在生药专业那一边。

她没随大流，她选择了生药这个冷门专业。

这一班的学生中，选药物化学的最多，有四十多人；选择生药的最少，只有十二人，其中就有屠呦呦。

尽管选择具有许多不确定性，也许是青春的冲动，也许冲着天性爱好，但有一点，选对了就是成功，选错了也许会让自己的人生碌碌无为。她坚定地选择了生药学，并付诸实践，一生无悔。

这是她后来的自述——

> 　　对药感兴趣，与病有关系，我自己身体不好，肺结核是走上药学大家的转折点。有病才有求于药。我没想到去做医生这个概念，就是觉得药还是会解决病的问题，所以就重视药。

若干年后，有人问及她是否后悔当年的选择时，她总是说这是她最明智的选择，不改初衷。

她跟同学说："我十六岁得过肺结核，被迫休学。那时医学还不发达，经过两年多的治疗才得以好转。这次经历，使我对医药学产生了兴趣，高中毕业后就报考了药学专业……"

她学医我们早已理解她的苦衷，但她为何选择生药这个冷门专业？后来她说，当初她选择生药专业的缘由很简单，就是个境界问题。

——新中国成立初期，百废待兴，各方面的人才更是稀缺，生药开发和研究虽属冷门，但不可缺失，更何况新生的共和国正处在缺医少药的年月。

——神奇的中草药早在她心中扎下了根，时刻诱惑着她心怀梦想，她心目中实验室里摆着各种各样的小草，那么亲切，那么圣洁，亲自尝一尝，咬一咬，判断一下它是哪种草药，有什么功效，可治疗哪些疾病，进而治病救人，那是多么幸福的事情。

——她喜欢把事情往深处想，喜欢做研究，这符合她的性格。生药学主要是学习各类原产中药材的分类、认识，以及通过显微镜切片观察其内部组织等，枯燥无味，但她却非常喜欢。

这才是屠呦呦。

1955年，经历四年的寒窗苦读，屠呦呦终于完成了大学学业，取得了优异成绩，尤其是对植物化学、本草学和植物分类学进行了深入的学习和研究，收获颇丰。

洋溢着青春活力的刚毕业的大学生屠呦呦，被分配到新中国最早成立的国家级中医研究机构——中医研究院中药研究所，参加工作。那时候，中医研究院已从广安门北线阁迁到东直门。

此后多少年，除了两年半的时间在"西医离职学习中医班"培训之外，她几乎没有长时间离开过东直门附近这座小楼。

攀登世界科技高峰的脚步就从这座小楼开始。

崇拜宁波老乡，崇拜同仁堂精神

既然已分配到中医研究院，就要在研究中医上下功夫。这天，是星期天，在宿舍休息，屠呦呦忽然想到了父亲说过同仁堂老药铺。

女同事说："北京老药铺多的是，鹤年堂、千芝堂、永安堂、长春堂、百草药店、积善堂，等等，你怎么偏偏要去同仁堂？"

屠呦呦说："同仁堂创始人，姓乐，是我宁波老家人。"

"是吗？"同事有点意外，那时谁也没去刨根问底，管他哪一个老药铺由谁创建，反正都是有历史的老药铺。

"当然啦。"屠呦呦有点自豪，"不过，我不知道同仁堂在哪条街上，怎么走……"

"听说在前门大栅栏吧。"同事说。

"可是前门大栅栏怎么走？"

有一个北京籍女同事没有回家，她说："这样吧，我跟你一起去，那里我熟。"

两个人骑自行车从东直门出发，直奔大栅栏。

从父亲屠濂规那里，屠呦呦知道一些同仁堂的大概情况，但是不详细，后来她查了资料才知道个大概。作为北京老字号中药铺，同仁堂于1669年创建，至今已三百多年，从1723年雍正皇帝开始，同仁堂就供奉御药，经历了八代皇帝一百八十八年。

这个中华老字号，创始人就是宁波人。

1951年高考结束后，她在家等待发榜消息，有一天父亲说："如果你被录取，就是去北京学中医，中医离不了药铺，北京最有名的老药铺就是咱老家乐氏创建的同仁堂，今天咱去乐家老家看看……"

同仁堂创始人的家族——乐氏宗祠在宁波北仑区的大碶街道湖塘村。那天下了毛毛雨，街道朦胧，看不大清人影。爷俩沿着湖塘村前一条泥泞路走去，路的外面是湖塘河，在路与河之间竖着两块比较大的石碑，一块是"乐氏宗祠碑记"，另一块是"乐氏始祖碑记"。

"乐氏始祖碑"上记着，这地方原来是唐朝光化年间大司马乐仁规与大司寇乐仁厚兄弟故宅。而乐氏祖籍在宁波府慈水镇，就是现在宁波市江北区的慈城镇。到了乐世祖第二十六世，是乐良才，自小在慈水镇学医行医，明永乐帝朱棣迁都之际，乐良才由宁波迁往北京，成为一个手持串铃、走街串巷、行医卖药的游方郎中。当时称为"铃医"。

父亲说，这个乐良才后来在北京定居，娶了北京人杨氏为妻，生了儿子乐廷松。这样一来，乐良才就成了北京乐氏家族的始祖。

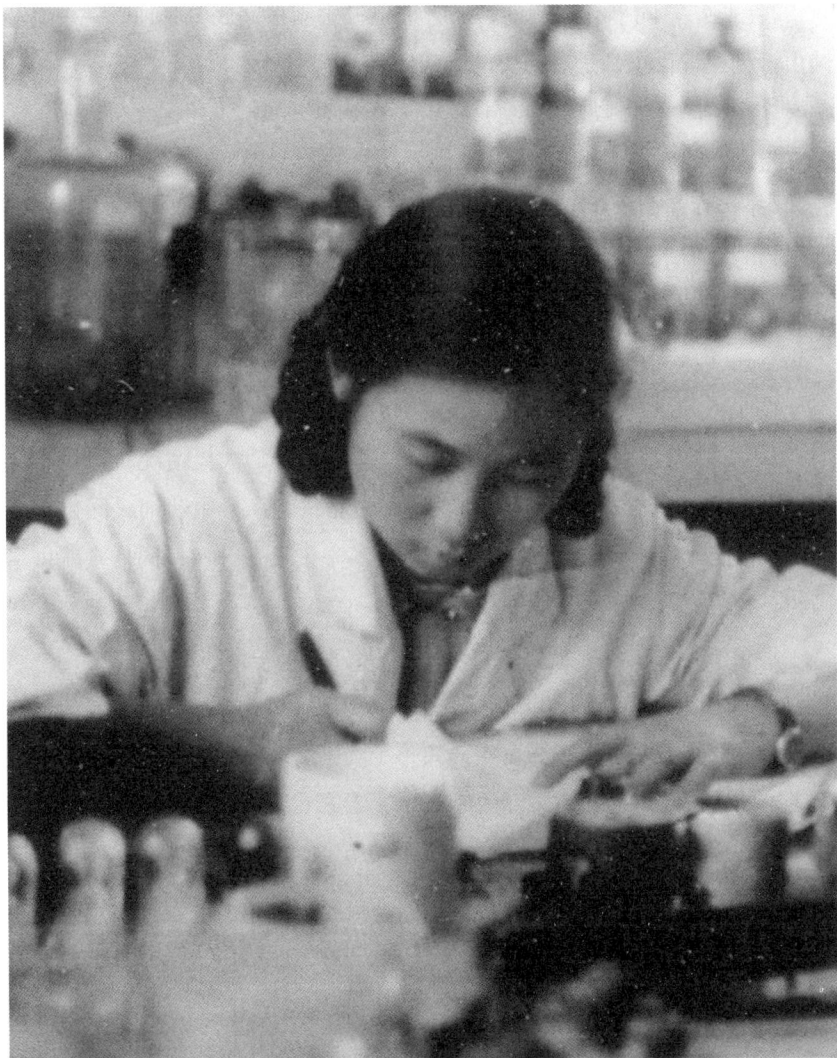

1955年，屠呦呦开始进入中医研究院中药研究所实验室工作

儿子乐廷松继承父亲衣钵，苦学医药知识，继续行医治病救人。经过三世乐怀育，到了四世乐显扬，也就是第四代传人，终于在清初当上了太医院吏目，结束了游方郎中的生涯。

就是这个乐显扬创建了同仁堂。乐显扬生于明崇祯三年，也就是1630年，凭着自己手艺，他当上了太医院的吏目，相当于朝廷的九品医官，后官衔逐步升高，先是诰封正九品登仕郎，后又赠正四品中宪大夫。官虽越升越高，人却越来越诚朴，喜读方书，一方面掌握宫廷秘方，在太医院接触到很多宝贵的医药书籍和清室秘方，另一方面是收集，从宫廷秘方，到古方、民间验方及祖传秘方，大量收集，又结合乐氏祖传医术，他的学识和医术大有提升，认为"可以养生，可以济世者，唯医药为最"。

后来目睹宫廷腐败无能，他宁愿做良医济世养生，也不愿为贪官残害百姓。1669年，毅然辞官回家，开设同仁堂，悬壶济世，为百姓医治病痛。

那次，从湖塘村乐氏宗祠回来，屠呦呦常想起父亲嘱咐她的话："如果将来学医，为人治病，一定要去拜访同仁堂，学好人家的为医之道……"

屠呦呦讲这些的时候北京籍同事听得很有趣。

"你有一个很有见识的父亲。"

屠呦呦点点头。

北京籍同事又说："以前北京城里游方郎中很多，我家母亲得病就找过一个，他们治病的特点就是快，一针下去，一服小中药，手到病除，挺神奇的。"

屠呦呦说："他们都有独门绝技，也说祖传秘方，治病速效。"

同事说对。

一边说，一边骑车奔走，不知不觉地前门外大栅栏到了。

原来，大栅栏以前是一个店铺林立的繁华商业街，街上涌现出了一大批老字号。绸布业有谦祥益、瑞林祥、瑞生祥、瑞增祥、瑞蚨祥、益和祥等"八大祥"。1949年新中国成立，国庆大典上徐徐升起的第一面五星红旗，就是由瑞蚨祥提供的红缎子制作。还有马聚源字号帽店、内联陞鞋店、鸿记皮货店、张一元茶庄等，还有广德楼、庆乐、同乐轩等多家戏园子，以及早期的电影院。

不过现在都已经衰败了。

站在大栅栏街中段路南，她们在一幢三层中式大楼前站下，这座三层小楼雕梁画栋都有些陈旧了，但难以掩饰曾经的金碧辉煌，随着岁月的流逝外表斑驳不堪，颜色已经褪尽，却依然在向她们讲述着那段辉煌的历史。

三层楼中间挂着那个匾牌就是——"同仁堂"。这就是老家人创建的中华老字号了。

这时同仁堂已经实行公私合营，同仁堂制药厂划归中国药材公司北京市公司管理。

小楼两边一边竖着一条匾牌，字迹已经不清，但隐约能见，右边是"炮制虽繁必不敢省人工"，左边为"品味虽贵必不敢减物力"。

"这是同仁堂的古训，几百年了。"屠呦呦认真地端详着"同仁堂"三个字，仿佛从中悟出点什么。

"还有一条。"北京籍同事说，"修合无人见，存心有天知。这是他们的内部约定。"

屠呦呦若有所思，用力点头。也正是实践了这些古训才让同仁堂自从创业到如今，几百年长盛不衰。

同事问："你晓得这匾牌谁写的？"

屠呦呦摇摇头。

"在咱北京城里，这大栅栏里的老字号最多，所挂的牌匾都是书法高手，或是当时的社会名流写的……"

"同仁堂谁写的？"

"同仁堂这块匾，由清朝的刻勒郡王寿岂公题写。"

"这么厉害哦。"屠呦呦说，"同仁堂，是'天下大同'和'仁者爱人'的意思吗？"

"就是这意思。不愧为江南才女，也很厉害。"

"是父亲告诉我的。"屠呦呦说，"父亲说，他们经过几百年摸索创新，由他们自己制的药传了好几代了，比如安宫牛黄丸、牛黄清心丸、乌鸡白凤丸，等等，皇宫里都用他们的药。"

"同仁堂是祖传老药铺，北京城里都用他们的药，我家一直就认他们同仁堂的药。"

进了小楼内，没有事先想象的那样人来人往，只有寥寥几人，但抓药的药师和学徒伙计都挺忙碌的。中药铺内靠墙的，是一排整整齐齐的药柜，药柜由一个个抽拉式的抽屉组成，抽屉上写着各种药名，这一格局从清朝开始一直沿用至今。

同仁堂老药铺原来设有坐堂中医，专设一间小诊室，一张方桌，一个脉枕，一位老中医坐在药房内为病人把脉开药，一问寒热二问汗，三问饮食四问便，五问头身六胸腹，七聋八渴俱当便，九问旧病十问因。这种"前厅看病，后堂抓药"的方式沿袭了千年。

现在没有了。

看上去，药铺里的人跟顾客说话都是很有讲究。顾客来了，先让您坐下喝杯茶，压压惊，落落汗。不问您有什么病也不能推荐您买什么药，而是向您问点什么事儿。给顾客抓药，上千种药都放在一个一个小抽屉里，抓药用小秤一点一点称，一丝不苟。中药包好，给顾客，顾客抓完药，不说"再见"，而是说"您走好"。

这样的传统还没有丢。

屠呦呦与女同事走进药店，一个药师正在忙碌，这个药师很有特点，下巴撅着小胡子，一撅一撅的很滑稽，与他严肃认真的抓药动作极不相称。屠呦呦问他："先生，我可以进去拉拉药斗子吗？"

药师抖抖小胡子，只是说了句："您呐，想来学徒是咋的？"

同事反问："你们招收徒弟吗？"

"那是掌柜的事。这您知道。"

屠呦呦说："你们掌柜的姓乐是吗？"

药师这才抬眼看看她："您认识他？"

"我们是宁波老乡。"

"哦，他忙着呢，整天开会。等他回来，您再找他吧。"

"好，我们一定要见他……"

药师捋捋小胡子笑笑说："他要在家，保准能见上。"

可是下次来的时候，却没见到掌柜的，他们永远都见不到他了。当时屠呦呦没想到会是这样一个结果。

在回中医研究院的路上，屠呦呦感觉收获挺大，老家宁波人创建的这家中华老字号不光是药好，而且人更好。尽管乐氏家族博得了朝廷的赏识，被皇帝钦定为御药房的供奉，但他们不忘百姓，他们编印了《同仁堂药目》流传至全国各地，为天下百姓寻医问药服务，造福普通百姓。

这样骄人的业绩，这些优良的品质，有赖于历代同仁堂人始终恪守"炮制虽繁必不敢省人工，品味虽贵必不敢减物力"的古训，树立"修合无人见，存心有天知"的自律意识，造就了制药过程中兢兢小心、精益求精的严细精神。

为此屠呦呦感触颇多。

"这种同仁堂精神正是我辈该拥有的。"

女同事说："这就是榜样。"

中医，应当发扬光大。然而，屠呦呦学的是药学，主要是以化学和生物医学为基础研究中医药的。药学与中医不是一码事。

毛主席挥手我前进，自愿报名学中医

关于脱产学中医，屠呦呦有一段自述——

既然喜欢就要努力去做。1951年高中毕业，我就报考了北京大学医学院药学专业，大学毕业后被分配到中医研究院中药研究所工作。1958年10月11日，毛主席给杨尚昆的信。批示：尚昆同志，中国医药学是一个伟大的宝库，应当努力发掘，加以提高。号召要中学西，西学中。为此，1959年我参加了为期两年半的卫生部全国第三期西医离职学习中医班，系统地学习了中医药理论。

当时，屠呦呦学中医在中国医药界有一个大背景。

这一天，中药研究所开会集体学习毛主席指示，讲这个大背景，研究所领导说，早在1958年10月11日，毛主席给杨尚昆的信。批示：尚昆同志，中国医药学是一个伟大的宝库，应当努力发掘，加以提高。号召要中学西，西学中。建议办好两年半的卫生部全国第三期西医离职学习中医班。

为了让同志们全面了解国家医疗卫生情况，研究所领导拿出一份资料加以说明。

研究所领导说，新中国刚成立，全国卫生形势严峻，疫病丛生，缺医少药，医疗卫生条件非常落后，全国西医有两万多人，中医虽有几十万却不能正常发挥作用，有劲使不出，因为国家对中医师规定了一些脱离实际、十分苛刻的办法，使得中医甩不开膀子。

以1953年为例，全国九十二个大中城市和一百六十五个县，合格中医只有一万四千多人。山西运城专区十八个县，竟没一名合格中医。天津市中医水平比较高，参加考试的五百三十多个中医只有五十五个合格。江西省登记中医人数八千七百二十八人，被承认资格有效的只有四百二十四人，临时中医师有三千六百四十八人，其余全部取消了行医资格。

就这个形势，能不影响中医发展吗？

还有一些问题不可忽视，比如说实行公费医疗制度不考虑中医作用，吃中药不报销，大医院不吸收中医参加工作；中医进修学校讲授西医诊疗技术，还鼓励中医改学西医；高等医学院校不讲授中医药课程；中华医学会不吸收中医会员；中药产供销无人管理；盲目取缔一些深受群众欢迎又确能治病的中成药。

更有甚者，有某正规报纸发表文章公开将中医说成是"封建遗留"，鼓吹随着封建社会的推翻，中医也应当被消灭。

"咱们国家医疗情况就是这样——西医不发达，中医甩不开膀子。根据我手里这份资料，全国有百分之八十左右的病人有病得不到治疗，有病不能治怎么办？那就活受罪，那就等死，死了多少人？谁也说不清……"

研究所领导有些按捺不住自己，激动地挥着手，讲述中医文化博大精深。

他说："中医怎么啦，中药怎么啦，我们的中医药原始社会就有了，春秋战国就有了一套理论，挺完整的。以前没有西医，中国几千年靠什么治病救人，延年益寿？就是靠中医！不要小看那些'望、闻、问、切'，这一看，一听，一问，一摸，什么病因、病性、病位、五脏六腑、邪正消长都出来了，再辨证论治，用中药、针灸、推拿、按摩、拔罐，多种治疗手段，达到阴阳调和，病情康复。历史上，起死回生的扁鹊、药王孙思邈、药圣李时珍、抱朴子葛洪，都是一代名医，在全球医学领域都是响当当的。"

研究所领导愤愤地说："这回怎么会那么盲目崇拜西医？你崇拜西医也就罢了，为什么还要抛弃中医？甚至诋毁中医？"

1953年12月，毛主席一锤定音，他在听取了卫生部副部长贺诚汇报后，对中医给予高度评价：

> 我们中国如果说有东西贡献全世界，我看中医是一项。我们的西医少，广大人民迫切需要，在目前是依靠中医。对中医的团结要加强，对中西医要有正确的认识。

把中医放到中国对世界的一大贡献的高度，足见毛主席对中医非常重视。1954年，他又专门对中医药问题作出批示：

> 中药应当很好地保护与发展，我国中药有几千年的历史，是祖国级宝贵的财富，如果任其衰落下去，那是我们的罪过。

这话所起的作用就大了。不仅有这样有分量的批示，还向全国卫生系统发出"西医学习中医"的号召，主张中西医结合，取中医和西医之长，创造一个既高于中医，又高于西医的新医学，为建设新中国服务。

最后毛主席提出了要求："今后最重要的是首先要西医学中医。"之后，还提出了一些具体措施：要抽调一百至二百名医科大学或医学院的毕业生交给有名的中医，去学他们的临床经验。要学习，就要抱着虚心的态度去学，西医学习中医是光荣的，因为经过学习、教育、提高，就可以把中西医界限取消，成为中国真正统一的医学，以贡献于世界。

这是毛主席当年提出的中国卫生的战略目标。

领袖有指示，接着就实施。

1955年12月19日，由国务院卫生部直接领导的"中医研究院"正式成立，周恩来总理题词："发扬祖国医药遗产，为社会主义建设服务。"同时，从全国各地抽调一批有名的老中医到北京，充实中医研究的专家力量。

之后，全国第一届西医离职学习中医研究班开学，来自全国各地七十六名有经验的西医脱产两年半学习中医。之后一年，卫生部又举办了六期，有三百多人参加学习。

1958年10月11日，毛主席在对卫生部党组《关于西医学中医离职学习班的总结报告》的批示中指出："中国医药学是一个伟大的宝库，应当努力发掘，加以提高。"

就中国医学界而言，当时有"西医学习中医"的提法，并不似今天这么司空见惯，这个了不起的理念，只有伟大领袖才敢提出来。

就在1958年10月11日那个关于中医药的著名批示中，毛主席特别说："我看如能在1958年每个省、市、自治区各办一个七十人到八十人的西医离职学习班，以两年为期，则在1960年冬或1961年春，我们就有大约两千名这样的中西结合的高级医生，其中可能出几个高明的理论家。"

从此，我国中西医结合工作迅速起步。

中医研究院领导讲这些，意思就是要让本院人员了解国内中医形势，中医正在崛起，我们要从国家大局出发，鼓励本院人员积极报名参加学中医。

最后，研究所领导扫了一眼同事们说："大家考虑三天时间，积极报名学习中医……"

不管怎么说，当时中医总体上还没有被人普遍接受。有同事担心，不管从治病救人层面来说，还是从个人前途层面来说，中医都还不是那么吃香。

也有同事说："盲人跳墙，秀才改行，半路上改专业，要担一定的风险……"

同事问屠呦呦："你想改行学中医吗？"

"我报名，学中医。"生性率直的屠呦呦当场拍板，确定报名参加中医学习。

三天后，她向研究所领导正式递交了学中医的申请。

对于屠呦呦而言，从考大学填报志愿"学医"，到中途分班学"药"，再到这次改行"中医"，志愿由西医改行学中医经过了三次选择，一次比一次更靠近"中医药"，靠近她人生的顶点。三次选择为她从中医药中寻找灵感，继而发现青蒿素埋下了伏笔。

此后两年半，屠呦呦参加了卫生部举办的"全国第三期西医离职学习中医班"，开始系统全面地学习中医药知识，并参加临床。

如果说，在北大的求学偏重于西医专业，那么这次两年半学习则转向中医。正因有这样一次极具开创性的脱产培训，屠呦呦真正开始熟练掌握阅读"中医"和"西医"两种医学语言的能力，并能了解各自的历史和理念差异，进而将传统医学经验性知识和现代生物医学最高水平联系在一起，实现了中西医贯通，对后来发现青蒿素作了很扎实的铺垫。

对屠呦呦来说，这是一次改变人生的历史性机遇。

屠呦呦性格中有一个显著特点，那就是——干事专注痴迷。学习就是学习，心无旁骛；培训就是培训，没有一丝杂念。她的学习，带着自小培育而成的对中医的敬畏，带着对未来的憧憬。

幸运的是，培训期间有几位中医名家授课。她就亲自聆听过周恩来总理的保健医生蒲辅周讲课。蒲辅周出身世医之家，是一位现代中医学家，在国家几次传染病流行时他辨证论治，独辟蹊径，救治了大量危重病人，为丰富发展中医临床医学作出了宝贵的贡献。

作为周总理的保健医生，他治学严谨，为验证书本知识勇于实践。早年，他对"十八反"产生疑问而亲自验证的故事在中医界广泛流传。

"十八反"就是中医配伍禁忌，你把这种药与那种药一起吃，那就可能破坏了药效，吃药等于白吃，或者干脆能毒死人。例如：菱角反猪肉，会引起肚子痛；柿子反白酒，会引起中毒；蜂蜜反洋葱，会伤眼睛；狗肉反绿豆，会引起中毒；蜂蜜反豆腐，会耳聋；等等，共十八种。

蜂蜜加葱白到底反不反？蒲老师就拿半斤蜂蜜，加上葱白四两，将葱白捣如泥和蜂蜜拌匀，放在一个地方半天后，每小时给狗喂三分之一，狗吃后没异常反应，自己又亲口服用，仍然没事，这不蜂蜜与葱白并不"反"？当他把海藻、甘草一块多次服用，不但不反，反而证明海藻可与甘草一起用于临床，它的软坚消结之力会更强。他还尝过甘遂配甘草，服后虽然反应剧烈，但发现祛痰逐浊效果非常好。

能得到这样一位国学高手教诲，屠呦呦感到无比荣幸。他不畏风险，亲身试药的科学精神让她终身难忘。

在教学上，蒲老师为他们这些"半路出家"的学生亲自编教材，因材施教。对他们开出的每一处药方都看了再看，细细修改，仔细讲解中医辨证论治的窍门，让他们大开眼界，学识不断增强。

在同事们的印象中，她总在读书，手捧一本中医书，聚精会神地读，一页一页地读，有时候把书合上，思考一会儿，有时候拿起笔在书上画一画，也有时候拿起笔在笔记本上记录下来。

星期天，同事们打扮一番漂漂亮亮逛大街，她就坐在宿舍里默默地读书；午饭时间到了，同事们提醒她好几次，她才匆匆忙忙去食堂；而晚上下班，她往往是最后一个离开教室，回到宿舍的……

　　在她那里，知识就像一个无边无际的海洋，宽广、伟大，而她就像海洋中的一艘小船，在迷茫的大海中寻找着彼岸。暴风雨来了，她看作那是对她的考验，在浩瀚的大海中挣扎，如果沉下海去，就永远找不到彼岸。只有迎风而上，破浪前行，永不言败，才能到达成功的彼岸，享受到成功的乐趣。

　　就这样，她日复一日，年复一年地在专注的学习生活中度过。

　　"我一直在中国医学科学院参与研究中国草药。1959年到1962年，我参加了为有西医背景的医生准备的中医培训班，这引导我走向中药那些美丽的宝藏。"

　　在打开中药那个美丽宝藏的盒子之前，她对药材真伪、质量鉴别、炮制方法等，都认真学、跟着做。这些平日的积累，为今后的青蒿素研究以及从事抗疟项目打下了坚实的基础。

　　更为难得的是，在两年半的中医培训中，她学到了从医品德和学医为民的意识，这种意识像一粒粒扎根深土的种子，在她人生路上不断开花，激励她奋勇前行。

第五章　牵手之爱

> 她（屠呦呦）生活上粗线条，不太会照顾自己，一心扑在工作上。
>
> ——高中同班同学、清华大学数学系教授陈效中如是说

半边莲与基本功

两年半的中医培训结束了。

中医研究院同事们热烈欢迎她学成归队。回到小楼，她又一头扎进实验室，没白天没黑夜地泡在实验室里了。戴白口罩，穿白大褂，她心无旁骛，埋头在那些瓶瓶罐罐里辨析各种药材，查阅典籍资料，然后再做实验，提取和分离药材成分。这一切，需要有面对孤独和寂寞的强大耐力。

鹰飞九天都是特立独行。

她仿佛成为一个"孤独寻梦者"。

这一年，她二十九岁了。

她这个年龄，在60年代属大龄姑娘了。有同事提醒她："古人说的成家立业，总是先成家，后立业的。那时男的十六岁、十七岁就娶妻生子，女的到十四岁、十六岁就嫁人了。咱们的小屠同志超龄了啊，也要学学古人，先成家，后立业喽。"

也有同事"引诱"她："家庭是世上的一朵美丽的花，没什么东西比它更温柔，更优美了。"

她笑笑说:"我也想有个家庭,可是缘分不到啊。"

同事调侃她:"缘分是等来的,爱情是找来的,你整天泡在实验室,哪有那么钟情的男子去实验室找你?"

"那你们给我找啊。"

这不有戏了?同事们听她说了这话,纷纷打包票:"只要你答应,包在我身上,不出三个月我们给你找一个如意郎君。"

这一天,中医研究院院长召开全院人员会议,学习毛主席重要指示,研究治疗血吸虫病问题。

给屠呦呦找对象的事就搁下了。

根治血吸虫病是当时国家的一件大事。院长说,早在1905年,美国籍医生罗根就第一次向世界提出了中国发现血吸虫病的病例,国民政府也注意到了,却没有多少实质性的防御举措。1949年新中国成立前后,受长期战争的影响,血吸虫病的流行情况变得更严重了,长江中下游地区血吸虫病肆虐,南下解放军也受到了感染。

血吸虫病给人民留下了惨痛记忆。

江西省余江县是重点流行病区,流传民谣说:"身无三尺长,脸上干又黄。人在门槛里,肚子出了房。"还有专门针对女性的:"妇女遭病害,只见怀胎不生崽。难听婴儿哭,十有九户绝后代。"

余江县有个蓝田坂地区,在1956年开始大规模防治血吸虫病前的近五十年间有三千多人病亡,二十多个村庄毁灭,一万四千多亩田地变成荒野,真正到了"千村薜荔人遗矢,万户萧疏鬼唱歌"的境地。

1951年3月,毛主席派人到余江县调查,首次确认余江县为血吸虫病流行县。1953年4月,他又派医务人员到余江县马岗乡进行防治血吸虫病的重点实验研究。9月,当过中央人民政府最高法院院长的沈钧儒当时在上海养病期间,发现周围一些农村血吸虫病十分猖獗,便给毛泽东同志写了一封信,建议加强并改进血吸虫病防治工作。这封信让毛泽东同志意识到,血吸虫病是一个具有普遍性的重大问题,他很快复信指出:"血吸虫病危害甚大,必须着重防治。"

面对血吸虫病疫情的严重危害，1956年2月，毛主席在最高国务会议上发出了"全党动员，全民动员，消灭血吸虫病"的号召，亲自领导和部署消灭血吸虫病的斗争，全国范围内迅速掀起了一场规模宏大的群众性政治运动。

中医研究院院长在会上说完全国形势便开始部署本院工作。

"治疗血吸虫，毛主席要求坚持中西医结合。各地中医行动起来了，都在发掘防治血吸虫的中草药和药方，各省都在加紧研究。这是毛主席号召的，我们中医研究院不能落后……"

会上，同事们纷纷表示响应毛主席号召，加大工作力度，尽快找到治病药方。

随后院长分别给各个研究所下达指导性任务。

会后不久，屠呦呦大学老师楼之岑教授找到她，试探地问她："我们研究院有一个任务，研究治疗血吸虫病的中药，我觉得你基本功扎实，邀请你参加。"

屠呦呦问具体研究什么。

"半边莲……"

"半边莲，研究它治疗血吸虫病吗？"

楼教授点点头。

治疗血吸虫病是毛主席发出的号召，她自始至终有一种信念："国家需要就是我努力的方向。"

"我参加。"她说。

从那天开始，她就跟楼老师共同开展了对有效药物半边莲的生药研究。

研究中，遇到的第一个难题就是中药名称混乱。中药的分类方法多种多样，不同时期，古人有不同的典籍，不同的典籍就有不同的分类，对同一种药材也就有不同的称呼，甚至完全相同的一种药材，在这本书中是这样的名称，在另一本书里又是那样的名称。在这个地方是一种名称，在另一个地方又是那样的名称。

譬如说他们研究的半边莲，有多少种名称？蛇舌草、急解索、水仙花草、蛇脷草、长虫草、鱼尾花、半边菊、箭豆草、顺风旗、小莲花草、绵蜂草、吹血草、腹水草、金菊草、金鸡舌、偏莲、瓜仁草、蛇啄草，等等，很多很多。

光是给每种药材确定最基础的名称就要耗费大量的时间。

楼教授指导，屠呦呦负责具体工作，她费尽全力，把所有能找到的有关半边莲草药的名称一个一个地都找到，然后根据生药实验数据进行归类，总结，统一命名，终于率先解决了半边莲品种混乱的问题。

她一整天一整天地待在实验室里，重复着一个又一个的实验，记录着一个又一个数据。

短时间内，她就把半边莲的基本资料搞清楚了。

半边莲是桔梗科，多年生草本，浑身绿色，有五片莲花瓣似的白色小花，开花像一只展翅飞鸟。半边莲喜欢潮湿环境，耐寒，可在田间自然越冬，生于田埂、草地、沟边、溪边潮湿处。

古籍中记载的半边莲用于大腹水肿、痈肿疔疮、蛇虫咬伤、晚期血吸虫病腹水等，说只要喝上二两半边莲煎的汤药，病人的腹水就能减少。但是，在实际治疗中很多病人反映，喝了半边莲汤药后，病情根本得不到缓解，反而痛苦不堪，耽误了治病。

这是怎么回事？

为了解决这一问题，师徒二人决定解开半边莲的药材之谜。这一次，屠呦呦不再埋头在实验室，而是跟着老师来到了血吸虫病多发的野外现场，亲手采集样本，然后拿回去做实验。

屠呦呦本来干事专注痴迷，在那些研究半边莲的日子，整天就是半边莲，吃饭就着半边莲，睡觉梦着半边莲，一边采着半边莲，一边哼着半边莲的民谣："半边莲，莲半边，半边莲长在山涧边；半边天路过山涧边，发现这片半边莲；半边天拿来一把镰，割了半筐半边莲；半筐半边莲，送给边防连……"

很快，他们的研究成果就出来了。

半边莲

[来源]为桔梗科植物半边莲的干燥全草，夏季采收，带根拔起，除去杂质，洗净，切段，晒干或阴干。

[用法用量]半边莲每日六到四十八克（一般为三十六克）。水煎，制成百分之十到百分之二十煎剂。

[功能主治]清热解毒，利尿。

[主治]晚期血吸虫病肝硬化腹水。

[方解]半边莲辛平，入肝肺二经，有散瘀消肿、清热解毒、利尿的作用，适用于晚期血吸虫病肝硬化腹水患者。

1956年4月，卫生部副部长徐运北给中央写报告，提出了关于防治血吸虫病的具体建议，并附上治疗血吸虫病的验方。这些验方有中医研究院的，也有卫生实验院的，也有各省市的，反正都是中央和各地的卫生研究院合力攻坚的结果。

毛主席看了这份报告，指示分发给党内外高级干部及各省委书记。之后，各地中医通过献方等措施，发掘了一大批关于有效防治血吸虫病的中草药和药方。中央防治血吸虫病科学研究委员会把这些血吸虫病的方法，编了一本《血吸虫病治疗手册》，提供各地血吸虫病医疗机构进一步研究和应用。

楼教授说："这些验方有浙江的腹水草、江苏的老虎草、安徽的乌桕树根皮，等等，还有我们的半边莲……"他对屠呦呦说，"我们的研究成果得到了认可。"

屠呦呦说："还要看看效果怎样哦。"

"应该不会错的……"

不久后，安徽省传来消息，安庆专署医院用半边莲治疗了四十个血吸虫病晚期腹水病人，除了一人因病重死亡，两人变化不大以外，其余三十七人腹水显著减轻，食欲和体力增加，病情好转，已有八人参加了劳动

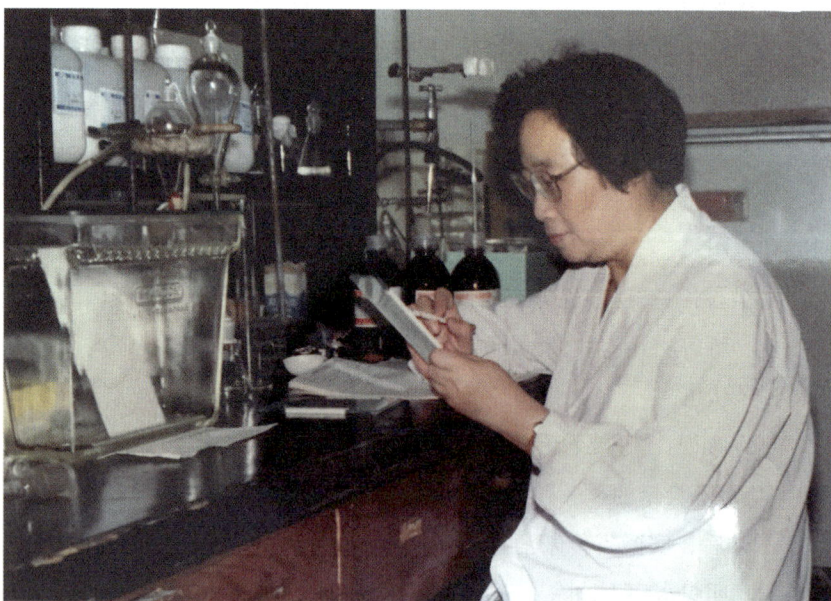

1985年，屠呦呦在进行实验

生产。

还有两个病例。

一个是安庆市华中乡耕耘农业生产合作社社员杨厚玉，患脾肿八年，腹胀三个多月，在医院里服用了半边莲三十天以后，腹水完全消退，肝脏机能好转，出院三个月以后参加了生产，被合作社评为全劳动力。

另一个是江西省余江县蓝田坂的刘金元，患血吸虫病后肚大如鼓，家人已为他准备了薄棺匣，用药之后他被救活了，还当上了大队支部书记，后来在1977年当选为中共十一大代表。

这些实例，让他们的成果得到了成功的验证。

1958年6月30日，《人民日报》向全世界宣告，我国血吸虫病重点流行区域之一的江西省余江县消灭了血吸虫病。毛主席读到这个消息后，浮想联翩，夜不能寐，写了那首著名诗篇——

　　春风杨柳万千条，六亿神州尽舜尧。红雨随心翻作浪，青山着意化为桥。天连五岭银锄落，地动三河铁臂摇。借问瘟君欲何往，纸船明烛照天烧。

屠呦呦读着报纸上的这首诗，很是欣慰。这也是她入职后第一次利用所学知识在科研工作初试锋芒时获得的成功。第一次感受到成功的喜悦，这让她一夜未眠。

——我能为国家做一些事情了。

1958年，关于半边莲的生药学研究成果——屠呦呦、楼之岑《半边莲的生药学研究》，收录在人民卫生出版社出版的《中药鉴定参考资料》第一集中，被中药界广泛参考利用。

埋头学艺，无暇婚恋

是狼就练好牙，是羊就要练好腿。要研究中医药就得练一手硬功夫。

因此屠呦呦又参加了卫生部下达的中药炮制研究任务，她又迷上了中药炮制。

婚事，就这样拖了下来。

中药炮制是中医用药的重要特点，只有经过炮制后的中药才能入药，也就是说，通过炒制、煅制等多种手段，降低或者消除中药的毒性以及副作用，达到改变药物的性能、增强药物联系等目的。

学炮制，除了理论学习外，更重要的是实践。屠呦呦忙中偷闲，满北京城跑，药材公司她去了，一些老字号药铺如鹤年堂、千芝堂、永安堂、长春堂、百草药店、积善堂，等等，她也去了，去找老药工讨教。

由于理论与实践都很扎实，她参加了北京市的中药炮制经验总结交流会，对药材的品种真伪、道地质量、炮制技术有了感性认识。

后来，卫生部下达了中药炮制研究，准备编纂《中药炮制经验集成》一书，她被邀请作为主要编著者参加编纂，主要任务是广泛收集各省市的中药炮制经验，对有关文献进行系统整理。

于是她就忙起来了。

她夜以继日地研究大量历代古籍，收集全国各省通报的经验做法，总感觉是书面的东西，还是不满意。有一天，她忽然想到了同仁堂古训"炮制虽繁必不敢省人工，品味虽贵必不敢减物力"那句话，就骑上自行车跑到前门外大栅栏，找同仁堂药铺去了。

北京的制药公司、药店她跑了不少，到同仁堂也是熟门熟路了。到老字号一定能学到最丰富、最准确的炮制方法，有些不确定的、似是而非的炮制方法也会得到改良修正。

那时同仁堂恢复了往日的繁荣，因为毛主席有指示："王麻子、东来顺、全聚德要永远保存下去。瑞蚨祥、同仁堂一万年也要保存。"1954年同仁堂实行公私合营，总经理是乐氏家族第十三代子孙乐松生。公私合营后，北京的乐松生与上海的荣毅仁被称为全国民族工商业者中的代表。

1956年，乐松生代表北京工商界登上天安门城楼面见毛泽东主席、刘少奇主席、周恩来总理，递交全面实行公私合营的喜报。毛主席在天安门城楼对他说了三句话："乐松生先生您好""工商业者好""同仁堂好"。他非常激动，激动得呆了半天，才说了句"毛主席健康"。后来他被选为北京市人大代表，出任北京市副市长。为支持人民志愿军，他捐赠了一架飞机。

到了前门外大栅栏，发现同仁堂开始红火起来。药店里顾客络绎不绝。同仁堂新设了坐堂医生，不管是坐堂医生还是做药、卖药的，一律穿着白大褂，看上去整齐划一。屠呦呦进了门，还是那个下巴撅着小胡子的老药工迎上来。

"请问小同志，您来买药吗？"

才几年不见，这老药工小胡子都发白了？难道发生了什么事让他突然就变老了？

"你怎么不认得我啦？"

老药工抖抖白胡子，摇摇头。

"我是乐老板的老乡，我跟你以前说好的，我还要来——"

老药工闭上眼摇摇头，好像有什么难言之隐。

"你来买药吗？"

屠呦呦说："我是中医研究院的，想来拜师学药物炮制……"

学技术啊？药铺里几个卖药的都愣愣的，同仁堂历史上大部分药方是公开的，甚至出书告知天下，但像安宫牛黄丸、逍遥丸、十全大补丸、四神丸都是绝密配方，从不对外公开。你来学技术，除非是学一些对外公开的。

老药工说："咱们暂时不收徒弟。"

屠呦呦说："我不学配方，我来学生药炮制……"

"炮制也不对外人公开。"

"我不是外人，我是乐老板的宁波老乡……"

"你别叫乐老板了，他现在是总经理。"

"哦，我跟乐总经理……"

屠呦呦有点急了，她太想学炮制了，话就多了起来，滔滔不绝地讲她是宁波老乡，说老一辈就敬佩他乐氏家族的人，与他们家有老交情。

为了证明与老乡的感情深厚，她还讲老板乐显扬的故事，说乐老板在皇宫太医院工作过，学了清宫秘方，又结合乐家的祖传医术，两下一碰，他的学识和医术升到一个新的境界。

又讲他辞官办药铺，悬壶济世，将毕生所学贡献出来，造福劳动人民。

还讲他药铺里卖的药，都是选用地道药材精工炮制，疗效显著。

还说乐家决不拿粗制滥造的伪劣药品害人，我们宁波老家人都对他佩服得五体投地——

"好啦。"老药工似乎被她感动了，"就教你一手吧，不过记着，就一手……"

"好嘞！"屠呦呦从来没像今天这样高兴。平日里少言寡语的她，连自己都不相信今天怎么会说了这么多话。——她学技术的心情太急迫了。

老药工穿着一身洗得有点陈旧的白大褂，人有六十多岁了，看上去很实在的样子。屠呦呦庆幸今天碰上了好人，能多学一点是一点，绝不能错过这次机会。

让她绝没想到的是，老药工竟破例教她炮制安宫牛黄丸。这是乐家祖传的保密配方。

先从主药牛黄鉴别开始，老药工说牛黄是名贵中药，要首先学会怎样从外观鉴别真假，怎样通过手摸、眼看的方法鉴别优劣。对牛黄不能有一丁点儿问题，丝毫不能有假，就是牛黄里掺了金子，也必须给它挑出来。治病救命来不得半点差错。

屠呦呦一连跑了好几天，跟老药工学习挑拣切、洗淋泡、炒炙煅煨等炮制方法。

最后几天是关键，就是对牛黄、麝香、珍珠等十一味药，炮制安宫牛黄丸。这种中成药有一百四十多年的历史了。

老药工手把手教她，珍珠粉碎成极细粉，放在豆腐里煮两到三个小时，里边的脏东西就一点儿没有了。然后将朱砂、雄黄一样一样"水飞"

成很细很细的粉末，将黄连、黄芩、栀子、郁金香粉碎成细粉，将牛黄、水牛角浓缩粉、麝香、冰片研细，与上边这些粉末搭配，过筛，混匀，加适量炼蜜，就制成了黄橙色大蜜丸。

屠呦呦拿在手里，闻到了一股浓郁的芳香，放嘴里尝尝，有点微苦。这就是"安宫牛黄丸"。

老药工说，安宫牛黄丸有清热解毒、镇静开窍的功效，治疗高热惊厥、中风昏迷、脑膜炎、中毒性脑病、败血症有奇效。

老药工炮制中医时的那份虔诚，那份敬畏，令人感动。但看起来老药工人很老实，当她提出要向他学习草本生药炮制的时候，他断然拒绝了。

"教你这些已经是破格了，剩下的，自己去悟吧。"

看起来挺实在的，但人家的原则还是要坚持的。于是屠呦呦又回到了实验室，反反复复做实验，学炮制，像一位中药师傅那样，将一株株小草，经过炒、炙、煅、泡、煨、洗、渍、漂、炮、水飞十大炮制方法，一样一样学习，逐渐摸索，探求将毒药转变成良药的各种方法。

楼之岑教授说过，中医药跟西药一个道理，一是保证无毒副反应，二是安全有效。只有采用不同的方法对中药材进行炮制处理，才能达到这一目的。

就说草乌吧，生用是大毒，用豆腐炮制后，毒性显著降低，又保持其固有的疗效。柏子仁也一样，它本身具有宁心安神、滑肠通便作用，如果要治疗失眠，又须避免病人产生滑肠，那就把柏子仁去油制霜，这样就消除了致泻的副作用。还有像鸡血藤、藿香、虎骨等，这些药材只有经过加工后制成一种饮片，才便于配方和制剂。

就这样，她一边寻找古人的秘方，一边收集全国各地报上来的验方，一边在实验室做着实验，一点一点地学，一滴一滴地积累，掌握了大量中药炮制的方法，成为《中药炮制经验集成》一书的主要编著者之一。

这本书由中医研究院中药研究所、北京药品生物制品检定所合编，总结了历代药物炮制资料和经验，结合全国二十八个大中城市有关中药炮制法，经过综合整理，共收录常用中药五百零一种，1963年由人民卫生出版社出版，成为中药材研究领域的一部重要书籍。

去了几次同仁堂，没见到过总经理乐松生，这本书出版后总得送一本书表达一下谢意。撅着白胡子的老药工说他太忙，整天开会，还是没有见到。

几年以后屠呦呦承担了国家任务，研究抗疟新药，有个"药物提纯"问题想请教老药工，她又去了一次同仁堂，看看能不能顺便见一次总经理。这次去得知，一件意想不到的事发生了。

那天她还是骑着自行车，一到大栅栏同仁堂药店就找那个白胡子老药工。他人没在。她向其他人打听。这时同仁堂没有药工和伙计，都统称职工了。有一个年纪大点的职工说，老药工回安徽老家了。

屠呦呦问："什么时间回来？"

老职工摇摇头："不回来啦。"

"干得好好的，怎么就不回来了？"

老职工欲言又止的样子，绕来绕去地说了半天，屠呦呦了解了事情的大概。

1966年，"文革"开始了，大栅栏同仁堂药店前庭悬挂的老匾毁掉了，那匾是1669年挂上去的，在历经八国联军侵华和日伪战火后，依然高高地挂着。1966年8月20日，作为"四旧"，老匾牌被毁掉。同仁堂收为国有，改名为北京中药店。

总经理乐松生不能幸免，也被"红卫兵"挂上了"牛鬼蛇神"的牌子拉出去批斗、游街、殴打，他的母亲和妻子被活活打死，他自己也被打得遍体鳞伤，虽然幸运活了下来，但天天生活在恐惧中。勉强到了1968年，他终于支撑不下去，不到六十岁就在北京自杀了。自杀后，连骨灰也没留下，乐家从此不知所在。许多传统药品，在具有"封资修"色彩的名目下，被迫改名，如"再造丸"改为"半身不遂丸"，连安宫牛黄丸这种祖传秘方药品都无人问津了。

"文革"让乐家和同仁堂都遭受了沉重打击，乐氏家族从此退出同仁堂。

从大栅栏回来的路上，屠呦呦闷闷不乐。北京的乐松生与上海的荣毅仁不是全国民族工商业代表吗？同仁堂不是一万年也要保吗？毛主席、周总理不是在中南海亲自接见乐松生吗？怎么才几年就成了"封资修"，被砸烂，被逼出人命？这到底是怎么回事？

这些，屠呦呦怎么也搞不懂。

不过乐家退出同仁堂，乐家创造的"同修仁德，济世养生"的同仁堂精神不能丢。

乐家的衰落，不但没有给她带来消极影响，让她产生一些消沉低落情绪，反倒使她更加振奋，你们砸，我来继承。乐家传统不能丢，中医药"悬壶济世"的坚定信念不能毁掉。

《中药炮制经验集成》出版后，她又完成了品种比较复杂的中药"银柴胡"的生药学研究，成果被收入由中国医学科学院药物研究所编著的药学著作《中药志》中。这部书，将原植物与药材紧密结合，对药材的混杂品种作了初步澄清，是结合现代药学成就整理中药材的一部重要著作。

事业小有成就，婚事却一直没有眉目，老家的父母着急了，多次写信，发电报催问。

屠呦呦给父母的回答是："现在的情况，哪有心情搞对象哦。"

相识是遇，相爱是缘

对婚姻大事，屠呦呦后来是这样说的，她的观点就代表了那时候老一辈科学家的共同心声。

我和我先生应该算是生在旧中国，长在红旗下的第一代。从小接受的教育，都是告诉我，服从组织，忠于组织，把自己献给组织，组织包管你的一切。组织里的领导找下属谈话，最典型的一句话是，

> 你只管好好工作，努力完成组织交给你的任务，你的个人问题，组织会替你考虑。

可"文革"那么轰轰烈烈，谁顾得上你的婚事呢？没人顾得上，可是屠呦呦真的就信了。只有工作，没有私心。

不过人的正常生活——成家立业，油盐酱醋，人间烟火，等等，还是要有的。

青衫烟雨客，疑是故人来。这天是个星期天，又有些毛毛雨，果然又是宁波老乡李姐过来找屠呦呦玩了。

李姐也在北京工作。大家都漂泊在外，老乡之间格外亲切，每逢节假日走动一下，玩耍消遣，谈谈"天一阁"藏书楼、雪窦山的风光，也回想一下北仑山看海的日子，挺有意义的。

不过这次来玩她又带来了一个瘦高的青年——李姐的弟弟李廷钊，一起来看屠呦呦。

李姐觉得都是老乡，领着弟弟来玩也没什么不妥，也没有别的意思。可是她没有想到，他们一见如故。

"原来是你！"

"你怎么来了？"

屠呦呦和李廷钊，原来是老乡加同学，效实中学的高中同学。1951年屠呦呦上北大，李廷钊去北京外国语学校学习外语，从此分开。那年代李廷钊风华正茂，一腔热血，在志愿军雄赳赳，气昂昂，跨过鸭绿江之后，他听着抗美援朝战场上捷报频传，就跟班上的几个同学向校方提出要求——奔赴战场，抗美援朝，保家卫国。

消息传到了周恩来总理那里，周总理说："不要去朝鲜战场，国家亟需大量优秀人才，你们应继续学习深造。"

去朝鲜没成，李廷钊到了农大补习班学习，准备继续深造。他最想考的学校是北京工业学院或者清华大学，1952年如愿以偿，考入了北京工业学院，而且非常出色，当了班长。

当时国家"一五计划"雄心勃勃，基本任务就是发展重工业，为制造飞机、大炮、轮船、火车等生产钢铁。1953年底，鞍山钢铁公司大型轧钢厂建成投产。1954年到1960年，李廷钊受国家委派，到苏联列宁格勒工业学院学习钢铁冶炼技术，一去五年半，获硕士学位归国，先到黑龙江齐齐哈尔的北满钢厂工作，1961年就调到马鞍山钢铁厂了。

钢铁洪流像中华民族奋发图强的一条巨大的经济脉搏，浇铸了时代的脊梁，凝聚着无数中华儿女的强国梦。

1964年，他又调到北京钢铁学院和冶金部工作十二年，最后入职北京钢铁研究院。

可以说，他的人生轨迹与钢铁结下了不解之缘，大半生投身国家轰轰烈烈的钢铁事业洪流中。

这次见面，李廷钊还在安徽马鞍山钢铁厂，天南海北到处跑，为国家钢铁事业来回奔波，与亲人极少见面，这次到北京看望姐姐，却意外遇到了屠呦呦。

两个人说远不远，老乡加同学，上北京前也曾约定北京再见；说近不近，分别十年，相隔千里音信皆无。他乡相遇，别有一番心情在心头。

第一次久别重逢，只是礼貌性地说些话，互相知之甚少，只发觉她齐耳的短发、清秀的面容没有变。后来在几次接触中，李廷钊了解到屠呦呦还是当年的那个屠呦呦，性格大大咧咧，意志坚定，终于实现了她童年时期就有的理想，从事祖国中医药工作，并小有成就，也了解到她的身体一直很弱，人虽过三十岁，仍是一个宁波小娘子的样子，对此，李廷钊渐生爱怜之意。

见面几次，姐姐发现两个老同学无话不谈了，就说："廷钊从安徽来京一次大老远的，不容易，你们俩好好谈谈哦。"

这话听起来很普通，却让两个未婚青年挺不好意思地低下头去。高中时二人年少，正值青葱岁月，毕业后再无相见。这次相见有些害羞，也许就是爱情的苗头吧。

姐姐笑着说："呦呦，你比老同学还大一岁呢，你主动点啊。"

"那不行。"李廷钊说，"我是男子汉，有话我先说。"

姐姐夸弟弟："还是咱们李廷钊，像个男子汉。"

李廷钊说："那我问你啦，这么多年，没遇到中意的人？"

屠呦呦说："什么中意的？实验室是个封闭的场所，能认识几个人？"

这时，李姐插话了："不能老单飞啊。"

李廷钊接着说："你小时候身体就很弱，应该有个人照顾一下。"

"认识是个机会，爱是缘。"屠呦呦说，"大概缘分还不到吧，就先这样单飞着吧。世上的事就这样，该来的自然会来，不该来的你盼也没用。"接着她反问："老说别人，你呢？"

李廷钊见机成熟，看一眼姐姐后大胆地说："还是说你吧，让我来照顾你够不够资格？"

那时刚解放不久，婚姻仍是父母之命，媒妁之言。这句话说得屠呦呦脸上有些挂不住了："你是钢铁战士，我用不起哦。"说着站起来走出了宿舍。

"我这钢铁战士，就要保护好你这棵小草……"

李廷钊去追，却被姐姐拦住了，她看出他们间的意思了，跟李廷钊说："弟弟，看来你们都有这个意思，这样吧，我先回去，你们俩一起单独吃个饭吧……"

"谢谢姐姐。"

李姐走后，屠呦呦跟李廷钊一起回到了宿舍。

在屠呦呦看来，李廷钊性格温和，待人体贴，办事稳妥，这样一个人正是她要的终生伴侣。爱情的种子在她心中悄悄发芽了。

就这样，没有山盟海誓，没有卿卿我我的依偎，也没有"月上柳梢头，人约黄昏后"的浪漫，两颗年轻的心渐渐走到了一起。

1963年，他们在北京重逢两年后，正式走进了婚姻殿堂。

那个年代，有嫁妆——洗脸盆，牡丹花，一台大钟墙上挂；缝纫机，单摆下，飞鸽车子带衣架；绒衣绒裤不能少，涤纶涤卡更潇洒。可他们没有。那时候全国掀起学习毛泽东思想高潮，李廷钊送给屠呦呦一套《毛泽东选集》，说："请你收下吧。"

屠呦呦爱不释手。

那个年代有婚宴——油饼子，干馓子，白面馒头花卷子；粉条肉丝加海带，一锅熬成大烩菜。

他们没有。当时全社会提倡简朴，他们没按照老家风俗或者北京风俗办婚礼，只是请了同事们吃个饭，热闹一下，算是一个简单的仪式。仪式虽然简单，但婚姻大事不能没有诗意。于是有同事就朗诵了一首诗："啊！生命里，一定会有一个对你钟情的人，在等你，你只要有耐心，迟早会等到……"

有同事说："呦呦姐，你说得真对，人就是缘分，缘分来了挡也挡不住。"

也有朋友说："你们的结合啊，是传统（中药）与现代（钢铁）的融合，这样一对最佳搭配，一定会碰出火花，耀眼世界。"

之后，他们接受了同事和姐姐的祝福，把各自的家当搬到一起就算成家了。

不过婚姻大事，再简朴也要留下纪念。

婚后，他们利用婚假一起逛北京，皇宫紫禁城、祭天神庙天坛、皇家花园北海、皇家园林颐和园，还有八达岭长城，还有世界上最大的四合院、恭王府等名胜古迹，都逛了个遍。

他们逛的重点是长城。

在长城脚下，抬头望去，那高高的台阶蜿蜒无尽，仿佛是一条通向蓝天的云梯，又好像一条青龙横卧在绵延的山峰上，踩着云梯，沿着青龙往前走，一定能到达一个无限风光的世界。

登上八达岭，远望起伏连绵的群山，近看陡峭的山岭，仿佛神龙见首不见尾，令人心旷神怡。长城盘旋在山梁上，像腾飞的龙，站在龙脊仰望长天，蓝天白云下烽火台傲然挺立，象征着中华民族不可辱，东方不败。

脚下是古老的青色城砖，光滑却布满裂痕，中国几千年风霜雪雨记

屠呦呦与李廷钊的结婚照

录在这里。这里有千万名征夫建筑伟大长城的沉重脚印，有孟姜女寻找丈夫尸体时悲痛欲绝的呼喊，有秦始皇统一六国后志得意满的仰天长啸，有成吉思汗弯弓射雕时矫捷的声音，更有八国联军入侵中华时烧杀劫掠的惨叫……这里记载着屈辱，记载着光荣，记载着文明，记载着中华民族的一切！

面对长城，他们祈祷中国强大，人民幸福。

从长城回到他们的二人世界，他们两口子有一个共同的约定，那就是——为国奉献。

奉献，满怀激情投身到社会主义建设中，奉献自己的青春和热血，为我们祖国的强大和繁荣增添一砖一瓦。

现在他们成家了，有了温暖的小巢，有了一个可以倾诉，可以大哭大笑的地方，也有了更多的关怀和鼓励。他们坚定信心，互相扶持着，向着自己的理想默默前行。

那年，屠呦呦三十三岁。

平凡夫妻，平凡家庭

如果说，恋爱短暂美丽如电光一闪，那么婚姻就必须切实平淡似细水长流。

有人说了，你仔细观察就会发现，那些读书优秀的人，似乎做什么都优秀。错了，婚后屠呦呦在李廷钊的眼中是另外一个样子——粗线条的"马大哈"。

屠呦呦的博士生王满元说："屠老师是一个特别执着、坚定、事业心特别重的人，心无旁骛。"

而屠呦呦的高中同班同学、清华大学数学系的老教授陈效中说她："生活上粗线条，不太会照顾自己，一心扑在工作上。"他曾经给李廷钊讲过屠呦呦生活中鲜为人知的故事。

有一次，她要外出开会，一个重要证件找不到了，她急得不得了，差不多要哭了，她就喊陈效中过去帮忙找。当陈效中打开她的行李箱时，吓了一跳，天呐，箱子里横七竖八的东西，装得很乱，完全不像一个女生那样收拾得整整齐齐、妥妥当当。而那个重要证件就在一本厚厚生药书中老老实实地摆放着。幸亏她没少任何东西。

先生李廷钊听了就笑。

陈效中还说了一件事。

有一次，他们几个人一起参加一个关于青蒿素研究方面的重要科技会议，出差到宁波，因为到了老家，她要出席一个重要场合就多留了一晚，第二天单独坐火车回京。

火车途中停靠站点时，她下车舒展一下腰身。那时在火车站停车时间长，车站也不封闭，直接与山水林草连成一片。她本想走走就上车的，却不料在车站外，发现了大片大片丰茂的蒿草，是青蒿，她一眼就能看出来。当时她们正为北京的青蒿有效成分含量过低、提纯难度大而苦恼，她就想弄些蒿草回去做实验，看看这些青蒿有效成分含量多少。如果这里的青蒿有效成分含量高，他们就到这里来买。她在许多地方割过青蒿，很熟练，此时没有镰刀怎么办？用手薅，她大把大把地薅那些青草，薅到一堆，捆绑起来，背起来上火车。

想不到她忘了及时赶回，也没听到汽笛声，火车带着她的行李已经开走，竟然把她落下了。

她追啊，喊啊，车站工作人员见她去追火车，就把她拦住了："你再快，能撵上火车？"

她生气地说："火车怎么跑了？"

工作人员说："哪有火车停下等人的？刚才又是吹哨子又是喊，你没听见？"

她理直气壮地说："我听见了能让火车跑了？"

工作人员看她抱着一捆野草，埋怨她说："你这同志，为了这么一堆野草耽误了火车，值得吗？"

性格直爽的她立马火了："你就知道火车跑不跑！这是救命草，你懂什么？"

弄得车站工作人员哭笑不得。

李廷钊听了也笑起来。

他也调侃他的爱人，说这是伟大人物的一种特质，说不定她能成为一个大科学家。于是他就跟屠呦呦的同事，讲了爱因斯坦的一个故事。有一次出门走远了，爱因斯坦竟然忘了家的住址，不知怎么回家了，他便打电话问他办公室的工作人员，让工作人员告诉他。但他们内部有个规定，为了保证爱因斯坦免受打扰，办公室不能透露他的住址，所以最终办公室人员拒绝告知地址，这让他无法回家。

"只有这样痴迷的人才能成大才啊。"先生说。

屠呦呦就调侃先生，说谁想碌碌无为？当初你不也想去朝鲜战场当英雄？

在爱情没有开始以前，李廷钊从来想象不出应当怎样地去爱一个人，结婚以后，有了屠呦呦他才知道怎样是爱。那就是把心腾个干净，让她住进来。

1965年，他们迎来了他们的第一个女儿李敏，后来他们的小女儿李军也出生了。

孩子相继出生后，先生李廷钊就没想过那种"妈妈烧饭，爸爸洗碗，儿子烧水"的生活，他一个人一门心思打理这个家，让他的爱人不分心，全力投入工作。

李廷钊说过，日常生活中，两口子互相理解很重要。他用宁波话形容屠呦呦"里头像根虫，外头变条龙"，没有办法让身边的生活琐事变得井井有条。屠呦呦自己承认，她不会操持家务。

"我对家务很不灵光，成家后，买菜、买东西之类的事情，基本上都由我家老李来做。"

而李廷钊也理解她。

"屠老师像那些搞科研的人一样，生活上是实打实的粗线条，不太会照顾自己，也不管家，一心扑在工作上。"

全家福，从左到右依次为小女儿李军、屠呦呦、李廷钊、大女儿李敏

大学同学王慕邹的妻子，与屠呦呦也是老相识。她说，去屠呦呦家做客，屠呦呦的先生做了一大桌菜招待他们，屠呦呦本人并不精于此道，家中事务先生全包。她说："屠呦呦与一般女子的兴趣不一样，她是个心胸开阔的人，精力都用在工作上了。"

李廷钊说："在她搞青蒿素的时候，整天忙，泡在实验室，她身体也坏了，心疼她，却不能阻止她，心疼也得支持她……我能做的，就是打扫卫生、做饭、洗碗，给她当秘书……"

他说起来，还是挺为她骄傲的。

他们就是这样走过六十年，在他眼中，她是带着一种不可磨灭的光芒的，也只有这样的信任与支持，才使屠呦呦在困顿和逆境中获得无尽的力量。

而对屠呦呦来说，有时候她真想把窗打开，把一只鸟笼挂在面向花园的窗前，然后拿一把凳子，坐在阳光灿烂的阳台上，舒适地向后靠着，脚下放一把垫脚的椅子，在半入梦乡中，让虚幻出来的虚无缥缈的东西放松自己的内心。睡醒了，再到楼下那被林荫遮住的甬道走走，听着树丛中布谷鸟的叫声，让懒洋洋的阳光洒在身上，让心情放飞……

但是她没那么做。国家的召唤，让她产生一种使命感，她不能停下来，要一直向前，不停地向前……

后来她获得大奖了。

她也老了。

李廷钊说起老伴屠呦呦，一脸疼爱。

"她年轻的时候工作太拼命，经常在实验室中一待就是好几天，那时的实验室条件也不好。如今视力和听力都下降得很严重，有时在家中和她说话，要大声她才能听清楚。"前些年，他一直劝老伴有空了要多休息，多陪陪孩子和外孙女，但实际上很难做到这一点。只有放暑假，两个孙女过来看她时，一家人才能团聚。

"这几年获奖多了，采访她的、找她的人也多了，这让她有点不太习惯。有时，家中的电话一天到晚响个不停。不过，她拒绝了绝大多数采访，哪怕是官方组织的集体采访，她也缺席了。她是个喜欢清静的人，现在上了岁数，更喜欢清静。因为腿脚不好，平时只要有休息时间，她基本上就是在家看书和看论文。她也很少回老家宁波。她常挂在嘴边的一句话是——现在荣誉过去了，是时候静下心来继续做事了。"

屠呦呦是一个一心扑在工作上的人。在同事心目中，她人很朴素，少言寡语，自然带笑，举止优雅，但她生性耿直，干事专注痴迷，毫不马虎。

大家从内心里希望她停下来，该歇歇了。也有人劝她，等到天晴的时候就到山上走走吧，到海边玩玩，到花园看看，去逛逛集市，看看朋友，晒晒棉被，也晒晒自己。你慢慢走到楼上去看山，到城头看看雪，灯光底下看看月，那是另一番人间景致。她却总是说："哪有时间啊。"也许她一生不会登山，可她心中有一座无比高大的山。

她大半生都在忙碌，幸运的是有一桩美好的婚姻。这桩婚姻看似平淡却细水长流，平淡才能长久，细水才能长流，但平淡不等于无味，细水不等于完全波澜不惊。

一生三千过客，知者只有一个。这一个，与你一生牵手走过，真的很幸福。大千世界，牵挂是最暖的情。当你口渴的时候，有人递给你一杯水；晚上咳嗽的时候，有人给你捶捶背，挺好的。你们因缘而聚，因情而暖。真的，很好。这个好，没有太多的语言，没有深情的表达，只有默默前行的力量……

正是这种力量，让你义无反顾地担当国家使命。

第六章 大国使命

1969年1月，我第一次接触了代号"523"的神秘的抗疟药物研究项目，认准了"523"任务就是自己的担当，暗下决心，一定不负重托，把党和国家交给我的任务完成，就这样一直工作至今。

——2019年11月，屠呦呦接受《龙》杂志总编辑贾正书面专访

寻梦，毛主席是咱"红司令"

直到现在，屠呦呦仍然记得，她当时担当国家使命时的心情，想起来还是感到自豪。

中国与北越的关系曾经非常好，在越战期间，他们发生了流行性疟疾。疟疾导致的士兵战斗力损失是打仗损失的两到三倍。疟原虫已对所有现成药物都产生了抗药性。美国也在努力研究新药，因为他们也因疟疾损失士兵。在我的研究所，因为"文革"，所有的研究都停下来了，但这个项目是毛泽东和周恩来特批的。一家军医院的研究一直没有好的结果，所以他们1969年找到我所，要求帮助，他们任命我当项目负责人。我很年轻，而且雄心勃勃，很高兴在那个混乱的时候有事情做了。

事后说起来有点"往事如烟"的清淡，当时却绝非平凡。

记得那个动乱年代的人至今都心有余悸。

然而到了1968年，北京举行庆祝"全国山河一片红"游行活动，整个运动进入斗、批、改阶段，即将由"天下大乱"达到"天下大治"；农村出现贫下中农子女组成的"赤脚医生"队伍，为贫下中农救死扶伤；机关干部下放"五七干校"劳动；全国掀起上山下乡热潮，一千六百多万知识青年上山下乡，接受贫下中农再教育，等等。

1969年，形势大好——中国研制成具有独特疗效的抗菌素"庆大霉素"；中国首次成功进行地下核实验；中国成为世界上既无内债，又无外债的国家；《大海航行靠舵手》成为唱红全国的流行歌曲；等等。

屠呦呦听到这些鼓舞人心的大好消息，深感欣慰，献身社会主义建设热潮的决心更大了。

不过，到了"文革"第三年，中医研究院也未能幸免，成为"文革"的重灾区。大字报贴满全院各个角落，科研活动几近停止状态，中医药人员被迫害、机构被解散、事业被摧残，中医药事业日渐式微。之前，卫生部直属的中国中医研究院和北京中医学院，在建院初期从全国选调进来的著名老中医有五十五人，"文革"运动开始后，能够上全天班，或者上半天班的老中医仅剩七人。

中医面临崩溃的边缘。

然而就在这一年，1969年，屠呦呦迎来了她科研人生的重要转折。她人生中唯一一出大戏拉开了序幕。

这天是1969年1月21日。这天令人难忘。

中医研究院来了两个神秘的人，一高一矮，一位穿军装，一位穿便装。他们自称是中央"523"项目办公室的人。穿军装的高个子是白主任，另外一个穿便服的矮个儿是张主任。

事后得知，实际那天一行是三个人，都是全国"523"办公室的，一个是主任白冰秋，一个是副主任张剑方，还有一个是田辛同志。

中医研究院负责接待的是副院长高合年，中药研究所副所长章国镇，后请来院长亲自参加。在这种政治大势下，来了三个中央"523"办公室的人，真是够神秘的，甚至有点恐怖感。

那么，中央"523"是什么事？

白冰秋、张剑方两位主任作了介绍。

实际上，这是一个全国大协作的抗疟疾科研项目，因为当时是一项援外战备紧急军工项目，为了保密，就以5月23日部署任务的会议日期为代号，称为"523"任务。

疟疾，对屠呦呦来说并不陌生，十六岁差点儿被误诊为"疟疾"的经历，让她深知这种疾病的厉害。

而据白冰秋主任介绍，疟疾是当时世界上流行最广、发病率死亡率最高的热带寄生虫传染病，与艾滋病、肺结核一起被世界卫生组织列为严重影响全球人民健康和生命安全的三大公共卫生问题。疟疾是疟原虫侵入人体后引发的一种恶性疾病，已经在全球肆虐了几千年。

此事的发端是越南战争。

白主任说，"越战"是二战以后美国参战人数最多、影响最重大的一场战争，美国大兵最多时有兵力六十五万。"越战"打了几十年，给越南和美国人民，还有其他国家的人民，都造成了巨大的伤害。"越战"是几代越南人心中永远无法抹去的恐惧。一场场激烈的战斗，一批批士兵的死亡，城市变成了废墟，遍地都是死伤的士兵和平民百姓，而随着战事不断升级，美越双方伤亡人数也不断攀升。越打伤亡越大，伤亡越大，仇恨越深，战争越发升级，陷于没完没了的恶性循环。

众所周知，这期间，作为与越南同属社会主义阵营的邻国，中国给越南提供了巨大的支持和援助。

周义清就是军队医疗队伍中援越第一人。

时任解放军军事医学科学院微生物流行病研究所副所长的周义清，作为援越抗美的医疗专家进入越南战场。

1945年，周义清十六岁就参了军，在部队当卫生员，参加过解放战争，早已习惯了战火硝烟，就是他，在越南战场发现了新的"敌人"——

抗药性恶性疟疾。越南地处热带，山岳纵横，丛林密布，气候炎热潮湿，蚊虫四季滋生，本就是疟疾终年流行的地区，更可怕的是当时的抗疟药氯喹对越南流行的疟疾基本无效了。

这就让战场上出现了比子弹、炸弹更可怕、更恐惧的"敌人"——抗药性恶性疟疾，一染即亡，无处逃脱。在雨林中，只要被无处不在、无孔不入的蚊子悄无声息地咬一口，就可能让一位战士立马倒下，而且几乎无药可医。

美国大兵和越南人民军在亚洲热带雨林苦战，疟疾像个恶鬼，疯狂袭击交战的双方军力，大大高于战斗性减员，令双方苦不堪言，它比敌人更可憎。

周义清说，越南北方有一支部队开赴南方战场，经过一个月的长途行军后，减员严重，有的一个团级部队真正能投入战斗的只剩两个连，其余的都感染疟疾，不是死于行军途中，就是被送往后方治疗去了。疟疾病员远远超过了战斗伤员。

据传，在越南一处设施良好的秘密山洞里，潜伏着一支装备精良的上千人的越南部队，他们有泉水，有大米，供给丰足，甚至有独立的睡房、厨房和卫生间。可是当指挥员下达进攻命令时，洞口无声无息，没有一个曾经作战勇猛的士兵冲杀出来。恼羞成怒的指挥官钻进山洞，先是惊呆，然后号啕大哭起来。瘦骨嶙峋的士兵，像厉鬼一样躺在山洞里，他们没有力气爬起来冲锋陷阵了。——都是疟疾惹的祸！

同样，疟疾也成为美国大兵的梦魇。

据"越战"后公开的资料记载，1965年侵入越南的美国大兵疟疾每年发病率高达百分之五十，1967年到1970年的四年中，感染疟疾的侵越美军人数有八十万之多。

中国人也深受其害，据称抗美援越的中国高炮部队染病减员达百分之四十。

当时，美国国内已经基本消除了疟疾，为了解决侵越美军的抗疟难题，专门成立了疟疾委员会，组织大量科研机构和专家开展抗疟疾新药研究，直到越南战争结束，美国共筛选了二十余万种化合物，始终都没有取得理想效果。

美越双方似乎在对峙——决胜战场的不是谁先消灭谁的部队，而是看谁先战胜疟疾。

越南共产党总书记胡志明心急如焚，坐不住了，亲自给毛泽东写信，派特使秘密到北京，请求中方支援抗疟疾药物。

在革命战争时期曾感染过疟疾、深知其害的毛泽东，认真阅读了老朋友胡志明的信，对特使说："解决你们的问题，也是解决我们的问题。告诉老朋友，我会记在心上。"

为什么毛主席会说"也是我们的问题"？

这句话是有现实依据的。

一方面，抗美援越的中国高炮部队深受其害，另一方面，中国解放前疟疾是一种恶性传染病，南方尤其猖獗，病死率很高。解放后，国家痛下决心，设立疟疾防治机构，贯彻"面向工农兵，预防为主，团结中西医，卫生工作与群众运动相结合"的方针，组织卫生工作队、防疫队、医疗队进入高疟区，抢救疟疾患者，进行预防工作。通过消灭"五害"，对污水坑、水塘用六六粉、二二三液消毒，等等。在一系列工作下，疟疾得到了有效控制。但由于政治、经济以及自然因素的关系，20世纪60年代初又大范围暴发，全国发病人数多达一千万至两千万……

毛主席说的"解决你们的问题，也是解决我们的问题"，含义深刻，在那个时期疟疾问题已属于"内忧外患"，到了非解决不可的地步。

所以送走了越南特使，毛主席就把胡志明的信批转给周恩来。此后，整个"523"任务由周恩来总理亲自部署。

于是，根据毛泽东主席、周恩来总理指示，有关部门把解决热带地区部队受疟疾侵害、严重影响部队战斗力、影响军事行动的问题作为一项紧急援外、战备任务立项。

早在1967年5月，国家科委与中国人民解放军后勤部联合，在北京饭店召开第一次"疟疾防治药物研究工作协作会议"，确定了三年研究规划，有三十七家单位、八十八名代表参加。由于这是一项紧急军工项目，为了保密起见，就以5月23日开会日期为代号，简称为"523"任务。就像研制原子弹一样，原子弹属于国家最高机密，需要有一个代号便于保密。由于赫鲁晓夫是1959年6月毁约停援的，于是就以这个日期——"596"作为代号。

于是这个任务又成了带有军事色彩的紧迫绝密任务。也正是由于这种军事色彩，才使这个项目在"文革"中得以进行下去。

1969年1月15日，国家科委军管会和总后勤部向周恩来总理、中央军委写了报告请示，建议在北京或者广州，召开有关省市区革委会、军区后勤部负责人座谈会。建议经毛主席圈阅后，周总理同意会议在广州召开，并签发了特急电报《关于召开疟疾防治研究座谈会的通知》。

> 经伟大领袖毛主席批准，同意在广州召开疟疾防治研究工作座谈会。参加会议的人员和有关问题，由国家科委、卫生部军管会商总后勤部办理。

由此便拉开了抗疟新药研究的序幕。

先是军方开路，后是地方跟进。

随着时间的推进，先后有七个省市全面开展了抗疟药物的调研普查和筛选研究，截至1969年筛选的化合物和包括青蒿在内的中草药有上万种，但未能取得理想的结果，使"523"任务的研究者一筹莫展，抗疟药物研究进入了死胡同……

姜廷良，二十多岁便与屠呦呦共事，后任中国中医科学院中药研究所所长。据他回忆，当时"523"办公室三人找到院长之后，主任白冰秋一坐定，就开诚布公地说："中药抗疟已做了好多工作，到流行地调查，曾收集验秘方来试验，有的有一定效果，但不满意，用法、制剂等方面也存在问题。方子拿了不少，很多是大复方，这么多药怎么办，哪个方子好，什么起主要作用，我们经验少、办法少，希望你们能参加此项任务。"

任务紧急，但中医研究院领导却很为难。

院长就向领导汇报了一下研究院的情况，然后说："现在我们研究院各项工作基本上都停顿了，经验丰富的老专家有的被打倒，有的被劳教，有的靠边站，政治上不能委以重任。'文革'开始后科研单位的工作受到冲击和影响，年轻一些有点成绩的科研人员也批为修正主义苗子，没人干工作了，领导让我怎么办？"

白主任就开始做"战前动员"，对在座的各位说："同志们，因为疟疾，南方的稻子熟了没有人去收割；因为疟疾，边防军战士爬到树上瞭望的时候突然疟疾发作，掉下来死了……疟疾关系到人民的生存，关系到社会主义大生产和国家的安全。同志们，你们知道吗？"

院长点头说："知道。"

白主任又说："你们还要知道，这不光是个国内事情，解决我们中国南方疟疾流行病的问题，还是一个国际问题，我们要帮助越南兄弟，现在越南与美国，不是战场上谁战胜谁的问题，而是谁先战胜疟疾谁就胜利了。美国动员了几十个单位搞研究，我们必须抢在他们前边。'523'任务北京协作区有好多单位参加了，你们是专门搞中医药的，你们不参加怎么行呢？"

院长说："领导已经讲了这些，我们也都清楚，只是我们受条件限制，难当大任啊。"

此时白主任便拿出了撒手锏："我要明确告诉你，这是伟大领袖毛主席、敬爱的周总理部署的，我们是来传达一项政治任务，不是来跟你们协商，你没有讨价还价的余地……"

这是无人敢违背的最高指示，院长再看看对方恳求的眼神，就无话可说了。

"那好，我们接受任务。"

"请注意一点，对药物的要求，防治药物要求是高效、速效，预防药物要长效。"

院长拿笔记本记下。

白主任又说："广安门医院一位参与抗疟研究的针灸医生，向我推荐过一个人——"

院长急问是谁。

"屠呦呦。这位针灸医生说屠呦呦是个兼通中西医的人才，研发新药不能没有她……"

"知道啦。"

临走，白主任又说："还请你们注意，这是一项国家援越战备紧急军工项目，这事由部队牵头，是军事秘密。这也是特殊时期，我们国家其他项目都停了，只有两弹一星没有停，我们的'523'任务没有停……"

院长表态："一定保密。"

神秘的"523"，急需神秘人挂帅出征

"523"办公室的领导走后，院长拉下窗帘，立刻召集领导班子、军管会召开紧急会议，按照"523"办公室的要求确定中医研究院"523"项目人选——谁能担此大任？

对本院科技人员逐一进行筛选，三个小时过去了，颇让中医研究院领导们有些犯难。

军管会领导问："白主任说的屠呦呦到底行不行？"

院长最后说："屠呦呦应该是最佳人选。"

他又分析："三十七岁的屠呦呦根红苗正，并有两大优势，第一是基础扎实，底子厚，别看她少言寡语，却生性直爽，干事执拗痴迷，虽然职称只是助理研究员，但到中药研究所工作十几年，中西医贯通；第二是她年富力强，正致力于研究从植物中提取有效化学成分，作为人才已经进入中药研究所研究第二梯队。"

副院长高合年和中药研究所副所长章国镇同意院长的决定。

高合年说："屠呦呦从北京大学医学院药学系毕业，进入中医研究院中药研究所后，响应毛主席西医学习中医的号召，参加中医研究院西医离职学习中医班，不仅掌握了理论知识，参与过临床学习，还深入药材公司

向老药工学习中药鉴别和炮制技术，是棵好苗子。"

章国镇说："以我们中药研究所的实际情况，担任抗疟新药科研课题，除了屠呦呦，没有第二个人选。"

军管会领导就同意了。

事情就这么定了。

当晚，屠呦呦被叫到院长办公室。

"中医研究院接受了一项秘密的紧急任务，研究抗疟药物。"院长说，"这项任务很重要，院里决定任务交给中药研究所来完成。我已经指令中药研究所成立了课题组，由你担任课题组长。"

事情来得突然，屠呦呦一点准备都没有，这么大的一个任务我能胜任吗？她说："院长，我还年轻……恐怕……"

不过，这时屠呦呦感觉这是她人生中不可多得的一次机会，当机会来敲门的时候，你能不能将门打开，就看你的底气——你的学识、智慧和胆量。有了底气，即使你犹豫一下，最终也不会错过。错过了，可能就是一生。

屠呦呦看着院长。

院长说："你不用犹豫了。'523'办公室领导不是说了吗？这是一项政治任务，是毛主席、周总理部署的——"

那一代人因为特殊的时代背景，每个人身上都烙上了毛泽东时代的深深印记。对领袖的崇拜，对理想抱负的狂热追求，充满激情而又不乏理性，似乎人生就是为了寻找目标，然后通过不断奋斗来达到一种自己向往的理想。院长说到这些，屠呦呦也就下定了决心。

"我接受！"她答应得很爽快。

尽管她犹豫，但她没有错过。"文革"时期全国科研几乎都停顿了，科研人员能接受这样的研究任务而不用去"搞革命"，被委以重任，是一次莫大的幸运，大家都会很珍惜并不计名利地投入。

屠呦呦问："还有什么人？"

"暂且你一人，其他人后定。"

年轻时候的屠呦呦

当时封了她一个"抗疟中草药研究"课题组组长，其实相当长一段时间内就屠呦呦一个人。

屠呦呦接受了这项秘密任务。从领导办公室走回自己的办公室，已经星斗满天。屠呦呦很激动，她觉得这是一副担子，重重压在了她还有些细嫩的肩上。她多年科研的梦想一下子成了现实，领导的信任，任务的紧迫，特别是越南战场上饱受疟魔折磨的将士们，睁大了求救的眼神，一个个在企望着她，她觉得时不我待，加快了研发的脚步。

这是她后来的自述——

> 我至今还记得，1969年1月21日，全国"523"办公室主任白冰秋、副主任张剑方及田辛同志一行三人来到中医研究院（现中国中医科学院）传达任务的情形。当时，两位主任说，因为疟疾，美国非战斗减员比战斗减员还多，并动员几十个单位搞抗疟药研究，越南因疟疾的非战斗减员也非常多；中国北京协作区也已有好多单位参加抗疟药的研究，希望中医研究院中药所也能参加。那时候的中医研究院是"文革"的重灾区，科研工作全面停顿，但还是接受了这项政治任务，并由我来担任课题组长。

谁也无法预料，院领导的这个决定，将是"523"任务取得重大进展、取得重要成果迈出的第一步。

屠呦呦五十多年的老同事廖福龙教授说："她最大的特点，就是非常负责，非常执着。对于国家给予她的重任，她就是义不容辞地承担了，而且一往直前，不屈不挠地做下去了，一直做到今天。"

那年，她三十九岁。

疟虫，叩响地球之门

在屠呦呦家客厅一角，摆满了她获得国内外奖项的柜子里，摆着一块球形朽木，丑陋至极，看起来烂了好大一块儿，却大有来头——这是2015年10月她获诺贝尔奖时，评委会专门送给她的一个特殊的礼物。

屠呦呦解释说："这像是一个人类拥有的地球。评委们指着这个球面上腐烂的地方告诉我说：这就是你治病的范围！烂得最多的地方，说明最需要我。当年疟疾是世界性的疾病，这块就烂得特别大，特别大就说明是治病的范围更广一点。大概这意思，当时一个评委原话就是这么说的。"

也就是说，这个地球那一大块烂掉的木头就象征着屠呦呦一直对抗的顽疾——疟疾的流行范围。仔细看，会发现主要是热带和亚热带，八成以上在非洲撒哈拉沙漠以南。

亚洲这边也有，主要是越南、柬埔寨等东南亚那块。从这个球形木头上来看，中国云南、海南、贵州、安徽等也是疟疾高发区。

可见当时，疟疾蔓延的形势不容乐观，何况那时是1967年，国家正处在"文革"的动乱之中，那是个狂热年代，科学界几乎陷于停顿瘫痪，搞科研更是十分艰难。屠呦呦幽默地说："我们是捆绑手脚的舞者。"

幸运的是，因为这个"523"任务是个紧急军工项目，最初的研究方向带有明显的保密军事色彩，所以得以顺利地、迅速地开展了起来。

按照"523"任务办公室要求，这个科研成果不但要像一般科研医药那样保证药效好、毒副作用小，还要做到"一轻""二便""五防"，即体积小、重量轻；携带方便、使用方便；防潮、防霉、防热、防震、防光。显然，研究这种药物比一般药物的难度要大得多。

接受重任后，屠呦呦心情十分激动，在那个动乱的年代，科研工作处于完全停滞状态下，能接受这样光荣的任务既是振奋的，也是幸运的，但她也深感责任重大，任务艰巨。

接受任务之后，她反而一下子静了下来。

晚上，月亮下，办公小楼旁的树木的影子洒在地上，斑斑驳驳的，叫人眼花缭乱，一只鸟儿在夜间咕咕地叫了一声，孤单地飞到夜空中去了。她走出斑驳的树影，站在灯火通明的空地上仰望天空，月明星稀，心潮激荡。天域辽阔，从哪里入手？

她要好好想想。

这天，她终于确定了第一步行动计划，就到中药研究所所长办公室，对所长说："我要到图书馆待上几天……"

所长问："你是不是要从查资料入手？"

屠呦呦点点头。

"我支持。"所长说，"你哪儿也别去，就到咱们中医研究院的图书馆，这个图书馆是1955年建的，收藏的中医药专业图书属于全国之最，有三十多万册，珍本、善本、孤本，各种书籍都有，你在那里一定能找到你想要的东西。"

屠呦呦信心百倍地说了一声："会的。"

尽管中药研究所与图书馆相隔不远，但为了节省时间，她还是带了水、干粮和一支圆珠笔、一个笔记本，去了图书馆。一坐就是一整天。

想不到的是在图书馆查资料，越查，心越紧张，继续查，吓她一跳。尽管学医十几年，她没想到原来这种疟疾竟让我们这个世界很无奈。

从能查到的有关文献资料来看，古代西方对疟疾束手无策，他们认为这是神降于人类的灾难。幼发拉底河与底格里斯河中下游"两河流域"早期居民苏美尔人就说："这是由瘟疫之神涅伽尔带来的。"意大利的但丁在《神曲·地狱篇》中借助疟疾来描写对地狱的恐惧，活灵活现：

> 犹如患三日疟的人临近寒颤发作时/指甲已经发白/只要一看阴凉儿就浑身打战/我听到他对我说的话时就变得这样/但是羞耻心向我发出他的威胁/这羞耻心使仆人在英明的主人面前变得勇敢。

既是神降灾难，人能奈何？

世界上古老文明对这一疾病都有记载，一般认为疟疾源头来自人类的发源地非洲，几乎传遍全世界，疟疾的历史与人类文明史一样漫长。15

世纪的大殖民时代，欧洲人迟迟不敢踏足非洲，就是因为他们对疟疾的畏惧。

古印度人称它是"疾病之王"，古希腊称它为"沼泽的热病"，在当时几乎就是绝症。在公元前一世纪，疟疾曾在罗马地区长时间流行，得病的人身体虚弱无法劳动，导致国力衰退，最后罗马帝国只有走向衰亡。古埃及新王国时期第十八王朝的法老图坦卡蒙，九岁君临天下，十九岁死亡，在位只有十年。据说他就是死于疟疾。

事实上，考古学家在公元前三千两百年的埃及文物中已经检测到了疟疾抗原，却无药可治，疟疾成了当时世界头号传染病，只能预防——杀灭蚊子和蚊子的幼虫。1912年，巴拿马运河流域就开始杀灭蚊子，杀了一百多年，还是没能彻底消灭疟疾。

可以想象这个病有多可怕。

在中国，关于疟疾的资料就更具体了。

三千五百年前殷商甲骨文就有记载，有疟、疥、蛊、疫等疾病，说明殷商时代我国就有疟疾流行了。怎么发现的呢？清末光绪二十五年（1899年）秋季，朝廷国子监祭酒王懿荣得了疟疾，派人到宣武门外菜市口的达仁堂中药店买中药，在买回的中药中发现了河南省安阳市殷墟中的甲骨文，而甲骨文中就有关于疟疾的记载。

对比中西医书籍，屠呦呦发现对疟疾的发病原因，古罗马人、古中国人的看法是一致的，那就是疟疾都是由瘴气引起的。

《汉书·严助传》这本书中说："南方暑湿，近夏瘴热，暴露水居，蝮蛇蠚生，疾疠多作，兵未血刃而病死者什二三。"《后汉书·南蛮传》中说："南州温暑，加有瘴气，至死者十必四五。"

翻开古代中医学名著、隋代巢元方等撰写的《诸病源候论·瘴疟》一篇，写着："此病生于岭南，带山瘴之气。"

古人认为，瘴气是山谷丛林中蛇虫、蜈蚣等动物尸体腐烂后产生的一种毒气，人被毒气侵入后，可出现发冷、发热、出汗等症状，轻者使身体虚弱，重者死亡。瘴气在云南、贵州、广西等地多见。中医所说的瘴气，又叫山岚瘴气、瘴毒、瘴疠等，现代学者一般认为，瘴气多指恶性疟疾。

三国时期曹植曾写过一篇《说疫气》，有段记叙是："建安二十二年，疠气流行，家家有僵尸之痛，室室有号泣之哀。或阖门而殪，或覆族而丧。"

《三国演义》这部名著中有个"七擒孟获"的故事，说蛮王孟获，起蛮兵十万犯境侵掠，诸葛亮举兵扫荡，深入"不毛之地，瘴疫之乡"，"五月驱兵入不毛，月明泸水烟瘴高"。名著《水浒传》中武松得了疟疾，在柴进庄上烤火，一个能够赤手空拳打死猛虎的大汉，被疟疾折磨得痛苦不堪，惨不忍睹。

这说明，疟疾在我国不但早已出现，而且死亡率很高，特别是长江流域及其以南的落后地区尤其严重，因为南方湿热，适于蚊虫滋生，所以发病率高，疟疾泛滥，流行不断。

据说，康熙五十一年（1712年）曹雪芹的祖父曹寅得了疟疾，向康熙请圣药，康熙再批复给药，可惜等药送到时，曹寅已经死于疟疾。

屠呦呦投入书籍资料中不能自拔，历史上关于疟疾病害记录惊人，让她一阵一阵地冒冷汗。书读得久，眼睛疲劳了，她揉揉眼眶，做做眼保健操继续下去。

不知不觉中午到了，图书馆工作人员提醒说："吃饭啦，同志——"她嘴上答应了，仍在看书，叫了她几次后她才放下书，对人家笑笑说："我吃饭简单，到门边将就吃点就行。"吃过自己带的干粮，喝过自己带的水，她又开始看书查资料，很快就钻到书中的知识里了。图书馆工作人员向她竖起大拇指："这是个读书狂……"

在现代医学资料记载中，疟疾又称"打摆子"，还叫冷热病，顾名思义就是能让人既发冷又发热的病，发作时如坠冰窟，颤抖不止；过后面色转红，体温上升，升到40℃以上，之后再次发冷，很折磨人。在忽冷忽热中有的辗转不安，呻吟不止；有的抽搐，不省人事；有的头痛像炸开一样；有的吐得肝肠寸断。这种状况能持续二到六个小时，个别的达十多个小时，有些忍受不了痛苦就自杀了。有厉害的，即使不自杀也会癫痫发作，在抽搐昏迷中死亡。

疟疾对人类危害大得惊人。

疟疾几乎感染了商王朝半数人口，杀死无以计数的国民。而汉武帝征伐闽越时，"疾疠多作，兵未血刃而病死者什二三"。东汉马援率八千汉军南征交趾，"军吏经瘴疫死者十四五"。清乾隆年间，几次进攻缅甸，都因为疟疾猖獗而受挫，有时竟会"及至未战，士卒死者十死七八"。

20世纪40年代，中国估计每年有三千万人感染疟疾，三十万人因此死亡。

来看湖北保康县，据《保康县志》记载，这个坐落在神农架以东的山区县山峦重叠，沟壑纵横，素有"八山一水一分田"之称。1940年到1941年，瘟疫流行，全县死亡两万余人，占人口总数的百分之二十。传染病中危害人数最多的就是疟疾。据一些老年人回忆，1935年襄樊大水灾后疟疾暴发，当时数以万计的难民们流离失所，露宿街头。由于水源被污染，蚊虫大量滋生，城里、乡下几乎没有不"打摆子"的。当时治疗疟疾的特效药都卖得比黄金还贵，多数的病人不是求神拜佛，就是"姜汤、棉被、晒太阳"，每天倒毙街头的难民数不清，惨状触目惊心。

看着这些资料，屠呦呦有些坐不住了。

治疗疟疾，研究抗疟药物，不仅越南急需，美国急需，中国也需要，而且事情十分紧迫。

治疗疟疾，研究抗疟药物，不仅是中国难题，也是世界难题，如果攻克，也许会创造世界奇迹。

1972年初夏的一天，她突发奇想，叫上一个同事陪着她去了一趟天安门广场，在金水桥畔，她叫摄影师给她照了一张半身相片，她要求，背景一定要有城楼上的毛主席画像。

她的同事很奇怪，这个整天忙得团团转的屠呦呦，怎么突然有这个闲心来天安门照张相？

从她照相的姿势来看，她身子挺直，面貌虽有微笑，但总体上感觉是认真、严肃的，像是在表达一种什么样的仪式或者心态。

她的同事哪里知道，她这么做，正是在表达"壮士断腕"式的一个决心。

他们那一代人，因为特殊的时代背景，身上烙上了毛泽东时代的深深印记，对理想抱负狂热追求，充满激情而又不乏理性，似乎人生的目的就是通过不断地奋斗拼搏来达到一种自己向往的理想状态。

她似乎看到了她一直以来向往的理想就在前方，前方就像一个蓝色的梦，她要付出巨大的努力，追上这个梦境。

回到家里，两个女儿围过来，这个妈妈、妈妈，那个妈妈、妈妈叫个不停，叫得她心里暖洋洋的，当母亲的爱意充满心间。母爱，天下最圣洁、最无私的母爱，就在她心的最深处。

当时她已经是两个女儿的母亲了，大女儿四岁，叫李敏，小女儿只有两岁，叫李军。每一个母亲都十分宠爱自己的儿女，她也不例外，两个可爱的女儿，真是她的心头肉啊。

小李敏懂事了，妈妈下班回家她倒上一杯热水，端给屠呦呦："妈妈辛苦啦，喝口热水吧。"而刚学会走路的小李军冲着她甜甜地笑。每次看到这一切，一天的疲惫顿时就消失得无踪无影了。

晚上，柔和的灯光下，她看着两个可爱的小脸蛋，白皙、粉嫩，她太疼爱她们了，一会儿给小李军盖盖被子，一会儿又给小李敏喝一口水。一种不舍的母爱之情再一次油然而生。

可是重担在肩，她不得不做出选择。

屠呦呦的同事、中药研究所的廖福龙研究员说："屠呦呦的责任感很强，她认为既然国家把任务交给她，就要努力工作，一定要把这个事情做好。当时，丈夫李廷钊因为有留苏背景，被下放到云南的'五七干校'，两个孩子无人照看，成了屠呦呦的大难题……"

这天，借着丈夫李廷钊回家，屠呦呦便跟他商量办法。

"我们有机会接受一个国家急需的任务，是组织上对我的信任，责任重大，不能辜负组织的期望。这几天我到图书馆看了很多资料，抗疟药是

屠呦呦考入大学后在天安门前留影

个很复杂的事，我必须全力以赴——"

李廷钊说："是啊，我理解你，这对我们科技工作者来说，这个机会是可遇不可求的，可是两个孩子都还小，我又在云南'五七干校'，怎么办才好？"

"我想跟你商量一下。"屠呦呦说出了自己的想法，"李敏四岁了，送托儿所全托班——"

"你是说，白天晚上都在托儿所，一个星期见一次的那种？"

屠呦呦点点头。

李廷钊说："没有父母陪伴，她在家是老大，可是人还是太小了，在陌生的环境，怎么能适应？"

屠呦呦说："早点独立也好，打小养成自己穿衣、洗漱、叠被子的习惯，让她学会自己处理一些事情。"

"她太小了啊。"

"你在云南回不来，我又要全力以赴做点事，你说怎么办？要不你想个好的办法吧。"

李廷钊想想，摇摇头，又点点头，然后问："小女儿李军呢？"

"送宁波老家，让我父母照顾。"

李廷钊再次摇摇头："咱们真是身无分文，心忧天下啊……"

屠呦呦用疑虑的目光看着丈夫。

李廷钊不说话了。他看着两个孩子瞪着天真的双眼，还不知道父母在说些什么？她们不知道一个要送全托，一个要远离父母到千里之外的宁波老家……

李廷钊抱起小女儿说："小李军，以后要学会听话，要学乖。"

屠呦呦抱起大女儿说："李敏，以后什么都要靠你自己了。"

北京火车站。

一场特别的骨肉分离会。

屠呦呦抱着小李军站在站台上，与母亲姚仲千话别。母亲已经头发花白了，一道道细细的皱纹也已经很明显地出现在她饱经沧桑的脸上。一个年轻人带一个孩子都很吃力，何况母亲年龄这么大了，屠呦呦真的是不忍心让白发亲娘跟着吃苦受累啊。她看着母亲的脸，把小李军送到妈妈怀里，又从妈妈怀里不忍心地接了过来。

小李军真的还小，她在老母亲那里会习惯吗？她出生在北京，多长时间才能适应宁波老家的环境？

她心疼母亲，亦心疼女儿。

火车的汽笛声又响了起来。乘客都在上车，车厢外边的人已经不多了。就在列车即将启动的那一刻，屠呦呦把小李军恋恋不舍地送到白发母亲的怀里。

"妈妈，辛苦你了。"说着，她毫不犹豫地转身离去。

她没有再回头。她只能匆匆离开站台，她不能犹豫，她怕自己一犹豫就会改变主意。她心里清楚，和孩子这一别还不知道什么时候才能再见，所以更不忍心看着孩子远离自己那一刻。

火车冒着滚滚黑烟渐渐驶出站台，她一边走，一边用手擦去眼角的泪水。她深深懂得，与骨肉分离相比，自己身上肩负的使命更为重要，因为她关系到无数人的生命。只有这样，她才能全身心投入抗疟中草药的研发。

妈妈，辛苦你了。

妈妈也老了。眼睛里没有了水的神色，却有了疲惫的倦色。她年轻时榕树干一样的腰板也有些像被大风刮弯了。想到母亲，她就想起一首诗："深秋望断南飞雁，引思故乡老村庄。大槐树下聚相邻，亲热招呼嘘寒暖。"

保重，我的亲娘！

此后，三十九岁临危受命的屠呦呦，正式走上艰难的抗疟寻药的路。尽管组织上说是一个课题组，其实就她一个光杆司令，也就是说，一开始她一个人孤独地前行，后来人才多了起来。

她没想到原来这是一个国家行动，她的背后是一个强大的群体。

战瘟疫，彰显举国协作之优势

后来青蒿素被屠呦呦团队发现，世界卫生组织传统医学研究所的一名专家曾问："为什么中国人能发现青蒿素？我们南非漫山遍野都是青蒿，怎么我们就发现不了？"

满是不甘的语气和神情。

当时是"文革"高潮期，全国乱成一锅粥，停产停课闹革命，"523"任务怎么能进行下去？

很简单，就是有了毛主席的指示。

"毛主席挥手我前进"——这就是社会主义的优势所在。

抗击疟疾是世界难题，美国人也在搞，他们成立了疟疾委员会，大量增加研究经费，一直没有找到防治疟疾的良药。即使后来到了1972年，美国华尔特里德研究员筛选了二十一万四千种化合物，依然没有结果。既然毛主席说了，我们就要跟美国人比着干，比比谁厉害！

正因这样，屠呦呦对这个"523"任务没二话，也豁出去了，但这么大一个任务，课题组就她一个人，神仙都忙不过来。屠呦呦就几次三番找中医研究院中药研究所领导，毫不客气地要人。

院长说："你真是一个两耳不闻窗外事，一心只读圣贤书的人。"

屠呦呦不解："这是什么意思？"

"你晓得不，外边形势很严峻啊。"院长说。

屠呦呦说："我知道，但我连个助手都没有，一个人力量太小了，孤军奋战怎么能行……"

"孤军奋战？你说得不对，'523'任务是国家行动，一件举国大协作的事。"院长说，"与你一起奋斗的还有全国好几个省市六十多家科研单位五百多名科研人员……"

于是院长细细讲了起来。

院长说，搞中医药的都知道，一种药物的研创，要经历从选题立项到确立技术路线，从药材选取到提取化合物，从药理、毒理到临床研究的漫长过程。这么一个庞大的系统工程，没有多方面的协同工作怎么能完成？

更何况，这个"523"任务又碰到"文革"这个时期，情况特殊，靠一个单位一个人根本行不通，只能举全国科技之力大协作来搞这样一个科研项目。

早在1964年，军方根据毛主席指示和周总理部署，先行一步，总后勤部下达命令，指示军事医学科学院和第二军医大学两单位，还有广州、昆明和南京军区军事医学研究所，为了这个紧急援外战备任务，迅速展开工作，具体任务有三个，一是研制抗药性疟疾药物，二是抗药性疟疾的长效预防药，三是驱蚊剂。

从那时起，抗疟药物研究就开始了。

1966年5月到7月，军事医学科学院为摸清底子，派了一大批人员到越南前线，调查援越部队的卫生情况。最终查明在越南境内，越南人民军主要疾病就是疟疾，越南人民军和美军第一师最高峰发病率都是百分之百。

为什么突然出现这么高的疟疾发病率？

因为疟原虫突然出现了抗药性，原来的有效药物一下子不管用了，美越两方都在努力，紧急研制抗药性恶性疟疾防治的药物，尽快扭转各自的战争局面。

既然这任务紧迫又艰巨，还有毛主席指示，如果只靠军队的科研力量短期内完成任务难度大的话，就组织国内更多的科研力量参与，才有可能更好地完成这一紧急援外战备任务。

于是，军民大协作就来了。

中国人民解放军军事医学科学院起草了三年研究规划草案，经过酝酿讨论和领导审定，由中国人民解放军总后勤部商请国家科委，会同国家卫生部、化工部、国防科工委和中国科学院、医药工业总公司，组织所属的科研、医疗、教学、制药等单位，在统一计划下分工合作，共同承担此项任务。

1967年5月23日，国家科委与总后勤部在北京饭店召开第一次"疟疾防治药物研究工作协作会议"，中央有关部委、军队总部直属和有关省市区领导及所属单位三十七家单位八十八个代表参加会议。就是在这次会议上，确定以开会日期为保密代号，简称为"523"任务，在军事医学科学院设立了专门机构——"523"办公室。

由此，全国军民大协作进行抗疟新药研究拉开了序幕。

山东省中药研究所、云南省药物研究所、中国科学院生物物理所、中国科学院上海有机所、广州中医药大学、上海药物所、军事医学科学院等，全国八个省市的六十多个科研单位五百余位专家组成的疟疾防治药物研究团队一起行动。

拿云南举个例子。云南的协作盛况空前，昆明军区后勤卫生部、省卫生厅、省科委等部队地方共有三十多个科研机构参加，直接参与人员前后约三百二十人，全省涉及十六个地州的三十多个县，一千四百多个生产队，收集民间抗疟疾中药单方、验方四千三百个。

全国集团军式的"抗疟"战斗无声无息地展开了。

后来，屠呦呦这样说——

可能有很多人因为诺贝尔奖而记住了我，而没有机会深入了解"523"研究团队，这是由山东省中药研究所、云南省药物研究所、中国科学院生物物理所、中国科学院上海有机所、广州中医药大学、上海药物所、军事医学科学院等几十个单位的五百余位专家组成的疟疾防治药物研究团队。试想，没有中国特色社会主义制度的优越性和集中力量办大事的举国体制，又怎么能组织这么多的专家，在这么短的时间内发现青蒿素并取得药物研发成功呢？这是当时发达国家都不能解决的难题。

有人说，搞一个新药用得着这么多单位，这么多人吗？
当然，缺一不可！

正如原全国"523"领导小组办公室副主任张剑方说:"从传统医药中,用现代的科技手段研制成功一种新结构类型的新药,发明证书上的六个单位中,无论是哪一个单位,以当时的人才、设备、资金、理论知识和技术,都不可能独立完成。"

讲完"国家行动",院长又讲了一些"无名英雄"的故事。

他说,研究疟疾传染情况就得研究"雷氏按蚊","523"办公室就把"雷氏按蚊"的饲养与繁殖任务分给了上海的科研单位。在国际上,按蚊的交配繁殖,要求具备恒温恒湿的椭圆形饲养室等一些较高的科研条件,但国内科研人员在狭小、闷热的饲养室里工作,条件非常艰苦,达不到这一要求。

为了满足实验需要,我们的战士就长期伸出自己的双手供蚊子吮吸,成功地培育出了实验用蚊,而在上海第二制药厂研制某种气味驱避剂时,需要开展模拟实用观察,有二十六位解放军战士自愿参加,他们在双脚踝部和枪带上固定驱避剂后,每天晚上伏卧于蚊虫密集的河滩草地中,统计被蚊虫的叮咬次数,以验证驱蚊效果。

院长说,我们现在搞科研很苦,参与研究的人员出了力,流了汗,献出了智慧,在当时大协作的背景下没在任何地方留下他们的名字。他们对科研的这份执着和热情,只有一个朴素的想法——这是国家的需要。

院长说到这里,屠呦呦感到十分震惊,原来有这么多个单位和科学工作者在寻找抗疟新药,甚至在为抗疟新药而"献身"。

"院长一讲我明白了,人不在多少,就是一个人也一定好好干。"

院长说:"你不是孤军奋战吧?"

屠呦呦点点头。

"我跟那些无名英雄相比还差得很远,我要向解放军学习。"

院长话锋一转说:"可是到目前为止,咱们一无所获。"他说,"523"任务下达的时候,研究人员就奔着灭蚊子、制新药和针灸等几个方面使了两年劲儿,却没什么成果。后来全国六十多个单位参加,直接干这事的有五六百人，把中医药老祖宗留下来的瓶瓶罐罐翻了个底朝天，筛选中草药上万种，检验了无数的中草药治疗疟疾的成方、单方、验方、秘方，成果汇编摞在一起能有几尺厚，花掉了以亿元计算的人民币，花费大量的人力、物力，研究的结果并不理想，一无所获。

美国也是颗粒无收。为解决这一难题，他们还专门成立了疟疾委员会，大量增加研究经费，组织了几十个单位参加，美国华尔特里德陆军研究院筛选了几十万种化合物，也没有找到理想的抗疟药。

后来回忆这件事时，屠呦呦说——

当时抗疟药都产生了耐药性，不能用，效果不好了。所以在全世界是一个重大课题，必须要有新的抗疟新药，来解决老的抗药性的问题。这时候确实，国内外做了大量的工作，都没有得到满意的结果，抗疟药的研究就成了一项世界级重大研究课题。

当时，院长对屠呦呦说："在这种情况下，有个军代表提了个建议，说不如添点人，让更专业的人加入进来。也算'523'办公室有眼光，我们中药研究所就参加了这个项目。这不，任务落到中药研究所，我们的屠呦呦同志就一个人担起了这副重担。"

中药研究所领导说："屠呦呦同志，我们在吃不饱、穿不暖的当时，耗费了大量的人力、物力，都付之东流，我们大家和他们参与者一样，深感不安……"

院长鼓励说："是啊，美国设备先进，还拿出来四五亿美元搞抗疟药物，而我们设备简陋，没有钱，你现在与世界上一流的团队站在了同一条起跑线上，你有信心吗？"

屠呦呦没说话。

院长又说："虽然现在是你一个人，但越在艰难的时候，你越要坚持。"

屠呦呦终于说话了。

"作为大协作项目中的一员，我感到自豪。请领导们相信我，哪怕就我一个人，也要搞出个名堂来。"

院长和所长都露出了欣慰的笑容。

这就叫大善不群，何惧孤独！

治疟良方何处觅？

2015年，当屠呦呦站上诺贝尔奖演讲台的时候，回想当初接受任务时的情景，依然激动不已："有机会接受如此重任，我体会到了国家对我的信任，深感责任重大，任务艰巨。我决心不辱使命，努力拼搏，尽全力完成任务。"

完成寻找抗疟新药任务，挽救疫区生命，成了她奋斗一生的理想。正如苏格拉底说："世界上最快乐的事，莫过于为理想而奋斗。"从那以后，中医研究院中药研究所内，多了一个大量翻阅历代医籍、认真走访老中医，甚至连一封群众来信都要仔细阅读的忙碌身影。

于是，她向中药研究所领导再一次提出自己的思路，从掌握古今中外有关疟疾问题的情况入手。

"重新埋下头去，看医书！"

她相信北宋真宗皇帝赵恒说的话——书中自有黄金屋，书中自有颜如玉。书不是万能药，却可以启迪智慧和心灵，所以书中什么都有，在书的启迪下，能让一个在泥淖中摸索前行的人站立起来。

读书虽然苦，但那是你通向世界的路，那些苦会变成你飞向远方的翅膀。

屠呦呦就从读书开始，从神农氏《黄帝内经》、张仲景《伤寒杂病论》，到孙思邈的《千金方》、葛洪《肘后备急方》、元丹贡布《太平圣惠方》、李时珍《本草纲目》、孟英《温热经纬》、薛生白《湿热条辨》、王清任《古今图书集成医部全录》，等等。读书，厚厚的一摞摞医书又一次摆在她的身边，有的书被翻皱了，有的书翻得书角都卷了起来。

也有读烦的时候，这时候她就学鲁迅，每当晚上寒冷、读书难耐，她就摘下一颗辣椒，放在嘴里嚼着，辣得额头直冒汗，但她坚持用这种办法驱寒，坚持读书。

书中，先辈们向她揭示了植物、动物甚至矿产等自然资源与人类健康的关系和秘密，凝聚了中国人几千年来防病治病和养生保健的智慧，她把这些医学典籍的药方，变成一块块的石头，然后建造起自己的殿堂。踏着这个殿堂，走到医学的高峰。

她首先要弄清楚——疟疾是怎样传播的？

疟疾在世界各地流行两千年了，人们把疟疾与沼泽、湿热联系在一起，那么引发疟疾的原因是什么？怎样传播的？

有人说，疟疾是由于沼泽的水被污染引起的。前辈科学家就做实验，让人舀了沼泽地里的污水直接喝下，结果喝污水的人并没感染疟疾。这个假设被否定了。

后来发现，疟原虫是疟疾的"凶手"。

科学家发现了一个奇怪的现象，在疟疾发病区，只要抽干沼泽地里的水，这个地区患疟疾的人就会大大减少，甚至消失了。——这是怎么回事？疟原虫与沼泽地里的水有什么关系？一位意大利科学家就观察这个现象，观察了好久好久，提出了一个新假设——蚊子传播了疟疾。按照假设，既然疟疾是蚊子传播的，蚊子又是在水中繁殖的，如果抽干了沼泽地里的水就可以消灭蚊子，消灭了蚊子就可以消灭疟疾了。

又过了若干年，一位英国医生设计了一个巧妙的实验来验证这个假设，他让蚊子去叮咬体内有疟原虫的麻雀，再解剖这个蚊子，发现在蚊子的唾液腺里有大量的疟原虫，蚊子在叮咬人类时，就把疟原虫传染给人类，人类就得疟疾了。

这样，人类终于弄明白了人体患疟疾的原因。

说白了是这样：当一只"按蚊"叮咬受疟疾感染的病人时，它吸入体内的少量血液里，就会携带疟原虫——这是一种寄生虫，疟原虫在蚊子、在人体内有一个繁殖过程，以产生大量具感染能力的疟原虫并进入蚊子的唾液腺。大约一周以后，当这只携带疟原虫的蚊子再找到下一个目标，再次享受血液大餐时，它也会悄悄地把疟原虫送入人体体内，导致疾病传染。

弄明白这个原因的是三个人，两个获得了诺贝尔奖，其中英国热带医学先驱帕特里克·曼森没获奖，但屠呦呦佩服他。

这个人从阿伯丁大学获得了医学学位后，1871年移居香港，成了中国一个传教士医院的院长。他曾长期在中国台湾、厦门和香港研究热带病，是香港中文大学医学院的创立者，1903年被授予爵位。他的精湛医术和胆识赢得了中国人的尊重和信任。当地老百姓称他为"抓蚊子的大夫"。1889年，他回到了英国，协助创办了伦敦热带医学院，被西方医学界尊称为"热带医学之父"。

他有一句名言："先生们，当你们中的每一个想到自己本来可以拯救人的生命，仅仅是因为缺乏基本的热带医学知识却救不了他们，这时，就应该感到无地自容……"

这个英国医生的话，时刻给她敲响警钟。

既然疟疾是蚊子传播的，那就消灭蚊子，只要把传播渠道隔断，就不会传播，不传播就不会有疟疾了。

于是，人们出于对疟疾的同仇敌忾，发动老百姓，大规模使用杀虫剂，如滴滴涕、六六粉一齐上，展开药物喷洒，打一场轰轰烈烈的消灭蚊虫的人民战争，一旦把蚊虫消灭，就不需用药，彻底解决了疟疾问题。

滴滴涕，1939年瑞士化学家保罗·赫尔曼·穆勒发现的，能杀灭多种害虫。第二次世界大战期间，以喷雾方式用于对抗疟疾等虫子传染的疾病，大显神威，不但救了很多生命，而且给谷物喷洒，产量双倍增长，所以人们将滴滴涕与青霉素、原子弹并列，它们被誉为"第二次世界大战时期的三大发明"。穆勒也因此获得了1948年的诺贝尔生理学或医学奖。

不过这种抗疟方法很快被否决了。

首先是美国紧急叫停。

因为使用大量滴滴涕、六六粉之后，他们的国土上是这样一幅景象：

鸟类大批死亡，侥幸存活下来的几只鸟儿可怜地守着窝，但是它们生下的蛋再也孵不出小鸟来。春天来了，花儿开了，却没有蜜蜂来采蜜，没有蜜蜂传播花粉，树上再也结不出像样的果实。而与此相反的是，大量害虫十分猖獗，粮食和果树都啃光了。人类也处在饥饿与疾病的折磨之中。大量药物残留在水和土中，通过食物链进入人体，而人体又不能通过新陈代谢把它排出体外，积累到一定程度，人就中毒了。

这是噩梦吗？不是。它实实在在就发生在我们生存的地球上，这是滴滴涕、六六粉等杀虫剂给人类带来的巨大灾难。人们原以为蚊子和其他害虫从此可以得到彻底解决，不幸的是害虫在沉寂了一段时间之后，对滴滴涕等杀虫剂产生了抗药性，反而变本加厉地危害农作物。

而这时，蚊子以及其他害虫的天敌却已被大量地消灭了。这些杀虫剂在药效骤减的同时，对环境造成了严重的污染，对人会造成慢性中毒。

很明确，靠杀死蚊子的办法解决不了疟疾问题。而且，人类能消灭蚊子吗？

不能。

如果有一种昆虫能让人类恨之入骨，欲除之而后快，那就是蚊子。然而蚊子在地球上生存四千万年了，至今也没有消灭。期间不知有过多少次"人蚊大战"，人类仍然处于下风，也许有一天人类会一劳永逸地结束这场大战，最终战胜蚊子，但今天还没有。

人类何时才能消灭蚊子？没有答案。尽管人类很强大，但彻底灭绝它，目前做不到。

那就要靠治疗了。

在中国，还没有中医之前就有疟疾了，因此中医从一开始就涉及了疟疾。《黄帝内经》详细论述了疟疾的发病原因、分类、症状、治疗方法等，不过当时治疗疟疾的方法以针灸为主。

成书于春秋战国时期的《黄帝内经素问》中就有《疟论》《刺疟论》等专篇。汉代神农氏的《神农本草经》记载用常山治疟疾。张仲景的《伤寒杂病论》也有关于疟疾治疗的方剂，如"疟多寒者名曰牝疟，蜀漆散主之"，蜀漆是常山的叶；又如"故使如疟状，发作有时，小柴胡汤主之"；等等。

东晋葛洪的《肘后备急方》治疗寒热疟疾的方子有四十多首方剂，其中青蒿、雄黄也列在其中，含有常山方子的就有十四首之多，说明东晋时期治疗疟疾就积累了相当丰富的经验。

随后的中国医学典籍中更有许多关于疟疾的论述，收载有大量治疗疟疾的方药，如宋代的《丹溪心法》就有"截疟青蒿丸"的记载；明代《普济方》治疗疟疾的方子有四卷之多，收录的方剂有好几百种；李时珍的《本草纲目》也列出了好几百种治疗疟疾的药物和方剂。

这些方药中，有相当一部分是有切实疗效的，如大多数书中推荐的常山，有许多治愈案例，而且采用炮制、配伍等手段克服常山的催吐作用，青蒿、甘草、雄黄等也都在推荐之列。

这些药物治疗疟疾已经有上千年的历史了，为抗疟药研究提供了宝贵经验和线索。

在外国治疗疟疾也有一套。

罗马名医盖伦，也是古代欧洲最后一位医学大师，他根据"四体液说"，提出疟疾是体液不平衡所导致的，采用放血和催泻疗法就能治好，但疟疾本身就会导致贫血，简单粗暴地放血只会让病人死得更快。以前欧洲治疗疟疾就是用泻药清肠、节食和放血。17世纪发现了金鸡纳树皮，才有了特效药。

说到这个金鸡纳，有一个流传很广的故事，说的是生活在另外半个地球上的南美印第安人，有很灵的办法对付疟疾。他们用一种树皮煮水喝下去，常常是药到病除。因为这种树被称作拯救印第安人的"生命树"，所以他们订有一条禁规：谁也不准向外泄露这个秘密，否则就把他当众砍死。

不过那是在三百多年前，美洲大陆已经在开发，去美洲谋生的人一天天增多。大约在1639年，有一位西班牙驻秘鲁总督伯爵带着他的夫人也去了南美洲，不幸的是，没过多久，他的妻子得了一种"怪病"，发病

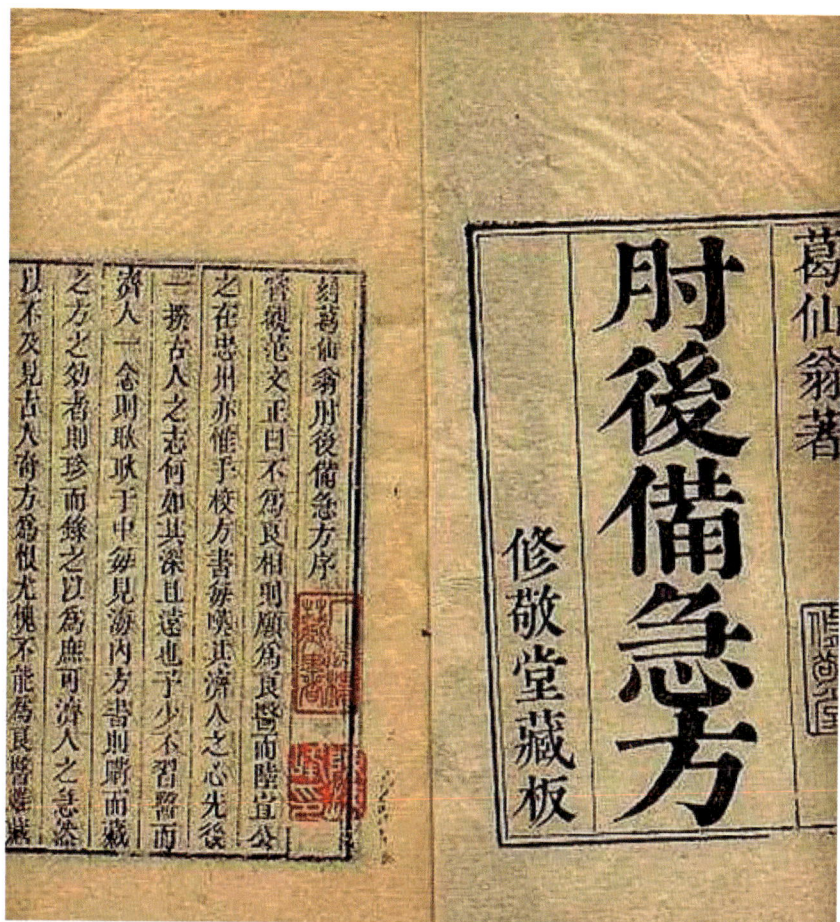

东晋葛洪的《肘后备急方》

时，一会儿热得要命，发高烧说胡话，神志不清；一会儿又冷得要命，浑身发抖，即使盖上几床被子也无济于事。伯爵请来了好多白人医生给妻子治病，这些医生个个束手无策，甚至弄不清楚这是什么病。妻子的病把伯爵急得团团转，却想不出任何办法。

就在伯爵夫人生命垂危的时候，有一位叫卓玛的印第安姑娘给她送来了树皮，对伯爵说快回去煮水给夫人喝。树皮能治病？伯爵想起来了，当地印第安人有个习惯，没事的时候总在嘴里嚼一种树皮，这件事引起了伯爵的思考。当地为什么没人得夫人这种病呢？会不会和经常嚼这种树皮有关系呢？难道树皮能治病？他想不管行不行，试一试再说。

他把卓玛给她的树皮带回家，熬成汤，让妻子喝了下去。几天过去了，妻子的病竟然奇迹般地好了。卓玛把这个秘密偷偷地告诉了夫人。从此夫人与那位姑娘结下了深厚的情谊。而卓玛因为泄密，被印第安长老知道了，点起火堆准备活活烧死她。伯爵夫人知道后立即赶赴刑场，搭救了卓玛。后来伯爵回国，便小心地把这种树皮带回了西班牙。这个秘密逐渐传开，凡是去南美洲的人都把这种树皮当作珍宝带回欧洲。

经学者考证，这个故事纯属虚构，实际上金鸡纳霜是由传教士带回欧洲的，但无论怎样，欧洲人第一次获得了有效治疗疟疾的药物，这事千真万确。

但印第安人嚼的这种金鸡纳树的树皮，可以预防和医治疟疾却是真的。于是金鸡纳引起了科学家的重视。

19世纪初，瑞典化学家纳尤斯最先研究，这种树皮为什么能治疗疟疾？原来这种树的根、茎和皮都含有一种叫作喹啉的东西，植物学家根据植物的分类，把这种树叫作"鸡纳树"，化学家发现鸡纳树内含有二十五种以上的碱，最重要的碱有两种，一种是辛可宁碱，另一种就是金鸡纳碱，两种碱都类似于喹啉。

真正研制出抗疟有效药，过程曲折。

尽管当时美国科学技术世界领先，但没有合成金鸡纳碱这种喹啉类化合物，是德国化学家推导出奎宁的化学结构式，完成了金鸡纳碱的全合成。后来，一个法国医生从金鸡纳树皮中分离出抗疟成分的奎宁单体，19世纪末由欧洲传入中国，被称为"金鸡纳霜"，在当时是非常罕见的药物。再后来德国化学家人工合成了氯喹，代替了奎宁。

奎宁与氯喹，一度成为普遍应用的抗疟特效药。

由此，成千上万的疟疾病人得到救治，疟疾泛滥的局面得到有效控制，一直持续了两百年。

1765年，金鸡纳霜被清代医学家赵学敏收录本草代表作《本草纲目拾遗》中，称为"金鸡勒"："西洋有一种树皮，名金鸡勒，以治疟，一服即愈。"

这个金鸡勒也就是奎宁，曾救过康熙大帝的命。

当时有人从南方疟疾疫区返回北京，就把疟原虫也带回来了，先传给了北京的蚊子，然后蚊子就在北京城里传染疟疾，连住在紫禁城里的皇帝也不放过，皇上得病后在宫中病得一会儿冷一会儿热，当时根本不知道是一种寄生虫病，也不知道是怎么传播的。

皇宫里太医根据《金匮要略》的治疟药方，找个老鳖，拔下鳖盖做鳖甲煎丸，再加上蜀漆、常山、桂枝、柴胡。可是皇上不能当药罐子，得先做实验。那好，宫里不是养着一伙疟疾病人吗？好，先给他们吃，他们治好了再给皇上用。

结果无效。那些疟疾病人一个也不见好转。

于是再找，所有中医书籍中记载的治疟方法全熬汤，做丸，让宫廷犯疟疾的病人试了一遍，结果统统无效。

怎么回事？博大精深的中医是怎么了？

不能怪中医，全世界的医学整了几千年了，没有一个能完全对付疟疾的。于是朝廷张榜招贤，向民间征求良法。

这回两个洋人来了，在京的天主教传教士白晋、张诚奉路易十四之命来华，之前王子服用金鸡纳粉治好了疟疾，因此两个传教士随身带了金鸡纳粉，应召前来献上专治疟疾的灵药。

四位大臣喝了没什么大问题，又在宫中找了三位疟疾病人喝了，都是一剂见效。康熙大帝这才喝，喝了以后疟疾很快就好了，上朝处理天下大事。

令人意想不到的是，两百年后，特效药突然出问题了。

先是副作用越来越大，服用了奎宁后人就浑身发抖、恶心，吃什么吐什么，非常痛苦，要等一两个礼拜才能恢复。

后来，那个疟疾凶手——疟原虫对氯喹产生了强大的抗药性。无论怎么加大剂量，病人体内的疟原虫依然活着。

想想也不奇怪，大约在三千万年前，疟原虫在非洲大陆就有了，传播病毒的蚊子四千万年前也已存在，疟原虫出现的时候还没有人类呢。在疟原虫那里，人类是小字辈，它生命力多么顽强，再经过无数次的变异，让人类防不胜防。

20世纪60年代初，疟疾再次肆虐非洲和东南亚，抗氯喹的恶性疟疾无药可治，疫情又一次蔓延到无法控制的局面。

美国努力了，没有解决问题。

中国也努力了，但行不通。

比如说预防。

1966年，因为紧急需要，军事医学科学院首先把研究方向选择在预防上，早在"523"任务启动前就开始了研究，因为在军事行动中，不得病才能最有效地保证战斗力。他们很快研制出了防疟1号片，吃一次可保证七天不受传染，后来又研制了防疟2号片、3号片，预防效果能够达到一个月。虽然不能治疟疾，却能解决作战军队的燃眉之急。在越南战争期间，中国先后为越南提供了一百多吨疟疾预防药的原料药，起到了巨大的作用。

但这种药毕竟只能预防，而且只有短期效果，如果在大规模现场应用时，有漏报或拒服情况就会影响服药预防效果，后果很严重。

这不是解决问题的根本办法。

再譬如说针灸。

承担针灸治疗疟疾研究的是广东中医药专科学校，也就是现在的广州中医药大学，由教师李国桥带领科研小组开展研究。

李国桥出身中医世家，又是科班毕业，用针灸治疟疾却是全新的方式，以前没尝试过。针灸疗法属于临床，他就亲自到疟疾多发的疫区去了。1968年底，他去了云南梁河县一个小山寨，寨子里只有二十户人家，户户都有疟疾病人，整个寨子一个月里就死了八个病人。当他走进一户人家破败的木屋的时候，他的心被深深刺痛了。一对感染疟疾的母女，蜷缩着身子躺在床上，骨瘦如柴，只剩下一口气。随同去的当地人说，这个家原先还有一对父子，几天前因为感染疟疾去世了，现在只剩下母女两人。在李国桥为寨子里的病人治疗的过程中，还是不断地有人死去。疟原虫有抗药性了，治疟药物不是对每个人都有效，而针灸是不是产生了效果，很难明确。

针灸到底有没有效果？

李国桥决定"以身试法"。

他从病人身上采血，注入自己的体内，让自己主动感染恶性疟疾，几天后病来如山倒，高热、发冷轮番袭来，他的症状甚至比当地人还要严重。但他坚持不服用药物，而是让同事用针灸治疗。四天过去，没有任何效果。

李国桥这才开始服用氯喹，可是疟原虫已经具备了抗药性，没有人敢保证氯喹还能产生作用。

幸运的是，十一天后李国桥痊愈了。病中的李国桥坚持记录感染数据，寻找疟原虫发育规律。这次用自己生命作赌注的冒险，虽然没有找到针灸治疗疟疾的方法，但留下了宝贵的实验记录，为此后治疟药物临床实验的开展奠定了基础。

世界卫生组织编著的《疟疾学》，就记录着他和同事们亲身实验的数据和研究结论。经过无数次实验之后，李国桥最终做出了结论：针灸对治疗疟疾难以达到良好效果。

用针灸治疗疟疾的设想很快被实践否定了。

尽管李国桥针灸治疗疟疾的探索终止，中国中医研究院针灸研究所退出了"523"任务，但李国桥"以身试法"的献身精神又一次震撼了屠呦呦。作为一个科学家，就要有他这种不畏艰险、不怕牺牲、勇于探索的英雄气概。

针灸研究所退出了，中药研究所又跟进了，接替他们治疟研究的正是由屠呦呦任组长的中药抗疟药物研究课题组。

西方研制的特效药失效了，美国研究新药没有成功，中国针灸也已终止，那么中医药能不能找到抗疟新药？

屠呦呦也感受到了巨大的压力，但是一种"舍我其谁"的豪迈气概一直鼓励着她勇往直前。

苦苦学医十几年也许就是为了今天，听从国家的召唤，解决世界难题。她暗暗下定决心闯荡一番，当然不再是瞎闯，这十几年的苦读医书、苦炼炮制、走访老中医，有了一些基础，闯对了，也许就能闯出一片新天地。

从1969年1月起，好像有一种什么样的精神在驱使，屠呦呦一下子忙了起来。

中药研究所内突然出现一个疯狂翻书、大量走访，连一封封群众来信都一定要打开看看的忙碌身影。这个忙碌的身影目标很明确，那就是——抗疟方药。

她仍然首先从中医典籍中寻找方药，也就是中医药方中用的药。她坚信，在那些发黄、发脆的古籍医书中一定会有精华，说不定就藏着治疗疟疾的秘方，努力在发掘上狠下功夫，一定会有收获。凭借熟悉中西医两门知识的基本功，她决定先从本草研究入手，开始广泛收集、整理历代医籍。凡是与治疗疟疾有关的方药，她都一一记在自己的笔记本上，日积月累，记录了厚厚的一摞笔记本。

再就是四处寻医问药，她骑着自行车走街串巷满北京城跑，甚至跑到郊外农村赤脚医生那里去寻找民间秘方。她相信这些赤脚医生人群中也会藏龙卧虎，就像宁波药行街上老中医那样各有所长，甚至可能发现祖传秘方。

在城内，她跑同仁堂、鹤年堂、千芝堂、永安堂、长春堂、百草药店、积善堂等老药铺，尽管它们都国有化了，名字改成了制药公司或制药厂，但毕竟还是老牌子，都有各自的治疟良方，也许会启发她找到抗疟的突破口。

还有，民间药方，寻找抗疟新药是毛主席批的，所以全国"523"办公室很有权威，下发文件说收集民间治疟方药上报，全国各地尤其是南方省份毫不含糊，一个个药方满怀对领袖的深厚感情"飞"往北京，"飞"到中药研究所。屠呦呦就从这些各有特点的药方中寻找，不厌其烦，对有用的方子一一收集，记录在案。

跑了三个月，一百多天的时间，她收集了包括内服、外用，植物药、动物药、矿物药在内的两千多个方药，其中就包括青蒿，在此基础上又花了三个月时间，精选编辑了较为可信的六百四十个方药的《抗疟方药集》，以"中研院革委会业务组"的名义油印成册，1969 年 4 月送交全国"523"办公室，并紧急转送七个省市，让更多的科学家借助古方进一步参考研究。

对这个过程，她后来回忆——

> 中西医知识的积累让我意识到，必须从古代文献中寻找解决方案。我开始系统整理古方。从中医药医学本草、地方药志，到中医研究院建院以来的人民来信，采访老大夫，等等，不放过任何一个机会。花了半年时间，最后做了两千多张卡片，编出六百四十多种抗疟方药，作为我的基本功，考虑从中找到新药。

这本油印的《抗疟方药集》后来成了屠呦呦的珍品医书《疟疾单秘验方集》。出书的目的是给研究消灭疟疾的有关兄弟单位提供研究资料，将十几年来收集的各地单秘验方及人民来信献方初步整理，汇编成册，以供参考。

No.1

0000002

****
*　　　　　　　　 *
*　疟疾单秘验方集　*
*　　　　　　　　 *
****

内部参考资料

一九六九年四月

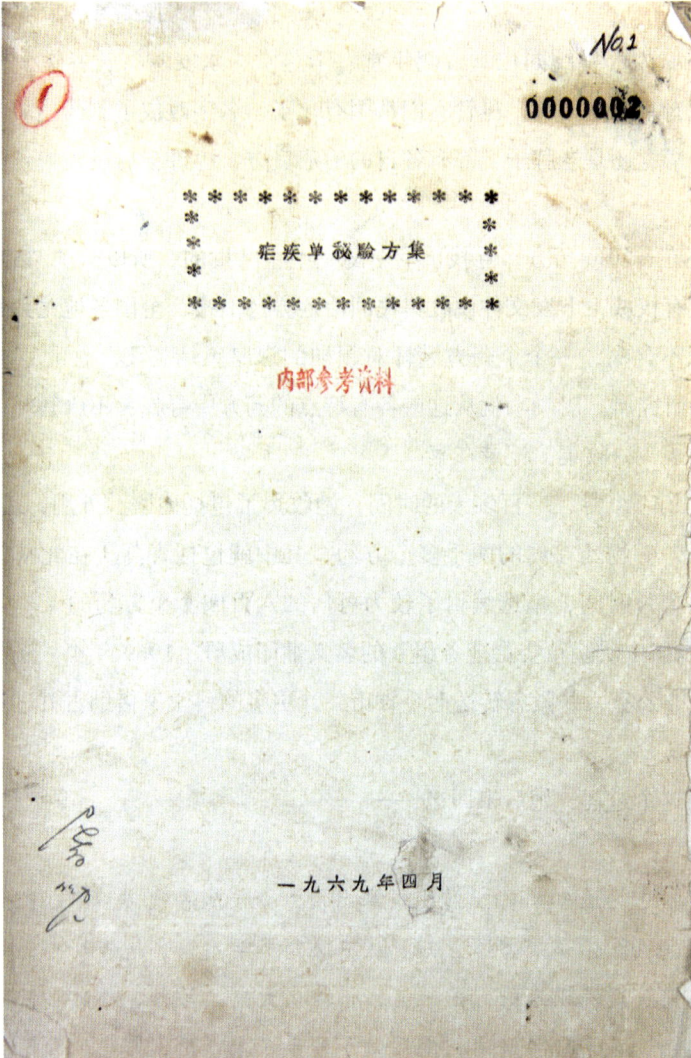

屠呦呦的珍品医书《疟疾单秘验方集》

内容包括，从数千方中整理出的六百四十多方，分内服、外用两大类，有植物药（中药及民间药）、动物药、矿物药等。

植物药有地骨皮、甘遂、黄花、菱花、青蒿、马鞭草等；动物药有鼠妇、地龙、蛇蜕、穿山甲、凤凰衣等；矿物药有黄丹、雄黄、硫黄、皂矾、朱砂等。

药方中又一次提到了青蒿。

处方：青蒿素五钱至半斤。用法：捣汁，或水煎服，或研细末，开水兑服。来源：福建、贵州、云南、广西、湖南、江西。

青蒿入药，古已有之，在马王堆三号汉墓出土的两千多年前的中国古医学书《五十二病方》中，详细描述了如何用青蒿来舒缓痔疮，后来的《神农本草经》《补遗雷公炮制便览》《本草纲目》等典籍都有青蒿治病的记载，但青蒿能不能治疗疟疾？

在第一轮药物筛选和实验中，青蒿已经进入屠呦呦的视野，但不是重点关注对象。

她当时研究的重点是配伍解决"常山碱致呕吐"的副作用问题。她选取一些有止呕功效的中药配伍常山碱，在鸽子及猫的呕吐模型上进行药理实验，结果是只对鸽子的呕吐模型有效，对猫呕吐模型无效。

常山也没有成功。

这让屠呦呦很疑惑——到哪里去找治疟良药？她太茫然了。

屠呦呦在找，北京其他研究机构在找，全国都在找，广西、云南等七大省市的医药力量被动员起来，六十多家科研机构、超过五百位科研人员协力攻关，开展了包括中草药在内的抗疟疾药研究，先后筛选化合物及中草药达四万多种，也没有取得理想结果。

后来，屠呦呦和同事们收集了包括青蒿在内的六百多种可能对疟疾治疗有效果的中药药方，对其中两百多种中草药、三百八十多种提取物进行筛查，用老鼠做实验，但没有发现有效结果。

就是说，三百八十次都失败了。

治疟良方，你在哪里？

她告诫自己不能气馁，不能后退，也许实现梦想就在下一步。

于是她从一些疟疾单秘验方集中筛选了一些药物，比如，用胡椒和生姜片共捣为泥，在大椎穴位拔火罐；又如把原粒胡椒研成碎末，放在胶布中央，贴大椎穴；等等；这些方式都有抗疟效果。于是，她开始集中于对胡椒的研究，通过不同的水煎、醇提等多种方式提纯，在实验室里度过了一个又一个的黑夜和白天，重复着一个又一个单调的实验。

寻找犹如大海捞针，茫无头绪，但她一直坚持，有时累得恶心呕吐，头昏脑涨的，同事劝她休息几天，她哪能休息呢？越南的炮火在催促着她，伤病员的眼神在乞求着她，怎能停下手中的工作呢？她吃下一把药，又走出家门，开始了失败后的重新筛选。冬战"三九"，夏战"三伏"，有时累得吃不下饭，四肢无力，连走回十步之遥的宿舍的力气都没有了。

1969年5月起，她开始制备中药水提取物、乙醇提取物送军事医学科学院进行抗疟药筛选，截至6月底送样品五十多个。

有一天，她的眼前突然一亮，在五十多种中药中，一种非常常见的药物进入她的视野，还是胡椒。

尽管当时科研条件有限，但科学家对于分离中药材的化学成分还是有一套成熟的办法，大致三步：第一步溶剂泡；第二步把粗液里的酸性或者碱性成分去掉得到有效成分；要是还得不到，那就采用第三步色谱分离。对于谙熟中药炮制手艺的屠呦呦来说，已十分熟练。

用这一方法，终于在胡椒中提取了"胡椒酮"，经测试，胡椒提取物"胡椒酮"对鼠疟模型疟原虫抑制率达到了百分之八十四。

这个抑制率比青蒿素还高出一点。

这个结果令人兴奋。

于是她的注意力都集中在了胡椒上，这种生长于荫蔽的树林中，老百姓还可以拿它当佐料的植物，如果它能制成抗疟新药，那该是多么巨大的成功！

随即，她向中药研究所打报告，将这一数据提报"523"办公室。那时候没有想到事后的什么名誉、专利、知识产权的事，都是革命工作，只要对革命有利就毫无保留地奉献给社会。

上报之后会是什么情况？屠呦呦等待着。

很快就有了结果。1969年7月的一天，中药研究所所长找她谈话了："向你祝贺！'523'办公室领导说，我们提报的成果很有希望。"

听到这个喜讯，屠呦呦反而有些腼腆了。

"谢谢领导的认可。"

所长说："'523'办公室指示，你带着胡椒项目到海南疫区现场做临床实验，去三个人，不光有胡椒，还有上半年筛选的辣椒加明矾，对鼠疟抑制率也挺高，一块儿带过去做临床观察。"

"好嘞。"屠呦呦很高兴，因为这是领导对她工作的一次肯定。不过眼看找到抗疟药物大有希望，总觉得一个人势单力薄，何不趁此机会向领导要人？

"去海南我坚决服从，但我有个要求。"

"说说看。"

屠呦呦说："前线在等着我们的药，既然这个胡椒有希望，我们就要尽快实验，我知道我不是一个人在孤军奋战，但孤掌难鸣，我再次向所长要人，共同参与。"

所长一下子严肃起来："屠呦呦同志，大家公认你是一个有责任心，有能力的人，你不要有点成绩就骄傲，就向组织提要求……"

屠呦呦说："这个要求不过分啊。"

当时政治形势没有改变，所以所长依旧说："咱们所里的情况你不是不知道，老的靠边站了——"

"我要钟裕蓉，她年轻。"屠呦呦接着说，"就是那个刚来四五年，四川大学生物系的，好像65级学生，她很优秀，我要她当助手。"屠呦呦直

1996年，屠呦呦指导助手做实验

截了当。

"不行。"所长一口回绝了，"她还在参加另外一个中暑药物研究，也是国防项目……"

屠呦呦也执拗起来，固执地说："我就要她，不给不行，不给我完不成任务……"

"你别想了。"所长说，"我已经说过，人家那也是国防项目。"

屠呦呦的普通话带着淡淡的宁波口音，宁波口音的特点就是硬气，铁骨铮铮的，说起来像吵架，毫不软弱折弯。

她硬气地说："当初您让我接任务的时候说得很清楚，这是毛主席定的，周总理亲自部署的，这是政治任务……"

所长突然哈哈大笑了："哦，你在这儿等着我呢。好吧，从明天开始，钟裕蓉就是你的助手了。"

屠呦呦自然带笑的眼睛突然明亮了。

"谢谢领导。"

没想到所长又对屠呦呦说："屠组长你听好了，我再给你增添几员大将，崔淑莲、倪慕云，也到你的课题组，听你指挥……"

这回屠呦呦惊讶地睁大了眼睛。

就这样，抗疟药物课题组成了一个小团体。后来钟裕蓉回忆，那时她很年轻，能被屠呦呦邀请到课题组，参加抗疟项目，投身到这个全国很多科研机构都在的"523"任务洪流中，她感到非常荣幸。

在此之前，屠呦呦已经默默独行了很久。

此后，课题组的钟裕蓉、崔淑莲、倪慕云三人留在中药研究所实验室，寻找抗疟药物。

屠呦呦与郎林福、余亚纲两人带着胡椒去了海南岛。

第七章　家国情怀

在我们那个时候，绝对是事业第一，生活要给事业让路。交给你任务，当时对我们来说，就努力工作，把国家任务完成。只要有任务，孩子一扔，就走了。在我们看来，为国家做出这点牺牲不算什么。

——屠呦呦如是说

带着胡椒面，奔赴海南岛

在去海南的前一天，她给父亲、母亲写了一封动情的信：

阿爸、阿妈，你们好，我很想你们两位老人，也很想小女儿李军。我自小身体多病，你们把我养大很不容易，把我养大了还要养我的女儿，小女儿李军不懂事，吃饭、睡觉、安全，都会让你们操心，真是对不起了。等我忙完了，一定好好陪着你们，报答你们。阿爸、阿妈，你们辛苦了。现在，我发现了一种药物很有希望，要去海南做临床试验，如果允许的话，实验结束后我在回北京前就去宁波看你们，看看小李军。我快一年没见小军了，很想她，她大概不认识我了吧？上次阿爸来信说，她开始学说话了，阿妈让她说的第一句话，就是——妈妈……妈妈，我的阿妈，谢谢你们！

信寄出去了，随后她也出发了。

1969年5月，屠呦呦带着胡椒从北京坐火车出发，下了火车又坐船，经过几天几夜来到了海南岛。

海南是个寂静的地方，三人有一种"仗剑远游"的感觉。因为海南是防治疟疾的主战场，它地处热带，当时是全国疟疾流行严重的地区之一，也是历史上有名的"瘴疠之地"。

唐朝杨炎一首《流崖州至鬼门关作》，现在读来仍能感受到古代贬官谪臣对于海南这片"瘴疠之地"的恐惧。

> 一去一万里，千知千不还。
> 崖州何处在，生度鬼门关。

到海南后，广东省设在海南的"523"办公室专门派出一名海南当地医生向屠呦呦介绍海南疟疾病害情况。

海南医生说，在国家抗疟之前，海南岛传染疟疾的凶手是家栖嗜吸人血的微小按蚊，这种按蚊有三十七种，遍布整个海南岛，以致疟疾盛行千年，高峰不退。在高疟区，即使白天，在一间房内平均一个人一小时就能抓七十六只蚊子，由此可知海南岛疟疾传播条件的复杂性和疟疾流行的严重性。

这种按蚊是一种野栖蚊子，生长在岛上山麓丛林中的草丛、灌木丛，也有在竹林。当地医生说，它在人住的房子里，吸血后就飞走了，在太阳落山后一小时左右吧，它们埋伏在房子四周树丛中栖息，到了晚上九点就一只只进入房子，半夜后是高峰，但吸血时间很短，吃饱了它们就飞走了。蚊子吸了疟原虫携带者的血以后，再吸别人的血，就感染了。

所以海南的疟疾一直流行不断。

单是1955年这一年，海南疟疾发病人数就达二十八万多例，不用说就是全国第一位。在党和政府领导下，经历了调查研究、重点防治、大规模抗疟、试点防治等阶段，通过对高疟区居民实行"全民服药"，有疟史者集体服药，让乡镇卫生院和村卫生所采取所有必要措施，不断地治疗现症疟疾病人，疟疾发病得到有效控制，流行区大幅减少，高疟区、超高度疟区已不存在，疟疾只在个别市县的偏僻山林区流行。

海南医生说："虽然不在海南大规模流行，但到了夏季，这些偏僻地区疟疾暴发了很可怕，男女老幼很受折磨。"

屠呦呦等三人来海南，主要是开展流行病学调查、危重病例救治以及药物临床观察。临床实验有两个，一个是胡椒，另一个是辣椒加明矾。屠呦呦主要负责胡椒实验。

"我们来得正当时，只有这时候才能准确验证胡椒对治疗疟疾的临床效果如何。"

海南医生问他们要到哪些地方。

屠呦呦说："就去偏远的高发区，热带丛林的那些村子，去走访病人，让胡椒检验不同年龄的病人……"

"没问题，我们可以找老乡带我们一起去。"海南医生说，"不过对内地人来说，到海南，特别是到热带雨林是个考验。我们在城市感觉不到，到了偏远地区才能感觉到自然条件有多么恶劣，生活条件有多么艰苦。你们可要吃苦耐劳、不怕困难哦。"

"有那么多困难吗？"

"别说你们从北京来，就算我们海南人到疫区，至少也要过三关，也就是生活关、爬山关、怕蛇关，之后才能工作下去。"

屠呦呦停顿了一会儿说："困难哪里都有，北京有，海南也有，为了做好工作，碰上困难下决心克服吧。"

第二天他们就出发了。海南医生找了一个当地老乡带路，老乡手拿一把镰刀，带着他们翻山越岭，涉水渡河，进入潮湿的热带森林。

进入山区树林草丛，老乡上下打量屠呦呦，看到她没穿高帮鞋，就找了一根草绳，弯下腰，把她的长裤裤脚用绳子扎起来，让她不要把皮肤露在外边。之后，老乡从林子里砍了一根长棍子，让她拿着，屠呦呦问有什么用？

他说用来敲地面，用这根棍子不停地敲，不要太用力，轻轻地敲，脚下的蛇就被吓跑了。

屠呦呦照着做了，还是遇到了蛇。她感觉她的棍子触到了一个软软的东西，弯腰一看，正是一条褐色的蛇！

她大叫一声："妈啊，有蛇——"

老乡抢先一步挡在她身前，然后捂住了她的嘴。见了蛇大声吆喝，犯忌了，吆喝不但吓唬不了蛇，反而会遇上很大的麻烦。何况，这条蛇头是三角形的，又不怕人，是毒蛇，无毒蛇碰上人早就悄悄溜走了。

老乡压低声音说："这是一条毒蛇……别吆喝，别跺脚，别跑……"老乡说着，轻轻扶着她，慢慢倒退着走，悄无声息地离开了。

海南医生说："万一碰上蛇千万别惊慌，不要震动地面，一震动地面，就惊扰着蛇了，那就很麻烦，碰到蛇，你只需倒退着慢慢离开就行了。千万不要跑，要跑就拐着弯儿跑，蛇就撵不上你。"

海南是产蛇的地方，蛇无处不在，防不胜防啊。老乡说："您是医生，也知道被毒蛇咬了很危险，有一种七步蛇，说是走不了七步就倒下了，可见蛇毒作用的快速和致命。"

屠呦呦还是吓出一身冷汗。

进入疫区后，在海南医生和老乡的帮助下，屠呦呦找到一个疫情较为严重的村庄，开始工作，挨家挨户找到一些不同年龄、不同症状的疟疾病人，让他们服用胡椒的提取物来证实实验药物的作用、不良反应等情况，确定实验药物的疗效与安全性。

十几天过去了，实验效果不理想。

她的同事郎林福、余亚纲用辣椒加明矾制备样品，经过这段时间的临床验证和观察，发现效果也不理想。

两种提取物对小白鼠体内的疟原虫的抑制率，虽能达到百分之八十以上，但只能改善症状，不能杀死疟原虫。

也就是说，病人用药后高烧减退，病情有所缓解，但不能从根本上使疟原虫转阴，疟原虫还在。所以不管是胡椒还是辣椒加明矾，都没有给他们带来惊喜。

实验失败了。

他们不甘心，后来又北京—海南这样往返了几次，结果还是一样，没有一点改变。

任务结束后，屠呦呦被广东省"523"办公室授予"五好队员"称号，不过这并不是她想要的结果。

离开海南前，余亚纲说："屠老师，实验没有成功，我们要回北京了。你呢？要不要转道宁波去看看女儿。"

郎林福说："事业我们要，家庭我们也要，这次没有成功，看看孩子也是件快乐的事。"

屠呦呦没吭声。几天前，丈夫李廷钊给她打过一个电话，要她完成海南实验任务，一定抽时间转道宁波去看看小女儿李军。她也答应过："有时间一定去……"

如果实验成功了，也许她会去宁波看看小女儿李军，她真的很想她，在海南的日子做梦都会把她抱在怀里……现在实验没有成功，没有完成国家交给的任务，她感觉对不起组织的信任，没有脸面顾及个人私事。

她说："不啦，我们一起回北京吧。"

"既然到南方来了，就拐个弯儿回去一趟吧。"

"不啦，先回北京做事。"

她放弃了转道宁波的想法，打算直接回北京，但是胡椒治疟效果不好的现实，即使直接回京也让她觉得问心有愧。

离开海南岛前，那位一直陪着他们的海南医生，还有那位老乡听说他们要走，都来告别。

"祝你们一路顺风。"

"欢迎再来海南岛。"

屠呦呦说："我们做出的药物效果不好，有点对不起你们，对不起那些被病害折磨的老乡。"

医生说："我们理解你，你已经尽力了。"

老乡说："我们那里病情那么厉害，你不怕牺牲，排除万难亲自到了我们那里，乡亲们都很感谢你。这次治不好不打紧，还有下一次。听医生说，你连自己的孩子都顾不上，就要回北京给我们研究治病药，我们要给你磕头的。"

老乡说着就要下跪，屠呦呦扶住他说："是我对不住你们，请你回去告诉大家，要相信党和政府，一定会做出有效的药，治好你们的病。"

老乡使劲点头："我们相信。"

"跟大家说明白，在没有药物前，晚上睡觉要用蚊帐防蚊子，想办法灭蚊子，还要告诉大家，夏天、秋天不要在野外露宿，这个习惯不好，人与蚊子接触多了，容易传染。"

老乡向屠呦呦鞠了一躬说："谢谢屠医生，您费心了。"

在回北京的火车上，她又觉得很坦然，毕竟发现一种新药不是一个简单的事情，跌倒了再爬起来，再跌倒，再爬起来，只要坚持就有成功的机会。只是有一点，来了一趟南方没有回家看看父母，看看女儿，有些对不起他们。阿爸、阿妈，又老了多少？小女儿李军又长大了多少？丈夫李廷钊下放劳动，没有自由，他反复嘱咐她一定回宁波看看他们，可是她没有……她不知怎么面对渴望得到女儿消息的丈夫。

回到北京丈夫李廷钊果然问她："咱们的小李军挺好的吧？"

她不会撒谎，只哽咽说了一句："对不起。"

她到单位汇报完了海南之行的情况，回家就给父亲、母亲写信："阿爸、阿妈，我回北京了，在海南的实验没有成功，很惭愧，急着回北京重新实验，就没有去宁波看你们，请你们原谅，也请你们多多保重身体。小李军在你们身边我也放心，在你们的教育下，我相信她已经会说话了，我在北京听到了她叫了一声——妈妈……我很感激你们，谢谢阿爸、阿妈。"

在屠呦呦关注胡椒的同时，参与"523"任务的其他科研人员都在做着巨大的努力，有的发现了常山碱和鹰爪两种中药对抑制疟原虫有效。

因此大家对常山和鹰爪寄予厚望。

常山又名玉叶金花，也叫风骨木，是一种落叶小灌木，其根入药。这种植物在四川、贵州、湖南、湖北都能找到，分布广泛。科研人员从常山中分离出"常山乙碱"，确定为遏制疟原虫的有效物，抑制率最高能达到百分之八十以上。但常山的副作用同样大，药物毒性很强，服用后会造成剧烈呕吐，也不能根治疟原虫。

为了配合常山研究，屠呦呦选取了一些有止呕功能的中药配合常山治疗，但在对动物模型进行药理实验时，发现对鸽子有效，而对猫无效。也就是说，这种副作用一直找不到去除之法，对常山的研究没有取得成功。

至于鹰爪，也不理想。"鹰爪"不是鹰的爪子，而是一种攀缘灌木，也是根部入药，对疟原虫的抑制率与常山相当。尽管这种树形美，花也美，有香味的中药对治疗疟疾有效，但它野生于云南、贵州的丘陵地带，非常稀少，无法大量提取，也不能大面积推广制药。又被迫放弃了。

因此屠呦呦对胡椒依然抱有幻想。

从海南回京后她并不甘心，继续在胡椒上下功夫。为什么胡椒不能消灭疟原虫呢？她在八个月的时间内，又测试了胡椒的其他部位，先后提取一百二十多个样品送到军事医学科学院去测试，实验结果都宣告失败。

屠呦呦发现，胡椒只能抑制疟原虫的裂变繁殖，灭杀效果非常不理想，实验结果证明不如氯喹。

做胡椒实验，依然是失败。

抗疟研究又回到了起点。

梦断心犹在，心在梦犹存

费了九牛二虎之力对胡椒进行研究，但其研究结果对疟原虫的抑杀作用不理想，不得不考虑选择新的药物。

一切都要从头再来。

1970年9月，屠呦呦与余亚纲讨论扩大筛选范围，由余亚纲负责矿物和动物药筛选，屠呦呦负责植物药的筛选。所谓筛选不过就是一个"找"字，找、找、找，找药材、找方子、找方法。失败了，鼓起勇气再出发；再失败，打起精神重新出发。

先生李廷钊偶尔回北京，发现她天天心急火燎的样子，劝她说："宁波有老话，磨刀勿用力，天亮磨到太阳直。科学的事，急不得，你要慢慢来嘛。"

宁波人头脑灵活，敢于第一个吃螃蟹，脾气也大。屠呦呦说："前方战士在倒下呢，这是个政治任务，是毛主席指示的，国家着急，我承担了这个任务，一个失败接着一个失败，我能不着急吗？"

然而，往往事与愿违。

真的急不得。

后来屠呦呦课题组的成员余亚纲梳理抗疟中药，开列了八百零八个中药单子，有乌头、乌梅、鳖甲、青蒿等。军事医学科学院用鼠疟模型筛选了将近一百个药方。此时发现，青蒿提取物有百分之六十到百分之八十的抑制率，但不稳定。

尽管不稳定，但与其他药物比较，青蒿提取物的效果最为突出，从而激发了众多科研单位对青蒿的研究热情。

由于"523"本身任务繁重，有关科研单位无力承担屠呦呦课题组的抗疟活性检测工作，他们中药研究所本身又没有这个条件，当时大家都觉得做不下去了。

抗疟药物研究工作进入低潮。屠呦呦课题组的抗疟药物筛选工作随即下马。

1970年初，屠呦呦因另有任务，研究工作干脆就中断了。后来组员余亚纲因另有其他任务调离"523"抗疟课题组。中药研究所的"523"任务处于停滞状态。

屠呦呦他们对青蒿的研究也不得不停止了。

这对屠呦呦来说是一个不小的打击。

梦断了，梦境还在。

梦境在，魂未断。

屠呦呦没发一声牢骚，也没表现出一点慌张，默默等待着机会的来临。她相信这么大一个国家行动，不可能无疾而终。

转机出现在1971年5月22日。

这一天，全国疟疾防治研究领导小组在广州开了一个座谈会，军地双方有关革委会、军区、警备区以及专业人员代表八十六人参加。中医研究院派了中药研究所的屠呦呦、针灸所的曹庆淑参加了会议。周总理电报指示，"523"项目的领导关系改为由"三部一院"（化工部、卫生部、总后卫生部和科学院）领导，鼓励坚持下去。

尽管这个座谈会是根据国务院、中央军委的批示召开的，但会上有些风声就不太对了。有人抱怨说，523，523，马上就变成谐音"无而散"了。对此，屠呦呦没觉得奇怪，因为她早就探测到了一些"下马"的苗头。

为什么会出现这种情况？

当时就这么个现实。"文革"在不断深入，从国家部委到地方行政机关、科研单位的运行，都因为运动而多次波动，领导人不断调换，新上任的领导不知道当时情况，也不知道任务的重要性，所以"523"任务的执行出现了困难，不得不考虑中断。

在这次座谈会前，中医研究院中药研究所因人力不足，从中草药中寻找抗疟药难度比较大，有了停工的打算，在这次会上又提出打算下马，如果卫生部表态同意，屠呦呦他们就退出这个座谈会了。

这就是屠呦呦"梦断"的开始。

想不到到了5月28日，情况出现转机。

原因是，时任上海市革委会副主任的徐景贤给周总理写了一封信，信中报告了西哈努克亲王的私人医生阿里什献给中国的一个治疟方，周总理阅后批示："谢华、吴阶平同志请将此信件阅后，交医学科学研究院和军事医学科学院有关单位，进行进一步研究，看可否拿此处方派一、二小组到海南岛和云南西双版纳有恶性疟疾地区进行实地试用，如有效，我们可大量供应印度支那战场，因为他们正为此所苦……"

5月29日，卫生部召集解放军总后卫生部、中国医学科学院、军事医学科学院的负责同志进行研究，对加强热带地区恶性疟疾防治进行总结，提出了五年规划的重点与要求。之后，报告总理，得到总理批准。总理批准"五年规划"，说明抗疟研究要继续下去，这对研究人员来说是一个大喜讯，对加强"523"任务的领导和任务落实起到了重要的推动作用。

至于西哈努克私人医生提供的药方，卫生部组织有关医疗单位进行了研究，认为那个方子与军事医学科学院之前所研究的防疟2号片极其相似，只是在剂量上稍有修改。

当屠呦呦听到这个消息的时候，她没觉得有多激动，相反她显得很平静，好像这一天的到来早在她的意料之中。

1971年广州座谈会对后来整个"523"任务的再出发起到了十分重要的作用。

7月初的一天，中医研究院革委会、军管会召开在职人员会议，研究贯彻落实座谈会精神。

革委会主任说："卫生部领导说了，国家的'523'任务，中医中药工作只能上，不能下。这是大原则。"

军管会主任同意。

革委会主任接着说："卫生部领导对中医药工作很关心，多次打电话敦促我们重新组织力量筛选，让我们院革委会和军管会，进一步抽调和配备了科研骨干力量，组成了研究小组，保证抗疟药物筛选工作继续下去。"

军管会主任点头同意。

革委会主任说："中医研究院革委会、军管会对卫生部领导的要求非常重视，决定抽调和配备科研骨干力量，组成中西医结合、基础临床结合、针药结合的疟疾防治研究小组。药物筛选工作为重中之重。"

军管会主任仍然同意。

"经研究，决定重新组织一个五人课题组，屠呦呦为组长，倪慕云、钟裕蓉负责提取药物，郎林福和刘菊福负责动物筛选实验。从明天开始各就各位，重新上马。"

军管会主任这时候讲话了。

他做动员讲话。

"同志们，这次国家恢复'523'任务很不容易，我们研究院也很重视，虽然条件有限，但我们要克服困难，大干快上。希望同志们加倍努力，不辜负党和人民的重托和研究院革委会、军管会的信任，争取早日拿出成果！"接着他点名问："屠呦呦同志——"

一向少言寡语的屠呦呦忽然站了起来，说了一个字："在！"

"你有没有信心？"

"有！"

这以后，屠呦呦和她的课题组精神大振，从1971年7月16日起，他们重新出发，踏上了艰苦而漫长的抗疟中药筛选之路。

然而付出了艰辛的努力不一定获得满意成果。到当年9月初，他们马不停蹄地筛选了一百多种中药的"水提物"和"醇提物"样品两百多个，没有获得他们所期盼的收获，但他们没有被失望所吓倒，继续奋进，又提取了一百二十多种中药，郎林福和刘菊福也做了动物筛选，但结果仍是令人失望。

在筛选过的中药中包括了青蒿，虽然青蒿提取物对疟原虫的抑制率最高也只有百分之四十左右，但青蒿，又一次出现在屠呦呦的视野。

此后她反复揣摩，青蒿的抑制率这么低？史书上的记载不可信？或者实验方案不合理？难道在中医药这个宝库中就发掘不出抗疟良药？一个氯喹不可超越，一个常山已到了尽头，难道寻找抗疟药物任务无路可走了吗？

连续失眠了几个夜晚之后，她又振作起来，加紧工作，通过对两百多种中药、三百八十多个提取样品的药效筛选，最后把目光又转向了效果并不突出，却在中医药典籍治疟药方中被屡屡提及的青蒿。

青蒿，成了她锁定的目标。

中国传说中的"呦呦鹿鸣，食野之蒿"

心中有了青蒿，全身都是青蒿的踪影和气息，就有了与青蒿一样平静而又翻滚的生命激情。

因为有过前边的挫折与困难，往后的路需要更加坚韧不拔的精神激励，才能一步一步前行。

锁定了青蒿，屠呦呦课题组不再烦躁，他们冷静下来一门心思研究青蒿。

每天上班他们研究的就是一种植物——青蒿，说青蒿，道青蒿，青蒿在他们周围无处不在。一切为了青蒿，为了青蒿的一切。

青蒿治病自古就有。

不仅青蒿能治病，蒿类植物都能治病，比如蒲公英、苍耳、佩兰、菊花等这些蒿类植物，都能治疗若干疾病。

北方有一种艾蒿，香气很大的那种，有的地方叫艾子，每年过端午节，一大早北方人就到野外去采一把回来，插在自家门楣上，既辟邪又能驱蚊虫。这种艾子泡脚能解乏，做枕头还能帮助睡眠。所以《孟子》就说："七年之病，求三年之艾。"

当然，蒿与蒿不同，青蒿与艾蒿，青蒿与黄花蒿都有区别。屠呦呦说，青蒿的叶子有锯齿，而艾蒿是没有的；青蒿与黄花蒿最大的区别就是一青一黄，一香一臭，大有差别。

他们就是这样无蒿不谈，谈蒿不厌，除了青蒿还是青蒿。当然，谈到青蒿，谈得最多的还是屠呦呦。

别看她平常少言寡语，谈起业务却一套一套的，滔滔不绝，谈到青蒿更是古今中外、东西南北，没完没了。因为，她现在心里装的没有别的，就是青蒿。

青蒿，古时候名叫菣，一年生菊科植物，夏季开花，头状花序半球形。古人说江东人叫它蒿，北方人叫它青蒿，有自然香气。

"我的名字呦呦，就是父亲从《诗经·小雅》找出来的，呦呦鹿鸣，食野之蒿。这个蒿，就是我们今天研究的青蒿。大家说，我像不像一棵青蒿呢？"

"像青蒿。"她幽幽地自问自答说，"青蒿很普通，可以喂猪，北方人拿新鲜的青蒿清炒，炒完再放一点大蒜就可以吃了。南方用青蒿炒腊肉，放点盐，加点油也就能吃了。"

"平常青蒿也不起眼，长到膝盖时还站着，长到腰那么高就卧倒了。山谷河边也好，山林路旁也好，只要是低海拔、湿润的地方它就能生长，它甚至能从石头缝里长出来。几乎在大半个中国都有它的影子，要是能用青蒿来治病，那成本就很低很低了。"

钟裕蓉说："古人不是早就用它来治疟疾了？"

说到青蒿入药，屠呦呦更如数家珍。

"我翻了不少古籍，作为一种中医药，青蒿在中国用来治病有两千多年的历史了。"

为此，她举了好多个例子。

湖南马王堆汉墓出土的帛书《五十二病方》是先秦时期的医方书，是两千多年前的事了，这本书中就有用青蒿治病的记录。

东晋时期的葛洪有个中医方剂书《肘后备急方》，第一次明确了青蒿的抗疟功能。李时珍的《本草纲目》说它能"治疟疾寒热"。后来就更不用说了，宋朝的《圣济总录》、元朝的《丹溪心法》、明朝的《普济方》等，记载了"青蒿汤""青蒿丸""青蒿散截疟"这样的方子。

古人用青蒿治病成功的例子也有不少。

李时珍用青蒿节间的蠹虫，捣和朱砂、汞粉，团成丸子像粟粒那样大小，一岁一丸，用乳汁冲下，当时又叫"生人血"，治疗小儿急慢惊风"效不失一"。为这事李白还写了一首诗："一半朱砂一半雪，其功只在青蒿节。任教人死也还魂，服是需要生人血。"

清朝有个名医叫钱经纶，还是屠呦呦一个浙江老乡。有一年隆冬腊月，冰天雪地，忽有一人病倒了，不吃不喝，一阵冷一阵热的，治了好久不见效果。请来浙江老乡钱经纶，经细察辨证，说这是因为"伏暑"而得病，大家都很惊讶，根本不相信他的话，这大冷的天，哪来的"伏暑"？钱先生说："这叫长夏受暑，过夏而发，你们若是不信，看我用药，保管药到病除。"钱先生用青蒿一味，让病人家属熬汤服下，不久病就好了。大家无不称奇。

还有一例是"药王"的故事。

那时李世民刚刚平定天下，中原地区发生了疟疾瘟疫，死人无数，也无药可治，疫情无法控制，每天都有成千上万的人死去。在中原采药的"药王"孙思邈得知疫情后，主动前往疫区，发现所有感染疟疾的病人都有日轻夜重、全身高热等症状，便从随身携带的药箱中拿出一种药草，让百姓煮水喝。那些病人喝完药草，症状很快就减轻了许多。可是病人太多，药材很快就用完了。怎么办？孙思邈发动老百姓上山采药，可是由于老百姓大多数不认识这种药，常常会弄错。孙思邈就给百姓编了口诀："青蒿，色青，高半尺，夏月吃来寒热失。"有了这口诀，老百姓上山采药很少出错，中原地区疫情得到控制，这句口诀也就传了下来。最后就把这个药材叫青蒿，大家也都知道这青蒿是用来治疗疟疾的。

屠呦呦与她的课题组这次讨论就像举行了一个业务研讨班，大家你来我往、七嘴八舌的，从古代青蒿"能治病"到青蒿"能治疗疟疾病"，青蒿好像距离他们的研究目标越来越近了。

那么青蒿到底有没有抗疟的功效？

还得再查老祖宗的经典。

中国最早在东汉时期的《神农本草经》中提到了青蒿，但不用于治疗疟疾，主治疗瘙痂痒恶疮，杀虱子。而在《黄帝内经》中已列出"疟论篇"。东晋葛洪的《肘后备急方》列出治疗疟疾的三十二种方子，如"先发服（常山）无不断者"，说明"常山"很有效，也有个"青蒿方"，只说"青蒿一握，以水二升渍，绞取汁，尽服之"，没有说明到底效果如何。

《本草纲目》说青蒿能"治疟疾寒热"，十分明确。而《本草新编》说是："退暑热。"有些靠近疟疾。其他的，如《食疗本草》说："益气，长发，补中，明目，煞风毒。治骨蒸。烧灰淋汁，和石灰煎，治恶疮瘢靥。"对疟疾治疗不很明确。《滇南本草》说："去湿热，消痰。治痰火嘈杂眩晕。利小便，凉血，止大肠风热下血，退五种劳热，发烧怕冷。"也有些靠近疟疾。《本草纲目》说得较为明确："治疟疾寒热。"

古籍中记载青蒿的炮制方法大体一致，即在秋季花盛开时，割取地上部分，除去老茎，拣去杂质，水淋使润，切段，晒干。它的功效是：清透虚热，凉血除蒸，解暑，截疟。

总体判断，青蒿很可能对治疗疟疾有一定疗效。青蒿很可能就是抗疟良药的希望。

值得深入研究。

但在民间，青蒿有很多名称——蒿子、臭蒿、香蒿、苦蒿、臭青蒿、细叶蒿、草青蒿、草蒿子、三庚草等，不好辨别，有的是青蒿的别称，有的根本与青蒿无关。——到底哪一种青蒿抗疟有效？从哪一种青蒿入手？

还是走进实验室吧。

屠呦呦和她的同事们在"523"办公室大力支持下，从北京城边的北方青蒿，到云南、海南岛、四川的南方青蒿；从被当地人淘汰的青蒿茎和秆，到青蒿叶；青蒿叶有冬春放弃在田野沟渠边的枯枝败叶，也有夏秋生长旺盛的青色蒿叶，都按照医学典籍要求，进行了炮制与测试。然而，不管你如何精心，如何认真，青蒿提取物对疟原虫有抑制率，但很难达到理想的程度。

研究又一次陷入困境。

这一天，屠呦呦忽然得到消息，说当时民间有流传，江苏、湖南、广西、四川等地，老百姓自发用青蒿捣汁、水煎、研末等方法治疗疟疾，疗效较好，尤其是在江苏高邮农村从古至今流传着"得了疟疾不用焦，只要红糖加青蒿"的民谣。

中医土方是个挖掘不尽的医学宝库，也许这些民间土方蕴含着化腐朽为神奇的魔力。

她也忽然记起来了，前不久收到一份从江苏高邮县龙奔公社焦山大队送来的报告，说当地有一位农民得了疟疾后，一次在农田里干活，疟疾突然发作，浑身"打摆子"，哆嗦个不停，这个农民实在忍受不了痛苦，随手从野地里薅了一把青蒿，大口大口地生吃起来，结果疟疾奇迹般治好了。屠呦呦为之一振。

"这么好的案例不能放过。"

为了验证这份报告，她当天就买了去江苏的火车票，带着三个同事，坐着火车出发，第二天便赶到了高邮县，具体地点是江苏省高邮县龙奔公社焦山大队。

当地负责疟疾研究的工作人员，被突然从北京赶来的他们吓了一跳，当得知他们想到焦山大队实地调研时，顿时苦了脸，因为他们实在来得太突然，县里没有提前安排交通工具，想找一辆自行车都做不到。

屠呦呦说："没事儿，我们走着去。"

"去焦山大队，远着呢。"

"平时都在实验室，走走路，权当锻炼身体。"

说走就走，她率先出门，从高邮县城出发，在当地人的带领下一口气走了二十多里路，赶到焦山大队。

他们请大队干部提供了一份曾经用青蒿治愈过疟疾的社员名单，然后从中抽查了二十多人，跟他们一一对话，详细询问生病时的情况，怎样用青蒿治疗，治疗后的效果，等等，详细记录了各种病例和数据。

调查持续进行了三天三夜，结束后，屠呦呦特意亲手采摘了高邮当地生长的青蒿，捆成一捆，背在肩上，又步行回到高邮县城。之后，他们来不及尝尝质细、油多、柔嫩的高邮名吃"咸鸭蛋"，当天就坐车返回扬州，然后辗转回京用青蒿做实验。

当他们在实验室检验青蒿提取物的抗疟能力时，结果仍不理想，最初对疟原虫的抑制率达到过百分之六十八，虽然效果不稳定，但抑制率很高，而这一次实验，发现抑制率只有百分之十二。

这次实验，败得很惨，败得让她有些茫然——难道焦山大队社员拿青蒿治疟疾是一个偶然现象？

这次惨败让她有些沮丧了：我抛家舍业，不管丈夫，不顾及一双女儿，白天黑夜拼命干，却是屡遭失败，看不到一丁点儿希望。我的付出没有得到回报！这是苍天对我不公平！我再不能继续这样下去了！我是一个女人也是一个母亲，我应当尽一个女人和母亲的责任和义务。我要回归家庭——

女儿，你会理解妈妈的！

从高邮回来是个星期天，丈夫李廷钊也回北京了。

这时候，李廷钊从"五七干校"调到宝钢工作，同样很忙碌也要经常出差，而屠呦呦根本就不着家。这次回家，两个人算是不期而遇了。

一进门，屠呦呦看着李廷钊将大女儿李敏紧紧地抱在怀里，嘟着嘴亲她的小脸蛋儿。这个长吻，猛地燃烧了她心中的母爱，她把李敏从丈夫怀中抱过来，紧紧地搂在自己的怀里。

宁波有句老话："狗生的狗欢喜，猫生的猫中意，自生自值钿。"天下哪有父母不心疼儿女的？可是他们为了工作，让大女儿李敏上了全托，一个星期才能见面一次。有时候把她接回来，她都不愿叫一声爸妈。

屠呦呦走到女儿身边，蹲下来。

"李敏，今天爸爸妈妈都回来了，我们带你去香山看植物……"

小李敏回过头，有些惊喜地问："真的吗？"

两口子都围过来，使劲地点头。

"今天我们都有时间，一定让你玩个够。"

小李敏却突然咕嘟起小嘴摇摇头。

"我想妹妹了，我要妹妹回来一起去……"

屠呦呦两口子一下子愣住了。

"妹妹在宁波啊。"

"那我就不去……"

小李敏默默看了看两个人，走到一边看书去了。这孩子的心事多重啊，她甚至比两个只知道忙工作的大人想得还要多。他们两个好像忽然回想起以往的日子，小李敏看见喜欢吃的东西，喜欢玩的玩具，只是看一眼，从来不说什么。父母的忙碌，她也懂，从来不给他们添一点麻烦。

妹妹小李军被送到宁波的时候，她才四岁，对妹妹也就是刚刚有点印象，可是小李敏竟在最关键的时候想起了她。

他们把襁褓中的小女儿李军送回老家三年了，中间全家只见过一次。那次见面是母亲姚仲千从宁波赶来，住了不到一周便匆匆离开了北京。没想到小李敏会突然想到妹妹。

是羡慕别人家都是三五成群的小兄弟、小姐妹一起玩吗？还是感觉到了自己的孤独？

这么小的孩子，好像有什么事都憋在肚子里，自己消化，无奈与牵挂都不会说出来。她为什么这么早就这么懂事了？这样过早懂事的童年快乐吗？

小李敏上的是幼儿园全托班，日夜吃住在那里，一个星期才接一次。有一段时间，屠呦呦长期在海南和病人打交道，因为疟疾是一种很可怕的传染病，对她本人有很大风险，在当时那种情况下，她知道抗疟疾新药研发的迫切，为了挽救更多人的生命，她宁可自己冒这种风险。但她是她，家庭是家庭，她不能让女儿和家人承担风险。一年中她大部分时间不在家，即便偶尔回家一两天，也尽量马上到实验室组织讨论和汇报，之后才回家，而每次只要是从南方疫区回家，她都注意消毒净身，洗衣服，唯恐把病毒传染给孩子。所以这几年，屠呦呦和小李敏接触的时间少之又少。

也因此她才早早懂事，而懂事了就有了孤独感，就想有妹妹在身边做伴，一起玩耍了。

若干年后，屠呦呦想起当年往事深有感触。

"如果向今天的人们提出一个问题，当事业与家庭发生矛盾，你该如何选择。恐怕大多数人都会纠结一番，而在我们团队这里，这个选择从来就不是问题。那个时候，我们绝对是事业第一，生活要给事业让路。"

与屠呦呦共事了几十年的廖福龙教授说："屠呦呦身上有那个时代的科学家身上独有的印记。当国家有需要时，个人不管有多大的困难也得往前冲。"

当时纵有万般不舍，她仍是狠下心将孩子寄放在千里之外的宁波老家由父母照顾。作为母亲，屠呦呦这时的心情可想而知，但一直以来她很少提起。

他们就这样天各一方，几年就过去了。当大女儿李敏提到妹妹李军的时候，屠呦呦更想小女儿了。

有一个星期天，下雨了，细细雨丝形成朦朦胧胧的雨幕，从眼前一直到很远的地方，雨就这么一直下着，屠呦呦就这么一直望着那道雨幕，走神了，她的思绪跟着雨丝走到天涯海角去了。她想等到天晴的时候，领着女儿到山上走走，到海边玩玩，到花园摘一朵鲜花插在女儿的头发上，然后带着她去看朋友，逛市集，跟她一起晒棉被。

女儿笑着，喊着"妈妈、妈妈，你抱着我"。她就抱着女儿赤脚走在海边细细的沙滩上。遇到朋友了，说："你们家女儿真漂亮！"她自豪而幸福，她发自内心地笑了。

晚上，她想小李军，想想她的小模样，她抱个枕头在床上泪流满面。她哭了。算了算又是三年多没见小女儿李军了，太想她了。不行，我要去看她。

青蒿素提取物没有成功，她跟课题组同事商量，喘一口气吧，歇一歇，攒把劲，再聚力，重新出发。她也借这个机会，去宁波老家看看朝思暮想的小女儿李军。

火车从北京出发南下浙江，一路走来，屠呦呦心潮翻滚。这些年，小李军一直在宁波由外婆姚仲千抚养，第一次对母亲有清晰印象，已是三岁多了。这些年，她感冒过吗？感冒了，是用西药治疗还是喝中药？又是三年过去了，我们的小李军又变了模样了吧？瘦了，还是胖了？

美丽的海城宁波到了，开明街到了。是她熟悉的城市，她熟悉的街道，而在开明街外公、外婆家门前的小巷口，有一个小女孩却不认识她。

这是谁？她马上认出来了，那个正在独自玩耍的小女孩正是自己日夜思念的小女儿李军。

几年了，什么都刻在记忆里，即使忘记了她的声音，忘记了她的笑容，忘记了她的小脸蛋儿，一旦面对，就会陡然产生一种想念她的时候的那种感受，那种骨肉离散的亲情感应，她就知道这是她的小女儿李军。这一切，永远都不会变的。

那就是小李军！她扔掉了行李，张开着双手，嘴里不停地叫着："军军、军军……我是妈妈啊，快过来，让妈妈抱……"

而小李军却不认识她了。小李军下意识地往后退了几步，突然想到外婆告诉过她，遇到了陌生人千万不要跟她走，跟她走就上当了，再也见不到外婆了。想到这些，小李军吓得往后退，也许这个人就是外婆说过的那个陌生人。

那一刻，小女孩的脑中已经没有"母亲"的记忆，她不知道，眼前这个风尘仆仆的女人，就是自己脑海中想象过无数次的母亲——屠呦呦。小女儿李军至今也纳闷，母亲那时如何能认出自己。

小女儿李军也在很长时间里无法理解，母亲怎么能为了科研、为了事业，就可以舍弃自己的家庭，连孩子也顾不上照顾？

而屠呦呦面对这一场面，愧不可当，她不敢哭。

母亲姚仲千出现在街巷口，屠呦呦看到了，母亲瘦了，腰背有点驼了，眼睛有点凹进去了。她一下扑在母亲的身上："阿妈，让你受苦了，女儿欠你的，一辈子都还不完……"

母亲说了一句："我这辈子谁都不欠，就是欠你的。"然后，她轻轻地弯腰对小李军说："你不是要妈妈吗？这就是你妈妈，你妈妈来看你了。"

屠呦呦默默地站在小李军面前，向她张开双臂等着她。

小李军还是不敢相信，两只亮亮的小眼睛看着眼前这个陌生的女人，一步一步继续后退着，后退着，突然她停下了，然后叫声："妈妈——"，就猛地跑了过来，哇的一声哭出声，投进屠呦呦的怀抱……

于是，屠呦呦、母亲、小李军三个人紧紧地搂在一起。没想到的是，泪眼扑簌的小李军反而替屠呦呦擦去眼角的泪水，问了一句："妈妈，你亲亲我就走吗？"

虽然有过下决心回归家庭的念头，但一想到国家重任，一想到亿万鲜活的生命在死亡线上挣扎，一想到寻找抗疟新药的梦想，尽管屠呦呦看着小女儿那炯炯有神的小眼睛充满了期待，但她还是点了点头。

小李军明白了妈妈的意思，她又说："你还会来看我吗？"

屠呦呦转过头去，不敢看她渴望的眼神。

"军军，妈妈永远爱你……"

这种"陌生"的母女三代人的相会，也让屠呦呦暗暗怀疑过自己当初的选择。多年过后，她依然会有些懊悔地说："孩子长大后，甚至一度不想回到北京和我们一起生活。"

后来，抗疟课题组成员倪慕云教授这样说——

> 她处处严格要求自己，以身作则带领我们大家，一起来共同探讨这些问题，当时这个任务非常艰巨，交给我们一定要完成这个任务，后来她的丈夫被下放，但是手头的任务，让她根本抽不开身，于是她不得不把自己的孩子送去寄养，没有办法，在当时那种情况下，困难都要自己克服，导致她跟孩子有了很大的隔阂。

长期的分离曾一度造成亲情的疏离。

丈夫李廷钊说："也正是由于长时间的骨肉分离，以至于小女儿当时接回来的时候都不愿叫爸妈。"当时，小李军的户口一直在宁波，没有迁回北京，为了这事，夫妻两个还有过争执。

屠呦呦说："我们是军事项目，毛主席部署的，你没那么忙，抽时间先把李军的户口迁回北京吧。"

李廷钊说："我们宝钢也是国家重点工程，也忙，你要没空，先放放吧。"

而小李军却说："你们都忙，就是不想要我了。"

很长一段时间，李军都不愿意回到北京和父母一起生活，直到2014年，才把李军的户口从宁波迁到北京。

小女儿正式回北京的那天，屠呦呦特意做了母亲姚仲千做过的"汤果"。做汤果跟做汤团很类似，里面没有馅，简单易做，但最主要的还是因为宁波汤果也叫作圆子，有"团圆""圆满"的意思。

吃汤果的时候，屠呦呦用宁波话夸赞小女儿李军："侬贼嘎厉盐……"，意思是你好棒噢。

可是女儿却说："你们抛弃了我，我不棒能行吗？"

听了这话，屠呦呦和李廷钊心里都很不是滋味。他们意识到自己过于痴迷科研事业，陪家人的时间太少。当初的选择，在现在看起来有些不近人情，对于如今家中摆满女儿和外孙女照片的屠呦呦和李廷钊而言，这是迫不得已，凡是从那个年代过来的人都理解——服从组织，别无选择。

情非得已。

> 在我们那个年代，事业永远是第一位的。国家需要时，你只能把孩子一扔就走了。在我们看来，为国家做出这点牺牲不算什么。
>
> 我当时的想法很简单，是组织培养了我，一定完成组织交给的任务。这个决心比较大。

屠呦呦寻找抗疟新药，必然要研究疟疾与蚊子，所以她就给家人讲一个外号叫"蚊子曼森"的故事。

他是一个英国医生，名字叫帕特里克·曼森，1871年到中国行医，帮助中国抗击疟疾疫情，后来被西方称为"热带医学之父"。曼森写给爱人的一封信曾经感动过无数人。

信中说："亲爱的依莎贝尔小姐，这也许是我给你的最后一封信了。

当伦敦午夜的雾笛响起，就是我要离开的时间，再度回到中国，我日夜梦回的所在。成千上万的中国人，染着可怕致死的丝虫病、血吸虫病、疟疾，在还没有认识耶稣基督的救恩前，病魔就先夺去了他们的性命。中国需要我……亲爱的依莎贝尔，充满了如火热情的我，在短短相聚的十个月里，不是在图书馆里苦读，就是沉湎在显微镜前，很少对你细语呢喃，情话深诉，真是满心的歉疚。对中国人苦难的负担，使我无法扮演一个好情人。但是，如果回到福音的战场，你将发现我是全力以赴的一流战士。亲爱的，你愿意来中国吗？"

这个故事至今还一直感动着屠呦呦一家人。一个英国医生为了帮助中国人摆脱病魔折磨竟能如此痴情，我们为了自己的人民，也为了世界上那些饱受病痛的人做出一些牺牲难道不是应该的吗？

后来一家人都理解了屠呦呦。

丈夫李廷钊理解了她的选择："一说到国家需要，她就不会选择别的。她一辈子都是这样。"

小女儿李军也说，小时候她一直不明白，为什么别的孩子都有父母陪伴，自己却孤单一个人，直到后来年纪大了，读了大学以后才慢慢理解。如果中国多了一个好母亲，那么世界上就可能缺失了青蒿素。对我们的小家来说少了一点母爱，是苦了点，但是忍一忍就过去了。而少了青蒿素，世界上不知道有多少生命会消亡。母亲这种"先天下之忧而忧，后天下之乐而乐"的精神，又为我们家庭创造了一笔宝贵的精神财富。圣西门不是说过这么一句话吗："为人类的幸福而劳动，这是多么壮丽的事业，这个目的有多么伟大！"

对母亲而言，"了却君王天下事，赢得生前身后名。可怜白发生。"她为天下苍生劳累的一生，也非常值得我们敬重。

两个女儿都说，有这样一个母亲，感到由衷的骄傲！

正是来自家庭的支持理解，让这位女科学家心无旁骛地从事她热爱的抗疟药物研究，为问鼎世界科学高峰作出贡献。

李廷钊说："有个不值得定律，说不值得做的事情，就不值得做好。

那么反过来呢，非常值得做的事，就一定做得非常好。对她来说，抗疟药是她一生的梦想，她一辈子都痴迷……"

让屠呦呦十分欣慰的是她的两个女儿，李敏、李军，一个曾在英国剑桥大学做行政教务工作，一个在北京工作，两人都很出色。正像父母当初的选择一样，两个女儿也都以父母为榜样，成功地选择了自己奋斗的人生。她们都是成功者。

正是有了这种献身科学的精神才使她在寻蒿路上历尽艰难，不论千回百转，一心只为苍生。

第八章　苍生为大

为什么屠呦呦老师能够研制出青蒿素？我认为原因有二，一是屠呦呦老师坚持传承发展的理念，坚持用中医药的思维方式，遵循中医药发展规律来做研究；二是屠呦呦老师对中医药创新成果的研究，始终保持着文化的自觉、自信和自强。她认为古书籍可能会给研究带来启发，就去查阅相关医书并积极探索尝试，终获成功。

　　——2019年5月，中国工程院院士、中国中医科学院院长黄璐琦在《人民政协网》上如是说

与东晋"药仙"葛洪先祖再对话

在2015年拉斯克奖评委会的描述里，屠呦呦是靠洞察力、视野和顽强的信念获得成功的。谈到以往的艰苦岁月和付出的牺牲，她至今还充满了怀恋。

这就是奋斗者的快乐。

当时有很多人质疑：美国斥了巨资要攻破这一人类难题，全都失败了。人家那么先进的技术都不行，咱们国内的条件那么差，设备那么陈旧，能出奇迹吗？

面对这些质疑，屠呦呦淡定地说："没有行不行，只有肯不肯坚持的问题。"

青蒿提取物实验失败以后，她仍不甘心。

"我是带着对科研的信仰来找抗疟新药的，愿意牺牲一切个人利益，再次进行实验。无论实验效果是好是坏，不断尝试、不断提炼，是唯一的出路。"

课题组撤出实验室不久，所有成员又坐在一起，他们开始总结前段时间失败的教训，寻找新的出发点。

同事们纷纷发言。

"这本《医宗金鉴》，乾隆爷时候编的，有一个方叫柴胡截疟饮，以小柴胡汤和解表里，导邪外出，治疟疾。我们做过实验了，效果不好。"

"再往前，《伤寒论》也提了柴胡，叫柴胡桂姜汤，也能祛邪截疟，可是……"

"常山、槟榔都是，古籍中说也能祛邪截疟，我们也做了，没有效果。"

"更不用说何人饮、达原饮、截疟散、青蒿等，都是老祖宗常用的药方，现在效果都不好，你说怎么办？"

"是啊，我们再去哪里找？"

屠呦呦听了大家的发言后皱起了眉头。

"士气可鼓而不可泄。这是国家的政治任务，不可轻言放弃。连美国都搞不出来，相当一些人都怀疑我们能不能搞得出来，这种时候，不光国家在看着我们，世界也都在看着我们，我们不能退缩，人家提出怀疑，咱们就退缩了，这不更让人家瞧不起吗？坚持，坚持就是胜利……"

同事说："道理是对的，可是——"

同事说："你是课题组组长，你说怎么办吧，我们听你的。"

同事说："你给指个方向吧。"

屠呦呦毫不犹豫地说："我建议，我们从青蒿这里入手吧……"

"为什么？"

屠呦呦说："这些天我又翻阅了一些医学古籍，发现青蒿对治疗疟疾还是大有希望。"

因为有足够多的医学典籍，把治疟方子指向青蒿。

《圣济总录》说，青蒿加甘草，水煎服，能治疗暑毒热痢。《温病条辨》有个"青蒿鳖甲汤"，能治疗夜热早凉，热退无汗，热自阴来的病。《通俗伤寒论》有个"蒿芩清胆汤"，能治寒热如疟的病人。《仁存堂经验方》说青蒿加黄丹、白汤调服，能治疗温疟痰甚。《滇南本草》说青蒿能去湿热，消痰，发烧怕冷。还有《本草纲目》说青蒿治疟疾寒热，《本草新编》说能退暑热，《圣惠方》有"青蒿圆"方子治发渴寒热，等等。葛洪的《肘后备急方》中有个"青蒿方"更需要仔细研究。

历数古籍古方后，屠呦呦似乎有些胸有成竹了。

"这些都是历朝历代医书记载的，治病都几千年了，肯定有它存在的价值，只是古人知其然，不知其所以然，知道它能治病，不知道为什么能治病。我们就是要搞清楚它为什么能治病。"

屠呦呦说的这些古代医书，同事们都很熟悉，都不知翻过多少遍了，但医学典籍都是治疟方剂，要集中在一种草药上，谁都没有想过。

屠呦呦说："主药就是青蒿，其他是配伍，我建议集中研究青蒿。"

"但愿这个方向是正确的。"

重新梳理思路后，青蒿成为重点。但对青蒿，古人的炮制方法无非是童便制、生捣汁、焙、酒浸焙、捣汁用、熬膏法、蒸露、烧炭等，除童便之外，课题组都一一实验过了，没有达到理想效果。

"童便"也称"还元汤"，采十岁以下健康无病儿童的小便浸泡后，再用入锅加热等方法进行炮制。这一炮制方法解放后不再采用。

课题组经过反复筛选，最后确定一个复方、一个单方，有一定价值。他们就在这两个方子上下功夫。

复方是"鳖血青蒿"。

做过实验了，在一个大盆内先取一段青蒿放进去，再将一些温水稀释过的鳖血洒进去，拌匀，稍焖，等鳖血完全吸收后，放进大锅内文火炒，炒一会儿取出，晾干。之后用水浸泡，将水挤出服用。两种药物的比例为每青蒿段一百斤，用活鳖二百个取血。这个复方有增强退虚热、除骨蒸、截疟的作用。

单方就是青蒿。

他们也做过实验，在秋季花盛开的时候，收割青蒿的地上部分，除去残根等杂质，切成两段，下半段水浸一两个小时，上半段淋水，润透，之后切成几小段，晒干，用水浸泡后，将水挤出服用。这个单方具有清热解暑、退虚热、除骨蒸、截疟的功能，能治疗疟疾。

古人的两个方子治疗疟疾都有效，但都不理想。"鳖血青蒿"是寻常百姓家能用得起的吗？青蒿呢，实验证明能缓解疟疾病人的症状，不能完全杀死疟原虫。

但屠呦呦认为有一点是肯定的，那就是青蒿有明显的抗疟成分。

"这些抗疟成分能有效杀死疟原虫。"她说，"只要把这些有效抗疟成分提取出来，再通过调整剂量就能获得显著疗效。"

怎么把有效成分提取出来？

"两个方子有一个特点，就是青蒿要用水泡了以后，把汁挤出来服用，但实验表明，用水提取的话，它的有效成分活性低，溶解性差。"

这里说的"活性"，指的是具有生命力能够顽强活跃下去的一种活动性质，如果活性低的话，反应就慢，药物效果就差了。而"溶解性"，说的是某种物质在一种特定溶剂里溶解能力大小的一种属性，溶解性差，就意味着药效不能全部发挥出来。

所以屠呦呦说："如何将青蒿中的有效成分提取出来，仍是最关键的。"

可是他们课题组做过多次实验，在"523"办公室部署下，军地许多医疗研究单位也都实验过若干次，没一个成功。

问题出在哪里？

找到问题症结所在的屠呦呦，认真分析前期的研究工作，重新返回头去研读古代医学经典。

这次的重点是《肘后备急方》。她觉得只有《肘后备急方》中对青蒿的炮制方法与众不同，有深入研究的价值。

就是这部古代医学经典给屠呦呦带来了发现"中国神药"的灵感，如果没有这部书，或许就没有屠呦呦的成功；如果没有屠呦呦的灵感，不知道后人在无穷无尽的实验中还要摸索多少年奇迹才能出现。

说这本书改变了屠呦呦的一生并不为过。

这部书的作者是东晋的葛洪，但葛洪主要著作不是《肘后备急方》，而是《抱朴子》。

在道家典籍中，《抱朴子》是葛洪的名著。屠呦呦反复研读这本书，它的《内篇》讨论的是神仙之事，专讲吐纳符箓之类的；而《外篇》就讨论世俗之事了，关于时政啊，人事啊，等等，都有。若论文化价值，《外篇》所说的人间俗事更被后世看重。从医学的角度来看，《抱朴子》这本书记载了大量的炼丹术，据说中国四大发明中的黑炸药就是在这部典籍中首次被记载。英国化学家李约瑟编了一本《中国科学技术史》闻名于世，对现代中西方文化交流影响深远，这本书称葛洪是中国古代"最伟大的博物学家和炼金术士"。

再说葛洪这个人。

大凡名医，必有一段艰难的求学历程，以其超人的毅力去探索和学习。葛洪出生在江苏句容县，自幼十分好学，经常写字、抄书至深夜。十三岁丧父，用砍柴换来的钱买回纸笔，在劳作之余抄书学习。乡人见他纯真朴实，不为外物所诱惑，就叫他"抱朴之士"，他遂以"抱朴子"为号。他本来就出身于一个方士之家，三国时期著名的方士葛玄就是他的前人。后来他不仅成为中国古代著名的炼丹术家，也是著名的医学家，一举一动都是仙气十足。尽管受到过朝廷的赏识，做过一段时间的皇宫内侍，被朝廷封为"伏波将军"，但他的兴趣和志向不在做官，而在于炼丹和医术，所以他舍弃了皇宫里的职务，一个人隐居山中炼丹去了。

家乡宁波的北仑山就成了他的隐居地。

北仑山在宁波新碶街下三山北侧的大海中，旧称北轮山，因为山是形圆似轮，加上地处新碶街道北面，故名，今衍写为"北仑山"。谈到葛洪，学贯中西的父亲就指着北仑山朗诵一首诗：

松下问童子，言师采药去。

只在此山中，云深不知处。

这更给抱朴子蒙上一层神秘与仙气。

父亲说，在新碶街有一个风俗，每年农历七月初七，新碶街很多地方的女子有采摘槿树叶洗头的习惯，而这个风俗的源头就在葛洪。《巧用槿树叶》中讲道，当初葛洪与母亲在茅庐中居住，茅庐边上有一种灌木，采下叶子揉捏几下就会散发清香，用它洗手后双手光泽清凉。于是，葛洪就揉捣出许多汁水，用盆吊在屋檐下备用。有一天，葛洪的母亲不小心撞倒了，满盆的叶汁泼在她头上。葛洪害怕伤了母亲，急忙为她洗去头上的叶汁。不料这一洗，居然发现母亲的头发变得光亮柔软、乌黑清香。原来这种灌木是槿树，还有这么好的功能！葛洪发现了这件为民造福的好事，便向民间推广，让人民共同享受。从此，用槿树叶洗头就成了新碶街的风俗。

还有一个灵峰寺的故事。

传说北仑山上有一个并不起眼的小山叫灵峰，早在一千七百年前葛洪到这里求仙炼丹时，发现灵峰脚下不少村民患了疟疾。为了替百姓治病，葛洪便从其他地方寻来了一种名叫"青蒿"的种子，亲自动手，遍种在灵峰山上。只要有百姓得了疟疾来找他，他便上山采集青蒿，泡水分送病家，给百姓治病，效果很好，使不少人绝处逢生，灵峰山脚上逐渐出现了山清水秀、人丁兴旺的景象。

为表达对葛洪的感激之情，当地黎民百姓便在他炼过丹的灵峰山腰建造一个灵峰寺，照着他的样子把他塑成雕像作为纪念。在每年4月10日葛洪生日那天，成千上万人在寺庙中通宵坐夜，一直要维持到次日凌晨。那壮观而祥和的场面可用一句诗来表达："香烟和云雾交织，红烛与日月齐光。"

可见家乡民众对葛洪的敬仰和崇拜。

屠呦呦收回思绪，凝视着办公桌上摆放的这本《肘后备急方》，自言自语道，葛洪在北仑山用青蒿为百姓治疟疾是真的，还是个传说？《肘后备急方》难道就是葛洪在北仑山上写成的？

这本线装书摆在办公桌上有些日子了，像其他古书一样，它也是竖排，从右向左阅读，由于翻阅太多，书签有些模糊，书角有些翘起，书背有些皱巴巴的，书的边栏也卷起来了。

不管是在哪里写的这本书，反正可以肯定的是，这是一本为黎民百姓随时可用的应急救治方。

葛洪隐遁山林后，每到一地都是一边采药炼丹一边行医治病，为民众解除疾苦，一边走访当地名医，收集偏方，并把这些偏方加以验证、整理，就是为了编著有名的《抱朴子》。因为葛洪心慈，为贫困百姓着想，还在百忙中编了这本医书《肘后备急方》，所谓"肘后备急方"，意思就是可以搁在手肘后，带在身边，随时拿出来救急使用。书中所选单方大部分是很容易找到的草药，不仅价格便宜，而且见效很快。这无疑是劳苦大众的福祉。

所以，他在《肘后备急方》序中这样说——

> 穷乡远地，有病无医，有方无药，其不罹夭折者几希。丹阳葛稚川，夷考古今医家之说，验其方简要易得，针灸分寸易晓，必可以救人于死者，为《肘后备急方》。

从中医药角度来看，这既是一部教人"熬中药"的医书，也是中国第一部临床急救手册，专门讲如何为穷人治急病。他强调的是这些长期收集的民间验方，药物不在贵而在疗效，在治病救人的同时还要让穷苦人也能用得起。

这种为劳苦大众的济世之心让人感动。

这当中，疟疾出现在《肘后备急方》中，说明疟疾既属于传染病，又是急性病。

这部医书中提到治疗疟疾的方子有四十三个，其中卷三《治寒热诸疟方》中第二方就是"青蒿方"。

屠呦呦仔细琢磨了《肘后备急方》，努力在这本古典中再寻突破。书不知翻阅了多少遍，书本已经翘起的四角翘得更厉害了，颜色更黄了。

研究完古典医书，她就埋头于实验室，进一步探究青蒿的抗疟成分，她利用自己中药炮制的扎实基础，再次对青蒿进行筛选、提取、复筛、验证，常常工作到深夜才回家。

衣服上沾满了实验室的气味，让丈夫李廷钊感到刺鼻难闻，常常埋怨她太拼命了，这对身体不好，所以更多的时候，她选择直接留在实验室。

如此费心，如此用功，最终出来的结果仍然令人沮丧——青蒿素提取有效成分仅有百分之三十到百分之四十。

又一次宣告失败了。

这一次，一向不屈不挠的屠呦呦感觉她的人生走入了低谷，也怀疑自己的奋斗目标是不是选择错误了。

不过生性直爽、干事执着痴迷的屠呦呦很快就从迷惘中振作起来，开始反思一次次失败的原因——到底是哪里出了问题？古代医学典籍记载有误？还是我们的实验方案不合理？

她在苦苦求索。独自一人徘徊在实验室的时候，她有时会发呆，在心里念叨着——"小仙翁"葛洪，快快赐给我灵感吧！

灵感，穿越一千七百年时空……

屠呦呦获诺贝尔奖时，还是个无博士学位、无留洋背景、无院士头衔的"三无科学家"；发现青蒿素时，他们却是个无实验室、无课题经费、无奖金的"三无条件"的团队。攻关最困难时期，研究无果，很多人选择离开了，她成了"光杆司令"一个，心酸只有自己知晓。她愈挫愈勇，失败，从头再来，从未叹息一声。

因此，她必须加倍付出。

从1983年开始担任过十年中国中医科学院中药研究所所长的姜廷良，见证了她和她的团队的执着与奉献精神——"他们的研究过程非常曲折，在选材、提取、临床实验等环节都困难重重。如果没有执着的精神，在其中任何一个环节，研究都可能中止不前。"

这话道出了实情。

为了不打扰家人，为了抢进度赶时间，屠呦呦索性把临时的家搬到了研究所里，这样可以保证自己只要步行两分钟就能到达实验室。

实验室弥漫着化学药剂的气味，单说酒精吧，也许酒鬼闻着很香，但屠呦呦刚进实验室时特别不适应，猛吸一口脑袋就一直嗡嗡作响，失去方向感，一睡就睡了一两个小时。现在时间长了，也好像有了"抗药性"，没那么敏感了。

这天，她早早来到了实验室，课题组成员钟裕蓉、崔淑莲、倪慕云都早已在这里等她。他们知道，近些日子屠呦呦不去办公室，上班就直接到实验室，大家都习以为常了。

他们又开始讨论前一段时间的工作。通过长年累月的摸爬滚打，课题组每一个成员的理论与实践水平都大有提高。

这次讨论变成了辩论。

有同事说："凡是天然植物，药物有效成分含量都很低，可是青蒿的含量也太低了，低到我们无能为力了。"

屠呦呦说："我感觉还是我们提纯的方法有问题。"

"用溶剂提取中药成分常用的方法就这些。"另一同事掰着指头说，"浸渍法、渗漉法、煎煮法、回流提取法、晒干法、蒸馏法等，我们什么方法没试过？有的都用了几百回了，有用吗？"

屠呦呦说："提纯方法是一回事，还有青蒿原料部位、提取时间、提取温度、设备条件等，这些因素也影响了提取效率，我们必须认真思考。"

又一个同事也学着那个同事掰着指头说："从1969年初开始，咱搞了三百多次实验，一百七八十个样品，卡片记录也有两千张了，结果呢？青蒿提取物，原来抑制率还能到百分之六十八，现在可好，只有百分之十二。早点改变方向，别白费工夫了……"

屠呦呦不说话了。

这个同事还提出疑问："古人也不一定都对。比方说，蛇无足能行，鱼无耳能听，蝉无嘴能鸣，他们搞不懂当作三大怪事，这有什么奇怪的呢？"

"还有，古人有这么个方子，说如果小孩儿不明原因猝死、休克之类的，取马粪一粒，用水浸泡，把浸泡后的水给小孩儿喝下去，马上就好。这叫什么方子？"

这个同事挺较真儿，拿起《肘后备急方》翻开，照着念："'未发，头向南卧，五心及额舌七处，闭气书鬼字。'就是说，疟疾还没发作的时候头向南躺着，然后憋着气，写一个'鬼'字。医典中还有这样的方子。"她翻了几页又念："'咒法：发日执一石于水滨，一气咒云，送与河官，急急如律令，投于水，不得回顾。'就是说，疟疾发作的时候，拿着一个石头站在水边，然后念咒语，把石头扔在水里，别回头就行了。这能治疟疾吗？"

另一个人又说了："葛洪只是个道士，一生都在修仙和炼丹，怎么会做到每个方子都去验证？不验证哪能保证每个方子都准确？也有可能只是听说，一知半解就写进书里了。"

屠呦呦却还是坚持。

"你们说得不无道理，人无完人，谁做事都不会百分之百准确，但是我总感觉青蒿提纯物抑制率低是我们的问题。"

"那你说，为什么实验这么多次了，抑制率越来越低？是我们哪里出了问题？"

是呀，这才是个问题。

这个问题对屠呦呦来说，没法回答。当初课题组把青蒿作为研究方向是她定的，没想到青蒿会这么不争气，提取物的抑制率越来越低！她没法向组织交代，没法向课题组同事交代！

同事们都下班了，她仍坐在实验室发呆。青蒿中有效地抑制疟疾的成分到底有多少？为什么抑制率会越来越低？是提取方法有问题，还是做实验的老鼠有问题？

那晚，她失眠了。

在各种传说中，这个场景常常被这样描述：一天深夜，正在阅读葛洪《肘后备急方》的屠呦呦突发灵感，获得了成功。然而，真实的实验过程是繁复而漫长的。从种类繁多的中草药中锁定青蒿，再到从青蒿中提取出有效成分，背后是无数次的失败和无数个失眠之夜。

在这个失眠之夜，屠呦呦心有不甘，她重新把竖排手抄的葛洪《肘后备急方》搬了出来，细细翻查，反复研读。

原文是这样——

又方青蒿一握以水二升渍绞取汁尽服之。

断开来是这样——

青蒿一握，以水二升渍，绞取汁，尽服之。

翻译成白话是这样——

取一把青蒿，用二升（约四百毫升）水浸泡，绞取汁，全部喝下去。

但是效果呢？他只字没提。难道真的没有做过临床应用，道听途说就写进了方子？

不可能。

葛洪是《抱朴子》的作者，这本《抱朴子》的价值很高，不仅有炼丹术中所反映的中国化学史上不可磨灭的化学知识，还涉及了药物学和医学，记录了大量矿物、植物药，它对一些疾病成因和治疗的论述都非常深刻，而且他的哲学思想、社会政治思想也都具有极为重要的参考价值。这样一个作者怎么会草率从事？

葛洪自有葛洪的道理。

那么说一千道一万还是自身出了问题。

她反复琢磨这十五个字，一个白天连着一个白天，一个夜晚连着一个夜晚。

这些急救方，对其他药物的记载如常山、巴豆、甘草等，不是有着繁杂的炮制方法，就是需要与别的药物一同煎煮，只有青蒿，不与其他药物混杂，清清爽爽、简简单单，只用清水一泡就能服用。

就这么简单？

她盯着这十五个字，葛老先生这么记载就有他的道理，那么精华在什么地方？

她看了一遍又一遍，十五个字，四句话，分别讲了药材、制药方法和服用方式。看起来一目了然。

青蒿是草药，一握就是抓一把。以水二升，是数量。渍，就是浸泡，中药材在煎煮前需要浸泡，是常识。中药经过了晾晒，用水充分浸泡后，再煎煮，让药效更好地发挥。她去同仁堂，老师傅都说，煎药前多泡一泡。绞取汁，尽服之。说得更简单了，将青蒿绞出汁，全部喝光。

就这么简单就能找到抗疟药，还用得着全世界都花费巨资长时间研究吗？

不可能。

她看着她的笔记，那上边密密麻麻地记录的各种标记、各种颜色、各种符号都在她的眼前模糊了，都成了一堆堆破解不开的密码。

实验室里烧瓶咕嘟咕嘟冒着水泡，药水飘来一阵熟悉的气味，顺着这个气味，她又回到了宁波老家，站在北仑山顶，跨越一千七百年与葛洪做着无声的交流。

> 青蒿有很多品种，是不是因为青蒿的种类不同影响了实验效果？
>
> 用什么样的提取方法才适合青蒿？
>
> 是不是青蒿的不同部位含有的抗疟原虫成分也各不相同，从而影响抗疟效果？
>
> 最有效的提取方法是什么？为什么要用"绞汁"？

重古训，不惟古训，不照搬古训。

那么是不是青蒿的品种问题？

她和同事们亲自来到野外采集青蒿，先后找到了六种不同种类的青蒿，一一进行冷水浸泡。实验结果仍然让人失望。

是不是青蒿的不同部位含有的抗疟原虫成分也各不相同，从而影响抗疟效果？

于是她将青蒿的枝、叶片、根都分开，分别进行实验。北京地区的青蒿质量不好，他们就通过"523"办公室协调，到四川去买一些青蒿回来，尝试单纯用叶子提取，实验效果证明，果真如此，有效成分只有叶子里才有，梗里没有，而且只有嫩枝叶才会绞出汁来，而占青蒿大量份额的坚硬茎秆并不含有效成分。

后来她回忆说——

> 反复实验和研究分析，发现青蒿药材含有抗疟活性的部位是叶片，而非其他部位，而且只有新鲜的叶子才含有青蒿素有效成分。此外，课题组还发现最佳采摘时机是在植物即将开花之前，那时叶片中所含的青蒿素最为丰富。

然而从青蒿叶片中获得的提取物，在她的同事进行动物实验后，抗疟效果仍然不理想。

怎么办？不放弃！

因为现在只剩一个问题，也是最关键的问题——用青蒿治疟疾为什么要用"绞汁"？也就是用什么方法提取青蒿中的有效成分？

一定还有一个什么重要的东西没有领悟出来。读古籍多了不多加思索会觉得知道了很多，而思考得越多就越觉得知道得还很少。

屠呦呦眉头紧蹙地呆坐在无人的办公室，周围很静，玻璃管子冒气泡的声音都咕嘟咕嘟的，显得很响。她撑着头，不再翻书，死死盯着蓝色的笔记本，嘴里还念叨不止。

她左手托着腮帮子，右手不停地敲打办公桌，还是找不到问题的突破口。好吧，换个姿势再仔细考虑，她右手托腮，左手敲桌子，还是找不到答案。

怎么回事？问题出在哪儿？

她的耐心与信心，好像一下子就被磨了一大半，干脆她整个人都趴在桌子上，头部枕在交叉的双臂上，昏昏沉沉的，没有一丝一毫的头绪，有一种伍子胥过韶关一夜白了头的感觉。

不管这么多了，回家，睡觉！可是，可是就这么放弃吗？不能！就在那一刻她鼓足勇气，放下心情，重拾信心，一下子坐直了，发光的两眼直视前方。她看着那十五个字，突然，她灵机一动。

就是这句话："以水二升渍。"

葛洪在提到别的治疗疟疾药方时，总是说要煎，要煮，要熬，可是对青蒿，却没有提到这些，而是提了"渍"这个关键字。

一般吃中药就是煎、煮、熬成又苦又黑的汤汁，然后吃进肚里，这样才能得到最好的疗效。

可是，渍是什么意思？

查查字典，渍的主要意思就是浸、沤、泡在液体里，这里有一个关键问题是不需要加热，是要"冷处理"。

难道加热会破坏青蒿中的有效成分，所以要用冷水浸泡吗？

在屠呦呦2009年出版的专著《青蒿及青蒿素类药物》中，她提到了当时的一系列实验。书中还特别提示，分离得到的青蒿提取物，虽然经过加水煮沸半小时，但抗疟药效稳定不变，可知只是在粗提取时，当生药中某些物质共存时，"温度升高"才会破坏青蒿素的抗疟作用。

真正思维缜密的科学家，正是可以在这种时候敏锐地发现别人所看不到的细节。屠呦呦想到了，会不会是提取过程中，有些环节因为加热而破坏了药物的有效成分呢？如何才能在不破坏这些有效成分的前提下将它们提取出来呢？

在这之前他们每一次实验都用水煎煮，或者用乙醇提取，青蒿素发现后的观察表明，实际上青蒿素不溶于水而溶于油，天然青蒿中抗疟有效成分贮存在充满芳香油的"腺毛"中，假如机械地套用"水渍法"，那么有效成分提取量将会很低，无法达到实用要求。所以使用水煎煮，或者用乙醇提取，对青蒿来说结果都不好。

"最理想的时候，我们从青蒿中提取的样品最高只有百分之六十八的抑制率，难道另外的百分之三十二正因为高温而流失了？"

突然眼前一亮，一个设想在屠呦呦大脑中闪过。

"温度！差别就是温度！很有可能在高温的情况下，青蒿的有效成分就被破坏掉了。以前进行实验的方法都错了。"

低温处理！

就在这一刹那，屠呦呦获得了"诺贝尔奖级别"的灵感。穿越一千七百年，与抱朴子葛洪成功地进行了对话。

这灵光一闪来自日夜不停的努力。

课题组成员钟裕蓉记得，当时她的家就在研究所里，步行两分钟就能到达实验室，即使是每天晚饭过后，她也要回到实验室里，和大家一起忙碌到九十点钟。

也许，一个光环早已备好，就在前边等他们一步步地艰难接近，再接近，最后扑向那个绚丽多彩的胜利。

也许这就是胜利的曙光。

次次失败，第191次的成功

1971年10月4日，深秋，清晨。

胜利的曙光更像黎明前的黑暗，是肉眼看不到的。昨晚，她是拖着沉重双腿回到家的。就在她双腿要迈进家门槛的时候，腿突然软了下来，瘫倒在地上，是老伴儿看到后把她扶起来，抱在床上。此刻，她需要的不是吃饭，而是休息。

早上七点，她又是精神抖擞，先于课题组成员，第一个来到实验室。要做降低温度，"冷处理"实验。即用冷水浸泡青蒿叶子，获取抗疟有效成分。这次实验记录本上写着编号191。当时出于保密的原因，课题组对外号称191＃。

她手脚麻利，先做实验前的准备工作，等待大家的到来。

八点，实验正式开始。

屠呦呦净手后，把泡在冷水瓶中的青蒿取出来，放进事先准备好的透明的玻璃杯中。

她的课题组成员，纷纷围过来，一双双眼睛都紧张地盯着提取物样品抗疟实验的反应。

有同事说："有变化，没有大的变化？"

关键时刻，课题组需要淡定。

屠呦呦不假思索地说："再换一种方法，用乙醚低温提取。"

这一次跟前一次不同的是，用来浸泡的液体不是冷水，也不是酒精乙醇，而是乙醚。

首次用乙醚低温提取，拿来青蒿，先是去根取叶，放水缸中冷水浸泡，之后包裹成团放入乙醚中浸泡六小时。提取程序大致相同，但效果不同——青蒿的乙醚提取物对鼠疟模型有百分之九十五到百分之百的有效率。

不是百分之百，就还差一步。

后来他们进一步提取，去除其中无效又比较集中的酸性部分，得到有效的中性部分，继而进行了猴疟实验，结果与鼠疟相同。

还不行！就在"中性部分"下功夫。又经过多次实验，通过十几个实验环节，把无效而毒性大的酸性部分用碱溶液除掉，得到了一种用乙醚从青蒿中提取的黑色膏状物，一种黑色软膏，这就是能杀灭疟原虫的"中性部分"。

测试结果非常理想。

成功了！

大家看着这软软的、光亮的、可爱的黑色软膏，有点抑制不住内心的喜悦，有的欢呼雀跃起来。

屠呦呦虽然自然带笑，却是静静的，她没像同事们那样跳起来。

她冷静一下后，说："这是初步结果，关键一步还在后边哦。"

同事们都安静下来了。

接下来的关键是动物实验。

屠呦呦的助手郎林福、刘菊福互相配合着，早就给一只小白鼠体内注射了疟原虫，可怜的小家伙正在发烧，红红的小眼睛无精打采的，将它抓在手里也无力挣扎。它正在忍受疟疾的煎熬。

实验又开始了。

郎林福取过灌胃针筒，塞到小白鼠嘴里，将黑膏缓缓地灌进了它的胃里。使用这种办法给药是迫不得已，因为用乙醚从青蒿里提取出来的黑膏并不溶于水，没法用注射的方式给药，为了将黑膏顺利打入小白鼠体内，只好用这样的灌胃方式。

另一只小白鼠被刘菊福用同样的土办法喂了药。接着一只又一只小白鼠灌胃后被放入笼子里，这样连续三天给小白鼠灌药，再等待二十四小时，才能获得新的提取物与疟原虫战斗的结果。

课题组每一个成员都在焦急地等待着实验结果。

连续灌药三天，又过了二十四小时，验证提取物效果的时间到了，负责动物实验的郎林福抓过一只小白鼠，提取了它的血样，做了显微镜涂片，显微镜下观察疟原虫抑制及转阴情况。

突然，同事刘菊福发出一声惊喜的叫声，在一旁焦虑等待的屠呦呦走上前去，把眼睛凑到了显微镜前。

有那么一刹那，屠呦呦觉得自己花了眼，她茫然地将头从显微镜上抬起来，摘下眼镜，揉了揉眼睛，又调整了一下显微镜，再一次戴上眼镜，凑近显微镜的目镜。她的呼吸顿住了。她甚至觉得自己的心脏也停止了跳动。

镜片下看不到被蓝色疟原虫感染的红血球！

疟原虫是最微小也是最可怕的军团，通过蚊子比针尖还细的嘴巴，进入人体，就可以将一个一百多斤重的人击倒，甚至毙命。

可是现在，显微镜下，这支人类有史以来遇到过的最可怕的疾病军团完全消失在血样内。

这证明，所有的疟原虫都已经死掉了。

这不可能！

在她以前无数的实验中，疟原虫是最顽固的对手，再出色的药物或者提取物，都不可能完全杀死疟原虫。在显微镜下的血滴样本中，总有些疟原虫钻在红血球内，嘲笑她的又一次失败。

可是这一次，她看了一遍又一遍，想从显微镜目镜下的载玻片上的边边角角找到个别依然存在的疟原虫。

然而没有，真的没有。

一个都没有！

这滴小小的血在显微镜下是一个巨大的湖泊，可现在这个湖泊干干净净，什么都没有。

疟原虫杀死率百分之百！

从1969年1月到1971年10月，屠呦呦和同事们从数千种中药中选了两百多种抗疟中药，筛查了三百八十种提取物，光数据卡片就有厚厚的两千多张，最后终于在第一百九十一次获得了成功。

这次，课题组的同事们没有兴奋。

因为他们的组长仍是自然带笑，却没有任何表示。

是的，实验还要继续。

随后，她和同事们进行了多次实验，连续三天给小白鼠口服每公斤体重一克的黑色软膏，在显微镜下观察，疟原虫的抑制率为百分之百。

再三确认，实验结果是正确的，没有任何失误的环节干扰实验数据。从1971年12月到1972年1月，他们对一批猴子进行了服药实验，进一步证实黑色软膏在小白鼠之外的猴子身上是否有效。

这也是发现抗疟药物研制成功的关键一步。

接下来是等待，他们睁大眼睛，平心静气地等待，等待着另一个至关重要的实验结果。

钟裕蓉、崔淑莲和倪慕云，都在看着组长屠呦呦，她坐在日常办公的位置，看上去比任何人都平静，但只有她自己知道她的心跳得有多厉害，她平静的眼睛里闪烁着难以掩饰的紧张。——在小白鼠身上成功了，在猴子身上会是怎样的结果呢？

在过去所有的实验中，失败的次数太多了，有时候看上去有成功的迹象，最后结果还是失败了。失败，成了课题组的家常便饭，见多不怪了。可这次不同，在小白鼠身上实验的成功是百分之百的，是确定无疑的，谁敢说在猴子身上会不会出现意外？一旦出现意外，那就又是一次失败。

不过这次例外，黑色软膏对猴子疟原虫的抑制率的结果令人振奋，实验结果是——百分之百。

黑色软膏大获成功。

屠呦呦创建了低沸点溶剂提取的方法，使筛选工作终于出现了突破。一个世界公认的难题攻克了。

这次，屠呦呦说话了。

"同志们，欢呼吧，我们成功啦——"

整个实验室沸腾了，整个中药研究所沸腾了，整个中医研究院沸腾了。

屠呦呦和她年轻的同事们熬过了无数个不眠之夜，体会过无数次碰壁挫折。姐妹们相拥而泣，多日的沉寂化成天边的云彩被风吹散，再苦再累也一扫而去，她们成功地破解了青蒿的密码，像是打了一场大胜仗，一千多个日日夜夜，胜仗虽来得迟些，但毕竟来了，怎能不让她们高兴呢？她们高兴得跳了起来，甚至有人喊出了"毛主席万岁"的口号。

后来回忆起这件事，屠呦呦说：

> 成功就在一念间。当时，我想到可能是因为在加热的过程中，破坏了青蒿里面的有效成分，于是改为用乙醚提取。那时药厂都停工，只能用土办法，我们把青蒿买来先泡，然后把叶子包起来用乙醚泡，直到第191次实验，我们才真正发现了有效成分，经过实验，用乙醚制取的提取物，对鼠疟、猴疟的抑制率达到了100%。

她跑到动物实验室抚摸着那些大大小小的动物，对它们表达了谢意，感谢它们为人类生命科学发展做出的牺牲。

1971年10月4日。

这是一个值得纪念的日子。一千多个日日夜夜，一次又一次单调乏味的实验，终于看到了黎明的曙光。他们统一口径，就把这个黑色软膏叫191号。

这是一百九十次实验失败和一次成功的相加所得的数字。一百九十和一，两个相差悬殊的数字，里面包含了多少个不眠之夜，多少次期待和失望，多少个内心焦灼的考验，多少个可以放弃的理由。这当中只要有一次动摇，都会与成功擦肩而过。而屠呦呦把这一百九十次失败当作打开成功大门的金钥匙。

191号，一种不屈的探索精神的结晶。

被冷落的黑色软膏

第一百九十一次，成功。

尽管如此，后边的路并不顺。

1972年3月8日，丽日当空，"全国抗疟疾药物研究会"在南京开展。屠呦呦作为中医研究院中药研究所课题攻关组代表参加了这次"南京会议"。会上，各有关研究机构汇报了各自筛选抗疟药物进展情况。屠呦呦以《用毛泽东思想指导发掘抗疟中草药》为题，报告了青蒿乙醚中性粗提物的实验结果——鼠疟、猴疟抑制率达百分之百。

当时全场还是挺振奋的，但作为一种集体财富，虽然获得大家一定关注，但并没有成为唯一的重点。

一阵掌声过后，突然阴霾出现，会上不点名地批评了一种歪风邪气——"只知道蹲在实验室闭门造车，不注重实践，这是很危险的。"这是一个关系到政治立场的大问题。这分明就是针对屠呦呦课题组，因为他们长期以来就是泡在实验室里寻找青蒿的有效成分，也就是这个191号黑色软膏。

会议结束，当她回到北京的时候，同事们纷纷围拢过来，欢欣鼓舞地向她打听从南京带回的好消息。他们一致认为，他们的青蒿会一炮打响的。

屠呦呦一见到同事们，开始笑脸相迎，可是面对同事们满满的期待，她有些对不住他们的感觉。

"咱们的黑色膏体——"脸上一下就没有笑容了。

同事们更好奇了。

钟裕蓉问："怎么啦？"

"咱们的黑色膏体，没有在全国推广……"

"怎么回事？"崔淑莲和倪慕云，还有其他同事都感到十分奇怪。"咱们的青蒿提取物有什么问题吗？"

屠呦呦告诉同事们，这是一个全国军民大协作行动，全国已筛选了四万多种化合物和中草药，定了十种在中医典籍中出现次数多、抗疟效果好的中草药进行重点研究。虽然191号也被列为重点研究对象，但被寄予厚望的还有鹰爪和仙鹤草，以及臭椿、伞花八仙、绣球、南天竹、五朵云，等等。

屠呦呦说："会上提出了一个问题，说某些单位偏重于实验室工作，闭门造车，不重视实践，这是个政治立场问题。"

钟裕蓉说："这话怎么讲？找抗疟药物不是毛主席指示的吗？这不叫政治？光抓革命，不促生产那叫政治？他们才不讲政治！"

倪慕云说："光讲政治，中国的原子弹、氢弹能爆炸成功？"

屠呦呦说："他们不是不讲政治，他们不懂政治。靠喊口号，靠窝里斗，能吓唬美帝国主义？还得靠原子弹！"

屠呦呦接着说，组织者要求对鹰爪、仙鹤草、南天竹、伞花八仙、五朵云等进一步研究，当然也有青蒿、臭椿等，都要求加快开展有效化学成分或单体的分离提取。会议最后总结，还是建议鹰爪要尽快测定出化学结构，继续进行合成的研究；仙鹤草在进一步肯定有效单体临床效果的基础上，搞清化学结构；青蒿、臭椿等在肯定临床效果的同时，加快开展有效化学成分或单体的分离提取工作。

听到这里，钟裕蓉笑了。

"这不还得泡在实验室做实验，闭门造车？"

屠呦呦说："会上也是个别领导不认同咱们，说是根据当前政治形势要求，应当直接就做临床实验，而不能偏重于实验室研究，领导没点名批评这种歪风。虽然没点名，但从实验室拿出真东西的只有我们，这不就是说191号，说咱们课题组吗？"

倪慕云说："你没反应？"

"我没在意。"

他们与屠呦呦合作多年，早知她的性子，他们的屠组长生性直爽，遇到她觉得正确的她当场表态支持，如果遇到她认定是错误的，她不管你是谁，你什么身份，立刻反驳。也许在各个领域作出极为杰出贡献的人才都有一个共通点——偏执吧。没想到这次他们的屠组长竟然忍了。

钟裕蓉向她伸出大拇指。

"奇迹，这是个奇迹。"

屠呦呦说："你个小年轻晓得什么？人家会上不点名，有劲使不上。你要起来反驳，不是自己往人家套子里钻？"

大家不吱声了。

钟裕蓉说："总之一句话——咱们的黑色软膏被冷落了……"

屠呦呦说："不对。"

"宁波话说，老大胆壮心勿慌，小船冲出大江河。毕竟咱们第一步走出来了。咱们的黑色膏体尽管是一种抗疟粗提物，离制成抗疟药还有一段距离，但我们可以说，寻找抗疟新药的钥匙我们找到了。"

她又说："冷落是暂时的，我就不信会一直被冷落，我们做191号效果就摆在那里，不能改变，怎么会被冷落呢？请大家继续努力吧。我们要相信我们自己。"

一席话鼓舞了士气。

尽管这个黑色软膏只是她发现青蒿素的一个开始，但屠呦呦下一个目标很清晰——提纯更多的191号黑色软膏，早日用在疟疾病人身上，挽救成千上万人的生命。

大锅与大缸，与居里夫人的做法如出一辙

雨过天晴，天空出现了彩虹。

令人兴奋的是，南京会议后不久，一天，彩虹还挂在天边的时候，红彤彤的晚霞映衬在西边，这时全国"523"办公室专门派来两人，来到位于东直门内的中药研究所，找到屠呦呦课题组，提出要求，尽快到海南疫区试用青蒿有效提取物，观察临床疗效，尽快把药用在人身上，观察效果。

这等于得到了"523"办公室的认可。

这让屠呦呦课题组全体同事们深受鼓舞。

而这时的屠呦呦却有些为难了：要深入疫区做临床研究，就必须先制备大量的青蒿乙醚提取物191号，进行临床前的毒性实验，然后再作临

床观察。短时间内提取这么多黑色软膏，难度很大。

当时那个时期，各项业务仍在停顿状态，在这种情况下，哪有药厂可以配合他们搞青蒿提取？

怎么办？

屠呦呦说："咱们学习王进喜，有条件要上，没有条件创造条件也要上。宁可少活二十年，拼命也要拿下大油田！"

倪慕云说："关键是没设备，怎么创造条件？"

"人家造原子弹的在罗布泊，无人、无水、无电，吃着树叶，啃着骆驼草，一样都能搞出原子弹，我们有水、有电，还有显微镜，这就是条件。"

倪慕云说："屠组长，光这些是不够的。"

"如果需要其他设备，我们就找军队医院。"屠呦呦说，"如果我们不能飞，那就跑；如果跑不动，那就走；如果实在走不动了，那就爬。这是我们的梦想，无论怎样都要勇往直前，决不能退缩。"

倪慕云说："咱们课题组都很清楚，从青蒿中提取191号是探索性的，没有先例。北京地区的青蒿中191号含量又低，只有万分之几，要搞取足够的黑色软膏，用实验室里的玻璃瓶来提纯，根本完不成任务。"

同事们就集体犯难了："是啊，我们怎么办？"

是的，怎么办？

屠呦呦想起了她在跑药店、药铺的时候路过一些集市，见过一些卖大缸的，旁边还有匠人大声吆喝"镉盆、镉碗、镉大缸——"，声音清脆利索。

当时的北京城干旱少雨，自来水没有普及，一些人喜欢把大缸放在露天地接雨水，洗菜、洗漱都用这些水。还有一个用处，冬季用来渍腌咸菜，白菜、萝卜、胡萝卜等统统放在大缸里，放进卤水，腌出来的咸菜新鲜脆生，就着吃玉米饼子，够味。北京人喜欢这一口。

所以当时一般集市都有卖大缸的。

屠呦呦灵机一动，办法有了。

"咱两条腿走路。一方面向'523'办公室求助，买四川的青蒿拿过来提取，另一方面咱们干脆到市场去买大缸，用大缸来提取。我就不信能把我们难倒！"

对这件事，屠呦呦的同事姜廷良说："北京的青蒿，含量很低，需要很大体积的容器去浸泡，这么大的容器我们没有，就买了社会上大家家里面用的大缸去提，当时买了七个，从这一点就可以知道当时条件差到什么程度。"

用大缸，而不用铁锅等其他容器，也是屠呦呦当年向老药工学习炮制中药得到的启示。煎煮法，我国最早使用的传统的浸出方法，一般为陶器、砂罐或铜制、搪瓷等器皿，不用铁锅，铁锅会让药液变色，所以大缸最合适。

于是五月末青蒿开花之前，他们雇了马车，把七口大缸拉进中药研究所，人工搬进实验室，充当提取锅使用。大缸进了实验室楼道里，他们拿着镰刀和铲子，骑着自行车去郊区找青蒿，发现一蓬蓬青蒿就贴着地面割下来，然后打成捆，放在自行车后座上，驮回中药研究所实验室。

七个大缸一字排开，中间就是一捆一捆的北京当地的青蒿。此时青绿色的青蒿，枝叶繁茂，淡黄色的小花即将盛开。

尽管在缺乏通风设备的陋室里，用挥发性很强、具有一定毒性的药剂浸泡提取青蒿精华有一定危险，但课题组的同事们都义无反顾地开始了提取工作。

他们先往大缸里倒入乙醚溶液，然后像一个个手工业者那样蹲在地上，剁去根须，去掉杂质，然后撸下鲜活的叶子，在水中洗干净，一捧捧地放入大缸，泡在乙醚溶液里。

之后他们一齐动手，用漏斗分液提取。

一溜七个大缸摆在实验室内，大缸内浸泡着青绿色的新鲜青蒿叶子，几个小时后，他们从大缸中舀出那些泡好的液体，放进漏斗中慢慢提取有效成分。

这情景，让人想到一种世界性的机缘巧合。他们的做法，与七十年前远在法国的居里夫人发现"镭"的时候的做法如出一辙——一个大锅，一个大缸。

钟裕蓉的老伴儿严述常谈到当年夫人与屠呦呦一起从青蒿中提纯有效成分的时候，至今感慨万分。

"那时候我们都年轻，精力充沛。实验需要用到乙醚浸泡青蒿，后勤却又供应不上。他们就买来了水缸当容器存放这种危险化学品，并用漏斗进行分液，放了又加，加了又放……"

他说事实上这样在实验室里做，很危险，如果操作不当很容易引起爆炸。他说："我曾经看到有一次救火车开进院里，我就放下手头的工作，从二楼阳台爬到实验室救火。"

当时就那么个条件，正如姜廷良所说："当时实验室连基本的通风设施都没有，但任务又很紧迫，屠呦呦为了加快提纯速度，急需寻找能够容纳大量溶剂和实验品的合适器皿。然而，紧张的经费却让他们一筹莫展。急中生智的屠呦呦，想到了渍腌咸菜用的瓦缸，就把这样的瓦缸充当了提纯药物的器皿。最终，靠着这些瓦缸成功提纯了足够的有效提取物。"

课题组这种敢于冒险和创新的精神打动了中医研究院的领导，他们让中药研究所增派人员，参与实验，开始大量提取青蒿乙醚提取物，以便进行临床前的毒性实验和制备临床观察用药。

领导的决定鼓励着他们。他们几乎每天都要加班加点，星期天也不休息，通宵苦干，在短时间内，提取了两公斤的191号黑色软膏，并完成了急性毒性实验。

就在此时，屠呦呦病倒了，被抬进了医院。

病愈出院，再战病魔

回顾当时那些探索青蒿抗疟药的日子，屠呦呦对他们的课题组评价很高。

你有原创的东西，在国际上就会被另眼相看，能说服人，也能让我们的祖国真正强起来。我们那时候，工资待遇都挺低的，大家也不考虑这些，自觉来加班，要争取快速推进工作。为了这个原创的东西，大家工作都很努力。

她本人更是这样，尽管大学时期是有名的一个"两耳不闻窗外事，一心只读圣贤书"的苦读生，参加工作后却是一个工作狂，白天黑夜地泡在实验室里。

若干年后她说："那是一个特殊时期，所有的工作都停了，药厂也都停了，根本没有谁能配合你的工作。所以我们当时只能用土办法。"

这个土办法就是大缸里装乙醚，泡青蒿，提取抗疟有效成分。

这个土办法害人不浅。

有些化学常识的人都知道，乙醚是一种挥发性化学物质，有很大的刺激性味道，具有麻醉作用，可以救人，但对人体有害。由于条件简陋，缺乏通风设备，缺少必要防护，接触了大量有机溶剂后，很多参与研究的科研人员的健康受到了损害。一天下来他们常常头晕眼胀，还有鼻子出血、皮肤过敏等反应，然而压力和困难没有压垮屠呦呦课题组的同志们，他们照旧夜以继日地工作着，没人担心身体受害，也没有一个人叫苦叫累。

姜廷良说："乙醚等有机溶剂对身体有危害，当时设备设施都比较简陋，没有通风系统，更没有实验防护，大家顶多戴个纱布做的简易口罩。当时，整个办公室都弥漫着乙醚的刺鼻气味，也没有排风系统，甚至连一台风扇都没有。"

屠呦呦的老伴儿李廷钊记得，那时候夫人脑子里只有青蒿，有一段时间她整天泡在实验室，整天不着家，没日没夜地在实验室泡着，回家满身都是酒精味。当放弃酒精改用乙醚后，她天天围着大缸转，盛放乙醚浸泡青蒿的大缸，时时发出刺鼻的气味。

这些带有刺鼻气味的化学物质长期弥漫在实验室里，等于他们长期暴露在挥发的乙醚中，时间长了，屠呦呦就头晕眼花，有时莫名其妙流鼻血。后来她满口牙痛甚至松动脱落，那段时间她只能吃松软食物，有时干脆只吃流食。

有一天中午她从实验室出来，身体感觉有些不适了，有点腹胀，接着是恶心、头晕，不一会儿就吐了，吐得翻江倒海，一塌糊涂。同事倪慕云摸摸她的额头，发烧，又发现她目光呆滞，就让钟裕蓉马上叫了一辆三轮车，她们两个带她一起去东直门医院做检查。

医生在病房进行了一些详细检查，之后回到办公室，钟裕蓉便跟随医生来到办公室。

医生问："这个同志是不是长时间在实验室工作？"

钟裕蓉点头："中医药实验室。"

医生一边写病历一边说："有些中药对肝脏影响很大，如雷公藤、斑蝥等，特别是过多吸入乙醚、酒精一些挥发性很强的液体，加上长期劳累，又缺乏营养，会使肝功能损伤。"

她们都是研究中医药的，乙醚对肝脏有影响她们都很清楚。

钟裕蓉问医生："具体说是什么病？"

医生说："感觉药物性肝炎的可能性较大。"

钟裕蓉和倪慕云都有些吃惊："肝炎？"

"对，但不是病毒性，通过休息和保肝治疗后，一般就能痊愈，当然意外的情况也有。"

钟裕蓉还是有点紧张。

当她跟随医生回到病房的时候，发现屠呦呦脸色也变得着急起来，迫不及待地问医生："我得的是什么病，怎么治疗？"

医生说："住院。"

"还要住院？"她说，"这不耽误我们做实验吗？"

医生说："先治病吧……"

她问："是什么病？"

"肝炎。"

她没有感到诧异，这一点她是知道的，他们中医研究所刚刚创办，设备简陋，条件艰苦，实验室通风条件也没有，因为常年接触各种化学溶剂，她经常感到头晕目眩，甚至发热发烧，得这种药物性肝炎是很有可能的。

不过她问医生："这个病不会传染别人吗？"

医生说："这时候还想着别人，真有你的。这是比较常见的药物性肝炎，不是传染病，不会传染给别人的。"

"那就好。"她说，"即使我不能再做这件事了，我的同事可以继续做下去。"

她又问："要治疗多长时间？"

"急性的，治疗一段时间，一两个月身体就能恢复。"

屠呦呦说："请大夫治疗，越快越好……"

她住院治疗了。

几天后，李廷钊来到东直门医院，突然出现在她的床前，屠呦呦急忙问他："你怎么来了？"那时候，他还在云南"五七干校"劳动呢。

李廷钊说："我在云南突然接到你们所长一个电话，说让我赶紧回北京一趟，我吓了一跳，问是什么事，你们领导说你中毒了，昏迷不醒……我当时就吓傻了……"

屠呦呦看到李廷钊脸色发白、焦急万分的样子，有些愧疚地说："对不起，让你挂心了。"李廷钊握着她的手，轻轻拍着她的肩说："你不能这样拼了，你现在不是一个人了，你还有父母，还有两个女儿，还有我……"

面对亲人，她突然间感到了委屈，眼泪止不住流了下来。

"我对不起你们，对不起。"她说，"如果我停下来，会对不起更多的人，对不起国家了。事到如今，我必须坚持……"

"可是，如果扛不动的时候，硬是扛下去，毁了自己的身体，一切都没有了。你在生活上本来就是个马大哈，我还在云南，不能在你身边照顾你，我求你，好好保护自己。"

屠呦呦点点头："我会的。我有你，还有我们的父母和家，我会好好工作，也会好好照顾自己。"

李廷钊有些哽咽地说："我不能没有你，我们一家人都需要你啊……"

屠呦呦说："有你，是我一生的福气。廷钊，你们也忙，赶快回云南去吧。我这里有同事照顾，你放心。"

"不，我要照顾一些日子。"

李廷钊在妻子身边照顾了一个星期。

她躺在病床上开始接受治疗。她清楚，医生除了给她一些保肝西药治疗外，还给她辅以中药，如茵陈、蒿汤、栀子、柏皮汤什么的，主要是清利湿热。她很赞成这位医生的治疗方法，她在十六岁患肺结核的时候，就是老中医给她治好的。她相信中药的神奇功效。

不久她提出要出院。

尽管已经出院，但还需要口服药物，研究所领导让她在家休养一段时间，安排同事轮流照顾她，帮助她的生活起居。她没有同意，坚持上班。

倪慕云劝她："你的身体经不起折腾了，再不能长期待在实验室里，那些化学溶剂对你特别不利，你还是跟领导说一声，调换个岗位吧。"

钟裕蓉也说："你刚住院出来，以这个理由选择离开，领导会同意的，或者暂时离开一段时间也好。"

她笑笑："如果选择离开，有许多个理由，但这个岗位总得有人来做，换了别人，也会受到伤害……"

钟裕蓉说："你跟别人不一样，你年轻时身体就不太好，又刚刚住院治病，没有彻底痊愈……"

她淡淡地笑了一下："不换了，谁叫我爱上了这份工作呢？自己选的路，就要一直走下去……"

研究人员成天泡在有毒的乙醚充斥的实验室里工作，除了屠呦呦得过药物性肝炎以外，团队的三个人后来都身患重病。

　　钟裕蓉的老伴儿严述常说，由于接触太多化学物质，钟裕蓉被检查出肺里边产生了一个肿块，气管上长了一个无名肿瘤，不得不动手术将这个肿瘤连同部分气管与三分之二的肺叶一起切除，这使她的健康受到了重大伤害。

　　屠呦呦团队的另一员大将崔淑莲，受伤更严重，她没有享受到成功的喜悦，便早早地离开了人世。

　　张伯礼说："现在往回看，确实太不科学了。但当时就是这样，即使知道有牺牲，有伤害，也要上。"

　　尽管千回百转，但为了黎民百姓，哪管个人得失。

第九章　最后拼搏

　　屠老师淡泊名利的奉献精神，岂止是以身试药，"文革"特定期间，工厂都停工了，实验室都关门了，为了做实验，他们买了好几个大缸，在大缸里做乙醚的提取，那种挥发很多，人天天围着缸吸入这个，为什么她得肝炎，不是吃那药得的肝炎，是吸那个乙醚得的肝炎，不但屠老师，当时课题组都是如此。

　　——2015年10月，"人民英雄"称号获得者、原中国中医科学院院长张伯礼在《北京青年报》上如是说

动物实验，毒性？

191号提取物，黑色软膏两公斤。

一个了不起的成绩。

这是从七个大缸浸泡青蒿的新鲜叶子中，用漏斗一点一点提取出来的。这是以屠呦呦团队身体伤害为代价提取出来的。

根据全国"523"办公室要求，屠呦呦课题组去海南疫区试用青蒿有效提取物191号，观察临床抗疟疗效，这些足够了。

在去海南之前，1972年7月先做动物实验，这次动物实验中意外突然降临了：一只接受实验的猴子出现了肝脏中毒受损现象。

动物实验，显示毒性？

之前做过动物实验，最开始用小白鼠做，抑制率达到百分之百。后

来用猴子做，结果也是百分之百。而这次，多数表现正常，个别动物的病理切片中却发现疑似肝脏中毒的症状。也就是说，这种黑色软膏在临床实验前，出现了问题——出现了疑似的毒副作用。

这就没人敢说用于人体实验是否安全了。

但屠呦呦对这种黑色软膏依然充满了信心。她坚信青蒿提取物有效，对人体无毒害。

在她的坚持下，又经过几次动物实验，疑似问题仍然未能定论。人与动物有差异，但即使在动物身上安全有效，也要反复通过人体试服后才能为病人使用，即临床应用。动物都不能过关，药物的毒理、毒性情况还没有完全明确，上临床还不够条件，让病人使用就无从谈起了。

动物本身就存在问题？还是药物出现了问题？

一时争论不休。

实验室内，各方开始了激烈的讨论。那么到底适不适合人类使用？团队内出现了学术争议。

从课题组角度来看，青蒿在古籍记载中毒性不强，动物实验也做过一些，应该问题不大；但搞毒理、药理的同事坚持认为，人与动物有种属差异，只有反复多次人体试服后才能临床。

双方各自坚持自己的观点，似乎都认为自己正确无误。这就要由课题组组长来一锤定音了。

屠呦呦站了起来，说："综合分析青蒿的古代用法，又结合实验动物的表现，我认为不至于发生疑似的毒副作用。"

同事却反问："在这种情况下，你敢保证在人身上无害？你考虑过有害的后果吗？"

屠呦呦说："哪能不考虑？可是我们得到了领导的信任不容易，是一个不可多得的机会。领导要求今年就要搞临床验证，机不可失，我心里着急啊。大家都知道，疟疾发病有季节性，抗疟季节就是7月到10月，过了这段时间，到了冬天就少很多了，蚊子都死了想得疟疾都困难。我们呢，一旦错过这个季节就要再等上一年。这样的话，尽快拿到海南去临床试用观察就是一句空话。这样的话，就辜负了领导对我们的信任。"

同事说："我们宁可再拖一年，也不能冒险从事！"

"时间紧迫，我们耽误不起。"

"你是组长，你说怎么办吧。"

又到十字路口，需要她来决断。

这个决断很难。

我是组长，我有责任第一个试药！

屠呦呦忽然想到了李时珍，在她研读李时珍医药典籍时，她看到了李时珍亲自饮药，实验麻醉剂曼陀罗花的故事。

曼陀罗花可以用来做麻醉药，开刀做手术的那种麻醉药，古书上说曼陀罗花汤喝下去以后，人就会像酒醉一样又笑又闹，手舞足蹈，究竟是不是这样呢？要喝多少才能达到麻醉的程度？没有现成的经验可循，只有自己亲身实验。作为"药圣"，他深知麻醉药有一个特点，一滴之差，千差万别，多一滴即可使人中毒断命，而少一滴即有麻醉作用。但为了减轻病人痛苦，他毅然不顾危险亲自饮药实验。通过一点一点增加药量，用自己的身体的感受，弄清了达到半醉的状态的用量是多少。

古人尚能如此，今人为何不能？

一个大胆的想法突然从她的脑海里冒了出来，她对同事说："有办法啦。让我当一次'小白鼠'，用自己做一次实验吧……"

听了此话，实验室的同事们都惊呆了。

钟裕蓉问："你要以身试药？"

她说："对，在人身上到底有没有毒副作用，只要服用一下不就一清二楚了吗？"

"这不是更冒险吗？"

屠呦呦说："这个冒险是值得的。"

"可是你身体不行，小时候得过肺病，前不久又得过肝病，药物实验对肝肾伤害最大，你这样的身体难以承受。"

郎林福说："不行，如果非这样做不可的话，那就让我们年轻的先来。"

岳凤先也说："你别冒险，就让我们当回'小白鼠'。"

屠呦呦态度坚决："不，我是组长，我有责任第一个试药！"

负责动物实验的郎林福突然说："谁都不能做这个实验！我不同意做这个实验！"态度很硬，因为他亲自看到有一次用黑色软膏做实验，给一条狗吃，狗很快就死掉了——究竟是操作失误，还是黑色软膏本身的毒性极大？要是真有毒，可是生命攸关的大事！所以郎林福态度强硬地拒绝人体实验。

而屠呦呦说："人生总得拼几回。一点危险没有那叫什么实验？"她不听劝阻，当机立断给领导打了报告——甘愿以身试药。

就这样，屠呦呦提出一个石破天惊的建议——"探路试服""以身试毒"。

她的这一表态虽然令人惊叹，但这个建议要经过中医研究院批准。研究院领导看着她提交的书面志愿试药报告，有些意外，领导没想到这位戴着眼镜、斯斯文文的江南女子有这样的胆识和气魄。

"试药有风险，你是知道的，这是人命关天的大事。"

屠呦呦说："我是搞医药的，这我懂。"

"再说，你刚住过院，恐怕——"

"我是甘愿试药，后果自负。志愿报告上都写着……"

志愿报告不光是一则免责声明，还是一张"生死状"。正如清华大学副校长施一公所说："在当时环境下做这样的工作一定是极其艰难，一定付出巨大的牺牲，科学家自己用自己来做实验，这是一种献身精神。"

后来屠呦呦回忆说——

　　青蒿素治疗疟疾在动物实验中获得了完全的成功，那么，作用于人类身上是否安全有效呢？在那时候这是个军工项目，也是世界头号医学问题，不可能再往后推了，必须在年底拿出临床结论。当时只有坚定信念，没有退路，也没有时间考虑有什么失败后果。为了赶进度，尽快让青蒿素投入使用，我向领导打报告请示，我是组长，我有责任，我先试服，还有另外两名课题组成员也积极参与了试药，勇敢地充当了首批志愿者，在自己身上进行实验。在当时没有关于药物安全性和临床效果评估程序的情况下，这是用中草药治疗疟疾获得信心的唯一办法。

191号在小白鼠身上安全有效，而在个别猴子身上却出现了毒副作用，在这种情况下就拿到人身上做实验，风险是显而易见的。

尽管这样，屠呦呦"以身试药"的精神还是感染了课题组的同事，他们积极响应，纷纷报名参加试药。

这可是人命关天的大事，研究院领导不敢做主，就向军代表请示，经过军管会讨论，军代表出面表示勉强同意了。军代表的意思，既然大家自愿做"人体试服"，那就尊重群众的意见，如果没有毒副作用之后再上临床。

军代表问，一个人够不够啊。

研究院领导说按照惯例，做实验，动物要三个，作为第一批，人也要三个。第一批过关后第二批接着上，至少要有七个人。

最后院长和军代表敲定了，用当时富有特色的解决方式——先由屠呦呦带头，跟她课题组的成员共三人，进行"探路试服"，没有问题再做打算。

消息传出，中医研究院科研工作者闻风而动，郎林福、岳凤先、章国镇、严述常、潘恒杰、赵爱华、方文贤等同事纷纷报名，与屠呦呦一起参与实验。

第一批选定三个人——屠呦呦、郎林福、岳凤先。

事情定下来。有一天屠呦呦回家，对丈夫李廷钊说："最近工作忙，这段时间就不回家了，你做好了饭就吃，不用等我了……"

刚调回北京的李廷钊感觉好像有什么大事要发生，就反复追问，放狠话说："你不说实情从今天开始就不让你离开家门！"无奈之下屠呦呦只得说了实话。

李廷钊一听，惊出一身冷汗，他说："这么大的事，你怎么事先不跟我商量就自作主张。屠呦呦同志，你不要把'地球'扛在自己肩上！"

屠呦呦说："我跟你商量，你肯定不同意……"

李廷钊也清楚自己的妻子，生性直爽，干起事来执着痴迷，她要干什么，你就是八头牛也拉不回来。过去不止一次证明，除了她自己，仿佛整个世界都打不倒她。

"我改变不了你的想法，那就祝你平安顺利吧。"他说。

就这样，屠呦呦和课题组的两位同事成了青蒿提取物的第一批人体实验者。

试毒，为科学献身

1972年6月下旬的一天。一个让人难忘的日子。

北京，东直门医院。

按照事先制定的人体探路试服方案，屠呦呦、郎林福、岳凤先作为特殊的"病人"走进这个中医研究院附属医院。说他们"特殊"，是因为他们并没有病，而是肩负着一个特殊的使命，冒着生命危险来当"小白鼠"，以身试毒。

另外，章国镇、严述常、潘恒杰、赵爱华、方文贤等同事在为第二梯队就地待命，等待"探路试服"结果，然后参与实验。

屠呦呦满含深情地望了一眼与她同生死共患难的课题组成员，面对即将服药做人体实验的同事，她十分感动。一向不动声色的课题组组长有些动心了。

她说："我作为课题组组长，给领导打了报告，我要当一回'小白鼠'，自己来试一下，这是应该的，我责无旁贷。我的同事也冒险跟上来，跟我一起参加人体实验，让我十分感动。我知道大家的心是相通的。我向你们表示感谢，谢谢你们的支持——"

她向同事们深鞠了一躬。

同事们说："组长身体不好，出院不久就带头实验，我们当然义无反顾……"

"谢谢，谢谢同事们！"屠呦呦再次表示了感谢。

参加实验的同事家属也专门赶来陪同。屠呦呦看了看他们，对李廷钊说："谢谢你的支持，我劝你还是回家，你在这里待着，比我们还难熬……不会有事的，你回家吧……"

李廷钊说："回去更难熬，还是守在这里踏实。"

"那好吧。"

她的话题就转向业务上去了。

"这次191号人体实验我们要正视，不能说这是一次盲目实验，它确实有一些毒副反应的因素。在动物实验时，发现有一个转氨酶升高的现象，对肝有损伤，这就不能保证药物的安全、有效，为了尽快让这个药物在疫区应用，我们这次人体实验主要解决两个问题。"

她说的两个问题是：

　　对动物有毒副作用的疑问，用人体试服来解疑。
　　到底多少剂量才是安全的？

对这两个问题，她说："这些都是未知数，每一个都有一定的不确定因素和危险，但又是我们必须要搞清楚的。是药三分毒，我们这是用自己的身体在做实验，对我们的生理和心理都是一个严峻的考验。"

她压低声音问两个志愿者："咱们第一批是关键，你俩有没有信心？"

郎林福、岳凤先两个人互相看一眼说："我们想告诉组长的是，我们都是志愿者，自愿试毒。请组长尽管放心，我们有一百个、一万个信心！"

这天，军代表和院长都提前来了，两人紧紧地握着屠呦呦、郎林福、岳凤先三人的手，坚定地说："我们等待着你们胜利的消息。"

屠呦呦平静地说了一声："谢谢领导，开始吧——"

屠呦呦、郎林福、岳凤先，三个人穿着一身蓝白相间的病号服，在家属的注视下，走向预定好的病房，成为首批人体试毒的"小白鼠"。

他们向家人挥手告别，仿佛向死神宣战，更像一场大战前的出征，信心百倍地走进病房。此处无声胜有声。此时不是战场胜似战场，不是出征胜似出征。

应该说，这是一项严肃的试毒体验，一旦有失，将是终身的遗憾。作为医药工作者，屠呦呦比谁都明白，但她和她的同事义无反顾地做了，可见她对科学的献身和追求比生命都重要，这多么让人崇敬！

负责实验的医生在所有人的注视下，将青蒿提取物191号黑色软膏放到了屠呦呦、郎林福、岳凤先三人手里。他们三人没有丝毫迟疑，一口吞服下去。

服用的剂量从零点三五克开始，依次递增至零点五克、一克、两克、三克到四克、五克……同时分别进行心电、肝功能、肾功能、血常规等检查。

每日服一次，连服七天。

七天服药期间，研究院军代表和院长时刻关注，要求实验医生对他们进行严密监控，并做了充分的应急准备。实验医生给他们明确了服药期间不得随意外出，不得乱吃东西等一些硬性规定。看起来，三位从容不迫，内心还是有些忐忑，甚至有时难以平静，他们想家，想父母和孩子，也想到了写遗书。这些都是意料中的事，屠呦呦也有些忧虑和担心，该想的她也都想到了。

虽然说就这么七天，咬咬牙、瞪瞪眼就过去了，可是对他们来说一切未知，什么事情都有可能发生，那简直就是生死七日。

而屠呦呦觉得安抚好同事自己就会心安。

她对他俩说："咱们有点冒险是吗？只有走得远的人才愿意去冒险。"

她说："有个名人不是说了吗？如果我是一棵软弱的芦草，就让我枯萎吧；如果我是一个勇敢的人，就让我自己打出一条路来吧。"

她说："如果要挖井，就要挖到出水为止。我们这个实验七天以后就出结果了。我们相信这个结果是我们想要的。那时候就可以做临床了，世界上最有效的抗疟新药就又向前走了一步！"

两人知道她想表达什么，这些文绉绉的话她心里有，但从来不说出口。平常从她嘴里听到一句话都很难得，这次却说了这么多。郎林福、岳凤先理解她的苦心。

郎林福说："组长不用担心我们，我们反而担心你，动物实验的毒副作用是肝脏受损，而你刚刚因为肝病住过院……"

屠呦呦说："我相信我的判断。"

"那就好，我们会成功的。"

东直门医院静悄悄，好像正在发生着一场无声无息的神秘行动，每一个医护人员都轻手轻脚的，每个诊室、病房、走廊都充满了紧张的气氛。夜晚，昏黄的灯光也散发着静谧的色彩。实验医生一刻不停地注视着每一个试药的人，虽然不说一句话，但从他的眼神中，他们发现了他那期待的目光。仿佛北京城、整个中国、全世界都在等待着一个从他们身上传出的消息。

191号黑色软膏的剂量逐渐增加，一天、两天、三天过去了。

七天终于过去了。

一番紧张的工作，实验医生从屠呦呦、郎林福、岳凤先的身上抽血化验，证明191号黑色软膏对他们三人的心脏、肝脏、肾脏等，没有产生任何毒副作用。

"一切正常。"医生如释重负。

他们轻松地走出病房，家属围拢上来，与他们拥抱在一起。屠呦呦说："人生总要搏几回，这一回我们胜利了。"

屠呦呦仰望天空，阳光灿烂，万里无云。她好像刚从飘着酒香的实验室出来，满脸飞红，嘴角都露出了微笑。她没有任何表达，她的心却在飞，飞过城市，飞过田野，飞到了海南岛，她看到了热带雨林饱受疟疾侵扰的疫区百姓露出欣喜的笑容；她的心在飞，飞过辽阔的海洋，飞到炮火连天的战场，她听到了冲锋号角在吹，勇士们抖掉身上的病魔，在勇敢地前进；她的心飞到了美丽而贫瘠的非洲草原，她看到了黑人兄弟从泥淖中爬起来，愉快地劳动着，他们过上了幸福美好的生活……

院长和军代表来了，向他们表示了祝贺。一直守在医院的课题组的其他同事在跟他们拥抱。家属们把他们当作从战场凯旋的英雄，激动得热泪盈眶。

屠呦呦对李廷钊说："一切正常。"

李廷钊看着屠呦呦，一时不知说什么。

"正常就好，正常就好……"

屠呦呦没有休息，抓紧与中药研究所领导一起组织后续志愿者章国镇、严述常、潘恒杰、赵爱华、方文贤等，参加人体实验。

实验依然证明无毒。

至当年8月底，这样的人体实验一共进行了两轮，没有出现任何毒副作用反应。

考虑到临床用药方案可变动的灵活性，以充分显示191号黑色软膏抗疟疗效以及它的安全性，屠呦呦课题组又在中药研究所内补充五例增大剂量的人体试服，受试者情况良好，仍然没有出现明显毒副作用。

这就意味着，生物科学上一项有重要意义的发现得到了科学的印证。这个结果，为临床试用铺平了道路。

直到这时，屠呦呦才在课题组同事们面前说了一句真正动情的话："同志们，我们胜利了……"

获奖后有人问她："你在小白鼠和猴子身上测试了青蒿提取物，证明它是有效的之后，你自己也服了药。你害怕吗？"

她是这么回答的——

经过一周观察，未发现该提取物对人体有明显毒副作用，我们三个受试者情况良好。考虑到临床用药方案可变动的灵活性，以充分显示其抗疟疗效，便又在所内补充五例增大剂量的人体试服，结果没有发现疑似的毒副作用，为青蒿铺平了临床试用之路。

　　我们担心药物是否安全。我和两位同事服了药，表明药不会死人。我认为这是我作为药物化学家的责任和工作的一部分。

这一年，屠呦呦课题组从1972年3月8日报告青蒿乙醚中性提取物动物实验有效，到11月底报告青蒿乙醚中性提取物人体实验无毒副作用，工作成绩十分出色。当年的工作引起了"523"办公室高度重视。

人体实验191号黑色软膏成功后，中医研究院向"523"办公室做了如实汇报，"523"办公室下令说："你们做的药比较好，今年必须到海南做临床实验，看一看到底效果如何。"

"以身试药"的事，在一定程度上长久地影响了她的健康。谁都不知道她是以身试药的科学家之一，这个秘密直到多年以后的一次同学聚会上，才被她不经意地提起。

而当时做完人体实验不久，她又赴海南做临床实验去了。

两赴海南岛，别样激动

1972年8月末到10月初，屠呦呦带队去海南岛，观察乙醚中性提取物191号黑色软膏的临床疗效。

作为从植物中提取的一个单体，191号黑色软膏在结构没有测定前，临床实验是判定疗效最重要的依据。

那时海南岛是广东省的辖区，称为广东省海南行政公署，1955年海南疟疾病例为二十八万多例，在全国首屈一指。疟疾由"按蚊"传播，而海南全岛"按蚊"多达三十七种，所以疟疾在这里盛行千年，经久不衰，直至解放后疟疾流行仍然严重，被国家"523"办公室确定为抗疟主战场。

广东省就很重视抗疟防治，仿照中央模式，由省卫生厅、海南军区、海南行署卫生处派员组成了一个"523"项目办公室，专职负责疟疾防治。

坐了七八个昼夜的火车，屠呦呦带队的临床实验组一路颠簸，来到了海口，找到了海南"523"项目工作组负责人蔡贤铮，了解情况，蔡贤铮就找来负责临床实验效果观察的庞学坚，一同参加。

蔡贤铮欢迎他们，因为他们的到来，既能为进一步开展青蒿素的科学研究收集药材和临床数据，又能为海南疟疾患者带来治愈希望。

蔡贤铮说："也算是一举两得吧。"

屠呦呦说："对。"

随后让他介绍海南情况。

蔡贤铮说："海南很有典型性，一方面发病率高，病种齐全，什么恶性疟、间日疟、三日疟、卵形疟都有；另一方面，黄花蒿遍地都是，数量多、分布广、高大繁茂、资源丰富。总之，选择在海南做临床实验，最理想。"

屠呦呦问："在海南选一个地方，哪里最好？"

庞学坚说："昌江县。"

"为什么要选昌江县？"

"昌江县是高发区，病种又齐全，还是标准的热带原始森林，在海南岛最有代表性。"

"不过昌江环境不好。"蔡贤铮说，"昌江在海南岛西边，从海口去有一千六百多公里，五指山边上，有山地，也有丘陵、盆地，还有平原和沙滩。也有穿山甲、果子狸。特点就是走路难、生活难。"

"有人去昌江搞抗疟研究吗？"

庞学坚说："有。广东的、海南的，还有北京的，许多科学家去那里搞过研究。有一个科学家做实验，还以身试蚊，让自身感染疟疾。我亲眼看过他忍受着高烧的煎熬，肝脾都肿大了，很痛苦。为了抗疟，他是一个生死不顾的人……"

屠呦呦说："咱们立即出发，到昌江去。"

蔡贤铮说："别急嘛，先歇两天。"

"不行。我们必须马上到昌江，赶在八九月份在疫区做临床实验，这个时间不能改变。"

于是第二天就出发了。由庞学坚陪着，屠呦呦实验组带着黑色软膏，克服高温酷暑，坐着汽车翻山越岭，一起赶往昌江县疫区。

1972 年 8 月下旬，在昌江疫区，屠呦呦实验组与中医研究院在那里的针灸研究所的临床医疗队会合后，庞学坚因工作回到海口，他们便分头开展工作。

在疟疾疫区，屠呦呦亲眼看见这么一件事。有一天，他们来到一个原始森林中的小村庄，同事都出去回访病人，她留守在村里的医疗站。有一个妇女来了，怀里抱着一个患了疟疾的婴儿。她一看孩子，心就揪了起来。这孩子也就两月大，脸色发黄，缩作一团，已经奄奄一息了。她立刻给孩子取血，想通过显微镜观察孩子血样中疟原虫的数量，以便判断婴儿的病情。

她在婴儿耳垂上取血时，挤出来的却不是血，而是淡黄色的体液。把这些体液放在显微镜下，根本找不到一个红细胞。老天！疟原虫已把这孩子的红细胞全都吃光了，孩子除了留着最后一口气，其实已经死了。

这就是脑虐，这就是恶性疟疾。在昌江疫区，这已经成了不治之症，得病的人几天就死亡了。

那位妇女当场就昏了过去。

逝去的小生命给了她巨大的触动。那段时间，当她背着日常用品，徒步跋涉的时候，心情沉重，责任心顿增。她暗下决心，要和疟疾战斗到底。

此后，她和临床实验组穿梭于黄花蒿丛，俯身在病人床头，有时就在县城的实验室埋头看数据，白天黑夜只想着一件事——观察青蒿素治疟效果，探讨治疗恶性疟的配伍，让青蒿素早日成为治疗疟疾的良药，减少死亡，让那个孩子的悲惨命运不再重演。

这是 1972 年 9 月的一天。

他们落脚在一个村庄，这个村庄多数是茅屋草舍，窗户很小，屋里光线很暗，夜晚没有电灯，极少有床，多数人住的是用竹竿、秫秸搭成的地铺。没有电灯，夜晚就用蜡烛、煤油灯、菜油灯。这些都是当地人备好的。盏盏油灯闪烁，照耀着他们工作。

为收集最准确的数据，要分别找患有间日疟、恶性疟和混合感染疟疾等不同类型的病人，还要找到免疫力较强的本地人、缺少免疫力的外来人口，喂服不同剂量的191号黑色软膏。

实验要反复进行，来不得半点马虎。为了获得准确数据，他们就在病人家安营扎寨，在简陋的房间内休息，和病人一起吃住。

有一天下雨了。海南雨水多，雨大得不见雨丝，简直像一堵雨墙悬在头顶。他们走进一户病人家，哗哗的大雨落在房顶上，房顶上瓦片漏雨了，滴滴答答的，有一个木桶接着，已经接了大半桶水了。木桶旁边有一张竹板床铺在地上，床上躺着一个病人在呻吟。呻吟声让房内变得阴森森的。

房内一盏灯，微弱的灯光像灰蒙蒙的浊雾，闪现出一个穿白大褂的人影，在动。

屠呦呦坐在床边，小心翼翼地给病人喂药，一勺一勺轻轻地喂到口中。一边喂药，一边安慰他："我是北京来的大夫，专门治疟疾的，我带来的药，很灵，吃了就会好的……"

这是她在进行临床实验。已经一个多月了，她和同事们一块找了好几个病人。

喂药后，就守候在病人身边，准备好体温计，定时测温，用她不久前亲身试药的经验，亲自筛选病人，拟定用药剂量，既要收集准确数据，又要避免给病人带来不必要的痛苦。

一小时过去了。她帮助病人擦汗、喂水，病人睡后她仍旧坐在病人旁边的小板凳上继续观察。就这样坚持着，坚持着。

一天过去了，太阳升起来了，病人清醒过来了。屠呦呦惊喜地发现这个病人疗效显著，他呼吸平稳，高热也退了，对他的血样进行血片检查，疟原虫消失了。

同事说："这一例，很成功。"

屠呦呦脸上也露出了微笑。

这个山村一例病人的成功，令人欣喜，但不足以说明问题。他们又辗转来到海南昌江人民医院，做临床实验观察。

初次临床，必须慎之又慎。临床前先拿一条狗做实验，从狗的病理、毒理切片做检查。这一检查出问题了，当地昌江医院的一个医生发现狗的肺组织有病变。上次是肝，这次是肺。

屠呦呦说："如果肺部有病变应该有症状的，比如说气喘啊，发烧啊，咳嗽啊什么的，我们没发现有这种情况，所以这个说法不太可靠。"

医生说："既然北京专家说了，那就临床吧。"

"不是哪里的专家的问题，哪里的专家说了我们都要慎之又慎。我在北京亲自试服过了，没问题。"

医生说："可是狗的肺部有问题。"

"会不会是海南这边有差别，先从当地找几个健康人用一下试试吧。"

"好吧。"医生同意了。

他就找了几个在医院陪护的健康人，按屠呦呦的规定服用191号黑色软膏，几天后没有发现问题。

"好了，开始做临床吧。"

临床实验是大事，庞学坚又赶过来参加。他看到屠呦呦像在乡间做实验一样，亲自为病人端水服药，深受感动。他说："吃药的事，可以让我们的护士来做。"

屠呦呦说："191号在北京试服过，用药剂量从小到大，增加多少我心中最有数。"

就这样，她根据自身试服的经验，将二十一个疟疾病人分为三个剂量组。对疟疾病人，从免疫力较强的本地人，到缺少免疫力的外来人口；对疟疾病种，从间日疟到恶性疟，分门别类。因为由她亲自给病人喂药，所以保证了用药剂量，用药后她照例守在病人床边观察病情，测体温，看症状，详细了解血片检查后的疟原虫数量变化。

当时的疗效有个标准，如果住院后，症状在七十二小时内控制，疟原虫血片转阴后四至五天出院，出院后七到十二天复查无症状，血片疟原虫没再出现，即为痊愈。

按照这个标准，在庞学坚陪同下，屠呦呦和同事在海南完成了临床实验二十一例，包括间日疟十一例，恶性疟九例，混合感染一例。

最终结果——

病人从四十摄氏度高烧很快降至正常，血疟原虫被大幅杀灭。恶性疟平均退热时间为三十六小时，间日疟平均退热时间为十九小时。

结果显示，这种黑色软膏剂量越高，效果越好，复发率越低。还有一个关键是——实验结果没有心脏毒性。很明显，191号黑色软膏药效明显优于氯喹。

庞学坚兴奋地说："临床结果令人满意，向你们道喜啦……"

医生提出了疑问，临床前狗的病理切片肺部有问题，怎么回事？他又把狗的片子再请卫生部卫生研究所一个从苏联回来的专家看，专家一看就说，这个狗是个老年狗，它肺的问题是本身的退行性病变，与药物无关。

这下大家就放心了。

又从北京传来消息，302医院验证了九例，也是百分之百有效。之后山东、云南、广东都进行了临床实验，效果程度不同，但都比较理想。

同期用氯喹治疗恶性疟疾三例，还有几例间日疟进行对照观察，发现它的作用相当于氯喹的1.13倍到1.16倍。

到后来青蒿素的衍生物"青蒿酯钠"效果更好，是氯喹的16倍。从而开创了中药抗疟药物发现之先河，解决了二十年以来因氯喹失效带来的抗疟难题。

可以期待的是，这种黑色软膏不但能替代氯喹，而且大大地超越氯喹！

这一结果，令屠呦呦及课题组的同志们兴奋不已。

在自己身上实验获得成功之后，我们课题组深入海南地区，进行实地考察。在二十一位感染了疟原虫的患者身上试用之后，发现青蒿素治疗疟疾的临床效果出奇之好。

蔡贤铮说："其实，老屠在海南工作的时间不长，大约只有半年多时间，做完临床实验后就回了北京。"

1972年10月初，屠呦呦和同事要离开海南了，临行前他们去了一次琼州海峡海滩，走进红树林的深处，与工作生活了半年之久的海南岛告别的情景，至今还在眼前。

如今的海南岛到处是椰树、大海、阳光、沙滩、长长的海岸线，还有群山环抱、森林茂密的五指山。然而当时的海南，依然是一个十分落后的地方，椰林荒野中是一种莽原苍凉的气氛，所到之处，"有屋无人住，有田无人种，蒿草遍地，荒冢累累。"一到海南，屠呦呦又想起了毛主席的诗句——"青山绿水枉自多，华佗无奈小虫何。千村薜荔人遗矢，万户萧疏鬼唱歌。"

当时海南的蚊子很厉害，形容蚊子之大，老鼠之粗壮，有一句顺口溜："三个蚊子一盘菜，三个老鼠一麻袋。"屠呦呦记得那些炎热的日子，一到夜晚成群结队的蚊虫咬得她浑身青肿，起了大片大片的红疙瘩。为了防止蚊虫叮咬，她用衣服包裹全身，这样闷如蒸笼，一夜之间就捂出一身热疮。

在昌江县的日子，他们水土不服，加上当地人做的饭有些硬，菜叶半生不熟的，有时候就闹肚子。他们便从老乡家里借来铁锅，自己做饭。他们自己做饭也没有特别的招数，不过是自己劈柴，用三块石头架起铁锅煮大米，煮的时间长一点，让大米烂一些。熬汤也是，用自带的大号缸子，舀来泉水，支在小溪边的鹅卵石上，点燃枯枝败叶，缸子里的水就咕嘟咕嘟地滚开，再拖长一点时间。这样他们就可以一边嚼着大米，一边喝着热乎乎的菜汤，身在天涯海角，有一种挺自豪、挺壮美的感觉。

现在要回北京了，要离开这里了，回想过去的日日夜夜，心里的感受还是很深的。

陪同的庞学坚说："让你们受苦啦。"

屠呦呦说："为了一件神圣的事业吃点苦，苦点累点感觉是一种自豪。将来说给后人听，是一种值得回顾的话题。"

同事们说："再苦再累，值得。现在就要离开了，真的舍不得啊。"

看着湛蓝的海天伸向远方，天上的云霞纤尘不染，海上阳光灿烂，海岸上停泊着数不尽的渔船，面对这幅自然壮丽、天海一色的画卷，他们感受到了辽阔海天那博大的胸怀。

高高的椰子树静静地伫立在湿润的海岸边，脚下衰草枯苇没有了，病害消失了，他们看到了潮湿的原始森林中健康美丽的黎族少女翩翩起舞，在大海日复一日的潮起潮落中过着人间最美好的生活，他们临行前对海南岛寄予祈求和依托——

> 鹅湖山下稻粱肥，豚栅鸡栖半掩扉。
>
> 桑柘影斜春社散，家家扶得醉人归。

多次的海南之行，让屠呦呦内心有了一种"海南情结"。她领导的一些疟疾研究项目，想方设法交给海南合作。她还几次嘱托蔡贤铮帮忙采集五指山地区和文昌一带的黄花蒿，做一下海南不同地方黄花蒿中青蒿素含量的对比研究。纵使远隔千山万水，她心心念念牵挂着这片蒿草遍野的肥沃土地。

这是后来的事了。1982年4月，在她的提议下，海南制药厂向中央卫生部、国家医药总局递交了一份关于定点生产青蒿素的申请报告，被拒绝了。她得知后，心情沉重，第一时间给蔡贤铮写信说："有必要向主管部门和领导同志大声疾呼，海南青蒿资源的利用有必要重新评估。"

后来得知否定在海南建药厂原因，是国家担心生产青蒿素的企业多了会乱，加上疟疾已得到控制，有的地方已经消除，所以就拒绝了。那时候没批，以后就再也没有批的机会，尽管海南黄花蒿资源丰富，但至今都没有一家青蒿素类药物的生产企业。

屠呦呦的海南之行，给蔡贤铮和庞学坚两位专家留下了很深的印象，他们对这位"衣着朴素，却举止优雅，始终面带笑容"的女科学家执着的治学精神，十分佩服。

正是这种让人佩服的治学精神孕育了青蒿素的诞生。

青蒿素，千呼万唤始出来

海南临床实验的成功，再次验证了191号黑色软膏的抗疟有效性，这在寻找抗疟新药路上迈出了一大步。

有效归有效，它毕竟是一种粗提物，药量挺大，服用也不方便，这样的药怎么能大规模推广？病人躺在床上辗转反侧，痛苦难耐，你怎么让他服用这么大剂量的药物？战士们在战场上冲锋陷阵，你怎么让他们停下来大口大口地吃你的黑色软膏？

说到底，发明了黑色软膏，只解决了它已经做了什么，怎么做的，做出来有什么用的问题，而没有发现它到底含什么成分？是什么化合物？为什么会杀死疟原虫，它还能做什么？等等，这些更重要的东西。

黑色软膏中包含了多种成分，有的是有效成分，有的是无效的，那么哪些是有效成分，哪些是无效的？下一步关键是干什么？

提纯！

需要课题组进行进一步分离提纯，寻找黑色软膏中有生理活性或疗效的化合物——有效单体。

只有沿着中西医结合的路，找到有效单体，才能成为真正意义上的科学发现。

因此，要进行化学研究。

所以，对青蒿的治疟研究还有很长的路要走。

在屠呦呦受命去海南之前，她组织召开了一次课题组会议，对进一步分离提纯方案进行了研究，对工作做了部署。按照她当时安排，课题组人员分甲、乙两组，由倪慕云主持工作，分别从青蒿乙醚提取物中分离活性成分。期间，屠呦呦通过信件了解进展情况，提出建议，指导青蒿抗疟有效成分的提取。

屠呦呦去海南后，课题组不断完善提取条件，改进提取分离方法，进一步去粗存精，获得一些成果。1972年4月到6月，他们得到少量的颗粒状、片状的几种结晶。每一次分离提取结晶，实验室都会爆发出欢呼和掌声，但很遗憾，经测定这些结晶都不是真正的有效单体。

有效单体到底在哪里呢？应当怎么提取？

半年后，屠呦呦从海南回到了北京，她把在海南191号黑色软膏做临床实验获得圆满成功的消息告诉同事们，给了他们极大地鼓舞。然后她一头扎进了实验室，与同事们一起攻关。

她鼓励说："咱们实验室得到了结晶，是了不起的功劳。191号在海南临床成功，说明咱们的黑色软膏大有希望，大有奔头。"

钟裕蓉说："可是咱们得到的晶体都不理想。"

"这事急不得，慢慢来。咱们的黑色软膏就好比一个池塘，池塘里有螃蟹、虾子，还有蛤蜊。我们往池塘里撒进一些蚯蚓被统统吃光了，说明有东西能吃掉这些蚯蚓。是什么东西？目前还不知道。咱们打捞上来的只是一些螃蟹、虾子、蛤蜊，它们却不能吃蚯蚓，是什么吃了蚯蚓？这就是我们今后的奋斗目标——找到这个吃蚯蚓的东西。"

倪慕云说："咱们继续努力吧。"

"咱们现在正处在一道难熬的坎儿，这个坎儿可能也是史无前例的，过了这道坎儿，可能就是一个了不起的成功。"

屠呦呦的话让同事们备受鼓舞，为了早日得到有效的单体结晶，课题组每一个人都在努力寻找，竭尽所能。

屠呦呦与同事一起投入化学研究中，与课题组一起讨论，比较分析已经得到的几种晶体，又通过显色反应等鉴别它们之间的相同点与不同点，开始在鼠疟上评价药效。

经过一番艰苦努力，到1972年底，屠呦呦课题组成员倪慕云、钟裕蓉、崔淑莲在屠呦呦指导下，从青蒿乙醚中性部分浸膏中又分离得到三种白色结晶，一种方形晶体，他们给它编号为"结晶Ⅰ"；两种针形结晶，编号分别为"结晶Ⅱ""结晶Ⅲ"。

经过测定，这些晶体不是每一种都有有效成分，必须把最有效的一种洗脱出来，而从结晶中洗脱出有效成分，关键在于选择正确的吸附剂。

吸附剂是什么？

简单说，它能经过复杂的化学方式让191号中的某一种有效成分固态化，也就是变成晶体。常用的吸附剂有活性炭、活性氧化铝，还有小麦胚粉、玉米芯碎片、粗麸皮，等等。

倪慕云试过"活性氧化铝"，没有成功。钟裕蓉用"氧化铝柱层析法"分离，根本就没得到任何固体成分。他们探索试用过各种不同的吸附剂，都失败了。

哪种吸附剂才适合对191号的提纯？

当时正当而立之年的钟裕蓉长相美丽、年轻灵活，读过四川大学生物系植物班，科班出身。1972年9月，在一份有关气管炎药物研究的文献中，她发现硅胶对于分离中性物质比较好，心里一动，决定另辟蹊径。

"我想用硅胶做吸附剂试试怎么样。"她向组长屠呦呦报告。

屠呦呦说："你年轻，要敢于闯，敢于拼。趁着年轻拼几回，我完全支持。"

钟裕蓉就大胆地去做了。

这一天，她给自己做了一个小炉子，改用硅胶分离黑色软膏中的有效成分。她将硅胶填充进小炉子的层析柱上，让黑色软膏缓缓通过硅胶，过滤杂质，让青蒿的抗疟有效成分纯化液最后流入了专门的容器中，静静地等待着它自己结晶。

这个晚上，实验室负责提纯的专家钟裕蓉永远难忘。她匆匆吃完晚饭，照例从家里走到实验室加班。她走进实验室时，一开灯，一下子愣住了：小炉子上边容器中盛开着一朵朵特殊而美丽的花朵，那不就是他们梦寐以求的针形结晶体吗？

钟裕蓉激动得流下了眼泪，她跑到办公室，面对正在加班的同事，说话的声音都有些嘶哑了："快看，结晶出来了，是针形，针形结晶出来了……"

课题组同事们围拢上去，发现那些晶体装在一个深褐色的瓶子里，打开来，颜色雪白，看上去有点像味精。——这就是他们想要的针形青蒿结晶体。

课题组同事们高兴地跳了起来。

屠呦呦的高兴劲儿自然不必说，她的笑仍然是自然带笑的，她想的是下一步："马上组织动物实验。"

实验照例由郎林福和刘菊福来做。他们去动物饲养室取来小鼠，放在实验室内，随后按体重每公斤五十毫克的比例，给小鼠口服像味精一样的新提纯药，之后慢慢加量，再从小鼠身上抽血化验，检查抗疟效果。

1972年11月8日，钟裕蓉吃完晚饭赶回实验室继续攻关。这位多年从事晶体化合物筛选工作的专家一到实验室便将小鼠身上抽来的血涂在血片上，然后进行观察。在观察中，她的眼睛睁大了，又眯缝起来，然后又睁大了。她惊讶地发现，原本感染得呈"满天星"状的小鼠血片中，疟原虫竟全部消失了。

也就是说，给小鼠喂服新晶体，按体重每公斤五十毫克到一百毫克喂药，就让小鼠血液中的疟原虫转阴了。

"会不会是一个偶然？"她惊喜之余冷静地提醒自己，但多次观察之后她激动了。

她赶紧给组长打电话。屠呦呦马上赶了过来。看到结果，她一拍钟裕蓉的肩膀。

"小钟，这不是偶然，是我们找到了有效的抗疟成分，我们成功了。"

"是吗？我们真的成功啦！"

这是首次以药效证实，从青蒿中获得的单一化合物，具有很好的抗疟活性。

给老鼠做完了，又给猴子做。

猴子实验效果也不错。

真是意外之喜！这份意外之喜并不意外，让全体人员激动万分，这么多年的努力没有白费。

"我们很幸运。"屠呦呦说，"爱迪生发明灯丝做了成千上万次实验，都失败了，光植物碳化实验就做了六千多种，在连续三年时间里上万次失败，每天都废寝忘食。相比之下，我们太幸运了，才一百九十一次。"

后来到了1993年钟裕蓉退休后，和子女一起搬迁到了日本，好汉不提当年勇，她很少提到当年那场实验。屠呦呦获奖后，给钟裕蓉的丈夫严述常打电话，说你们家小钟（钟裕蓉）在里面起到了关键的作用。正在环游世界的钟裕蓉听了屠呦呦获奖的消息，早已泣不成声，说话的声音又一次有些颤抖了。"太不容易了，在那么艰苦的条件下，中国人能拿到这个荣誉……"后来她又笑了，如果不是获奖，她甚至都快忘了四十多年前与同事们在组长屠呦呦的带领下一起发现青蒿素的过程了。

到1972年12月初，经鼠疟实验证明，针形晶体"结晶Ⅱ"是唯一有抗疟作用的有效单体。

后来经过多批次的实验，"结晶Ⅱ"治愈患疟疾的猴子，最快起效时间只需一个半小时。

数千年来，中外无数医生、科学家苦苦寻找的消灭疟疾的武器终于找到了。

课题组的同事们激动地流下了泪水。有人大声背起古诗来抒发自己的豪情壮志——有志者事竟成，破釜沉舟，百二秦关终属楚；苦心人天不负，卧薪尝胆，三千越甲可吞吴。

这首蒲松龄落魄之际写下的励志勉联，气势磅礴，催人奋进，令人慷慨激昂，高呼痛快，痛快！

就好像大家都往一个目标奔跑，道路也相同，但由于坚持，他们在拐弯处捷足先登了。屠呦呦对此感到无比自豪——

屠呦呦一再称，自己只是一个普通的植物化学研究人员，但作为一个在中国医药学宝库中有所发现，并为国际科学界所认可的中国科学家，她为此感到自豪。

钟裕蓉说："给它起个名字吧。"

屠呦呦淡淡地说："咱们起个朴实一点的名字，就叫青蒿素吧……"

青蒿素，听起来比青霉素、链霉素、四环素、氯霉素等抗生素更有中国味道。

"青蒿素！青蒿素！青蒿素！"大家一起喊了起来。

野生青蒿全球各地都有，但青蒿素含量很低，只有中国云贵川地区的青蒿含有较好的青蒿素。因此，虽说青蒿是世界性的植物，但青蒿素绝对是中国特产。如果能从青蒿中获得安全有效的抗疟药物，绝对是世界上独一无二的中国货。

这一天，1972年11月8日，也成为课题组认定的青蒿素诞生之日。这是青蒿素发现史上一个值得纪念的里程碑。

是的，这是一个值得纪念的日子。在这个日子中国中医药史上应当记住青蒿素发现时期屠呦呦研究团队的重要成员，他们是：屠呦呦、倪慕云、钟裕蓉、崔淑莲、郎林福、刘菊福等。他们在"523"项目，在青蒿素发现过程中付出了很大的努力。

他们都是功臣！

从来没有流泪的人现在流泪了。

从来爱流泪的人现在却不流泪了。屠呦呦就没有流泪。

不过事后想起来，她仍然很激动。

> 很难描述自己的心情，特别是在经过了那么多次的失败之后，当时自己都怀疑路子是不是走对了，当发现青蒿素正是疟疾克星的时候，那种激动的心情是难以表述的。

青蒿结晶的抗疟功效在全国其他地区得到证实。"523"办公室根据屠呦呦课题组的建议，将青蒿结晶物正式命名为"青蒿素"，作为新药进

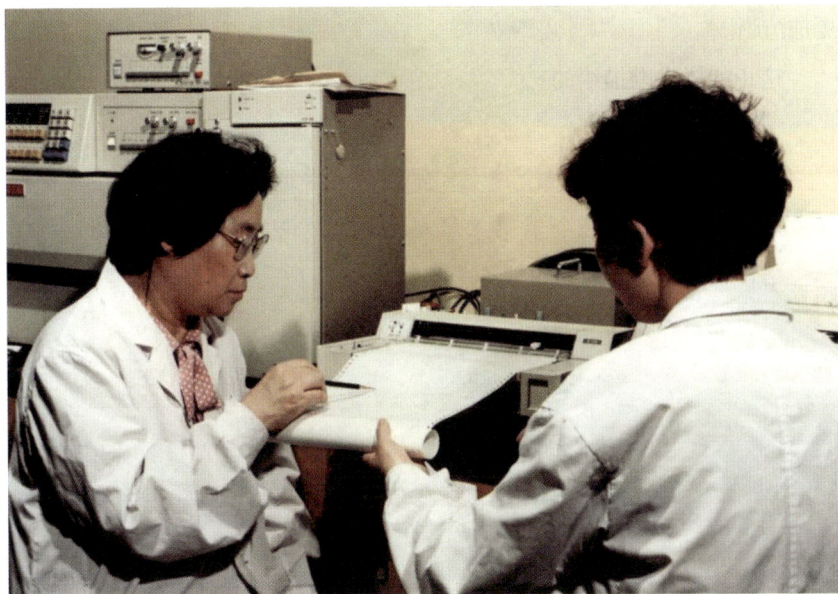

1972年11月8日，成为课题组认定的青蒿素诞生之日

行研发。

1973年新年钟声刚过，屠呦呦课题组发现青蒿奥秘的消息不胫而走。古老的"中国小草"，即将释放出令世界惊叹的力量。

老同事姜廷良不无感慨地说："他们身上有着超越常人的执着精神。这是科学家最重要的品质。"

在屠呦呦和她的课题组看来，这当然不是最后，而他们下一个目标更加清晰。

这正如屠呦呦描绘的：

中国医药学是一个伟大宝库，青蒿素正是从这一宝库中发掘出来的。未来我们要把青蒿素研发做透，把论文变成药，让药治得了病，让青蒿素更好地造福人类！

第十章　中国神药

中国医药学是一个伟大的宝库，应当努力发掘，加以提高。

——屠呦呦在诺贝尔奖演讲结束之际重提毛泽东的话

屡屡受挫，愈挫愈勇

1973年新年刚过，中药研究所就不断接到各地来信和来访。屠呦呦对此都很重视，亲自回信，寄资料，热情接待来访者，毫无保留地介绍青蒿、青蒿提取物"191号"，体现了高度负责的政治责任感和无私的奉献精神，体现了中国科技工作者的高尚情操。

一种药物产生过程相当漫长，要通过不同种类的动物测试，如鼠、狗、猴等实验，最后进行人体实验。

在提取流程修改完善后，从1973年初到1973年5月，课题组已在实验室拿到青蒿素纯品一百多克。屠呦呦把这些纯品分成几部分，一部分用于青蒿素的化学研究；一部分用于临床前的安全实验；另一部分制备临床观察用药。

1973年第二季度，他们对青蒿素进行了一系列安全性实验，实验表明剂量无论大小，对猫的血压、心率、心律和心电都没有明显影响。对狗的毒性实验分三个批次，除个别狗出现流涎、呕吐和腹泻外，其他各项指标也都正常，也没有明显毒副作用。

1973年7月21日至8月10日，为慎重起见，他们同样做了健康人的人体实验。在制订了详细的人体试服计划后，由四名科研人员参加了试服，结果同样，没有明显毒副作用。

从动物，到人体的安全性实验已经通过，这就意味着新一代抗疟药即将诞生。大家都对临床验证翘首以盼。

然而临床验证却是一波三折。

在首次临床验证中，挫折与成功交织在一起。1972年11月获得有效的青蒿素晶体，1973年上半年完成了系列安全性实验，8月份青蒿素胶囊拿到海南进行了首次临床试用。

这次试用课题组没有去人，中医研究院中药研究所派人把青蒿素片剂送到海南疫区现场，由在那里工作的针灸所的医生与当地工作人员负责观察。

试用原打算分两个阶段完成：

9月22日前，观察了青蒿素治疗外来人口恶性疟疾病人五例，结果仅一例有效，两例血液中疟原虫数量有所降低，但因病人心律有期前收缩而停药，只能说明有一些效果，疟原虫并没有被完全杀灭；另外两例无效。

9月23日后，第二阶段还没开始，海南疫区现场观察季节即将结束，不宜再做验证，就停下了。不过在后来陆陆续续的志愿者人体实验中，也出现了服用青蒿素片剂无效，疟疾病人没有被治愈的情况。

这次验证失利是大事。这次失利是青蒿素问世以来，在海南疫区首次临床观察出师不利。这次不利意味着什么，所有关注青蒿素的人心里十分清楚。

消息传回北京，课题组十分意外，一连串的疑问困扰着屠呦呦和她的团队。大家开始查找原因。如果是青蒿素本身出了问题，就等于否定了前段时间试服结果很好的"结晶Ⅱ"，否定了他们之前获得的所有成果，这对课题组的打击是不言而喻的。

屠呦呦坐不住了。

夜黑人静的晚上，她一个人默默地走出小楼，抬头看看飘着一层薄云的天，好像在寻找一种方向。然后又看看脚下的路，一步一步向前走。小楼外的美人蕉，又称火炬花，正在盛开，红艳艳的，她蹲下来观察那一簇簇的花，仿佛要从花中寻找一种智慧，这些粗壮浓艳的花像谜一样吸引着她。

人就是这样，有了谜，就有了解开这个谜的冲动。

她在谜团中，这个谜团让她再次陷入了疑惑。倘若是青蒿素出了问题那才叫问题，这个问题会让一切重新归零。但从各个角度来看，青蒿素应该没问题，它的抗疟活性、质量、结晶都合格，纯度没问题，动物实验的数据没问题。那么问题究竟出在哪里呢？

难道是在剂型上出了问题？

她忽然想起来了，目前青蒿素药物只有一种，就是"片剂"，老百姓日常用的药片。

是的，药片。

药片有问题？

第二天上班她就打电话，请求在海南做临床实验的针灸所的同志把实验剩下的药片抓紧寄回北京，千万不要耽搁。

几天后药片被邮寄回来，屠呦呦立即召集课题组一起进行研究，对药片进行检查。

这个拿起来放在眼前看看，那个放在嘴里咬咬，再放在桌面上敲打一下，总感觉哪里不对劲儿，像石子。

倪慕云说："药片太硬了。"

硬到什么程度呢？钟裕蓉把药片放在乳钵里碾压时，竟然用尽了全身力气都压不碎。"这药片比石头还硬，吃到人的肚子里根本消化不了，怎么能吸收青蒿素，让它进入血液杀死疟原虫呢？"

钟裕蓉拿了锤子将药片敲碎了，让屠呦呦检查，屠呦呦看了看就明白了。

"青蒿素做成片剂后，药厂疏忽了，把药片做得这么硬，药片的崩解度出了问题，影响了药物的吸收。"

她所说的"崩解度",是说药片一定时限内要全部崩解溶散,或者成碎粒。这种青蒿素"片剂"根本做不到。

屠呦呦说:"普通片剂在十五分钟内全部崩解,这么硬的药片是不可能的。"

"那怎么办呢?"

大家看着屠呦呦。

"改胶囊吧,试试胶囊的效果怎么样?"

于是经过课题组反复讨论,决定用"结晶Ⅱ"原粉直接装胶囊,赶在海南疫区现场观察季节还没有彻底结束,抓紧验证临床疗效。

就在实验室里,屠呦呦亲自动手,与课题组同事一起将青蒿素的原粉一个个装入胶囊,封闭,制成简单的"胶囊状"的青蒿素。之后,根据屠呦呦提议,中药研究所决定让业务副所长章国镇身负重任,携带青蒿素"胶囊"匆匆赶赴海南。

9月29日,章国镇抵达海南疫区现场,观察了三例外来人口间日疟,每例服青蒿素胶囊剂量三到三点五克。结果表明,服药后平均三十一小时内体温恢复正常,十八点五小时立竿见影,血疟原虫转阴,全部有效,并且未见明显副作用。

这次临床实验表明,青蒿素胶囊疗效与实验室疗效是一致的。

虽是一场虚惊,却给屠呦呦敲响了警钟——青蒿素从实验室到药厂,再到药物,还有很长的路要走。

青蒿素含量又是一个问题。

北京原产的青蒿含量太低了,只有万分之几,大规模的制药远远不够,需要大量丰富的资源。如果用化学原料直接人工合成青蒿素,当时中国科学水平还遥遥无期,怎么办?

屠呦呦建议中药研究所向"523"办公室打报告,把青蒿素毫无保留地向全国推介。

"让全国都知道，特别是中医药研究人员，都了解这个成果，让各地都去找含量高的青蒿，如果能找到大量含量高的青蒿，保证制药需求就有希望了。"

于是青蒿素悄悄地传遍了大江南北，抑或全国各地。

云南药物所研究员罗泽渊，在云南大学里看到了那份关于青蒿素的报告，作为全国"523"任务成员，他对这份报告十分重视。

云南也是疟疾多发地，受特殊的地理、气候因素影响，历史上长期被称为"瘴疫之区"，蚊虫生长繁衍迅速，疟疾盛行，间日疟、恶性疟、三日疟和卵形疟四种都有。早在隋唐时期就有大规模疟疾流行记录，可民间并没有用青蒿治疗疟疾的传统。

有一天，他在大学校园外的水沟旁看到一丛蒿草，开着黄色的花蕾，很美，当地百姓叫黄花蒿，味很苦，就是喂猪，猪都不吃，只有少数人拿来沤肥。他随手拔了一把黄花蒿带回了实验室，试着用北京中药研究所的低温处理法提取其中的成分。很快，用乙醚、石油醚、醋酸乙酯、甲醇等有机溶剂，通过低温处理法获得了提取物，并进行了动物实验，其结果让他异常兴奋——疟原虫抑制率百分之百！

大学校园内的黄花蒿含量有点低，有没有含量更高的黄花蒿？

他继续实验。

校园外的黄花蒿用完了，罗泽渊又跑到集市上去买了一大包黄花蒿回来，再次实验，又成功了。让人高兴的是市场上的黄花蒿有效成分比普通青蒿高出十多倍。他到集市上去打听，原来这些黄花蒿是四川省酉阳地区的，他又多次到酉阳地区购买黄花蒿，一次次实验证明，有效成分异常丰富，最高可达百分之零点三，而普通青蒿只有百分之零点零二。十五倍！

那么这是不是青蒿素？

他向北京求证，中药研究所得知后，屠呦呦派出一位专家去了云南，将黄花蒿带回北京进行化学成分对比，答案出来了——黄花蒿的化学成分就是青蒿素。专家正式给它一名字：大头黄花蒿。

经过一番验证之后，"523"办公室又发起了一次全国青蒿野生资源调查，结果显示，全国各地具有青蒿素成分的青蒿分布很广，资源丰富，东南西北中，到处都能找到成片成片生长的野生青蒿，仅广西桂林一地，每年就可收获野生青蒿五百吨，广东年产量可达五千吨。

"够了，资源够了。"屠呦呦满意了。

此后，青蒿素药物生产轰轰烈烈地启动，含有青蒿素的药丸、胶囊、针剂，被一批一批生产出来，通过货车、客轮、飞机、自行车被送到大江南北，送到田间地头，送到海外原始森林与非洲广袤的草原……

这不是传奇，而是实实在在的科技成果。事情到此，屠呦呦课题组已经做到了三个"最先"：

——最先经过动物实验及人体实验发现青蒿乙醚提取物（1971年10月4日）的高效抗疟作用；

——最先从青蒿中提取青蒿素结晶（1972年11月8日）；

——最先经临床实验初步证实青蒿素结晶对疟疾患者有效（1973年9月）。

然而他们前行的路没有尽头。屠呦呦带领她的课题组在寻求现代医学意义上的新突破。

有了青蒿素单一晶体，那么这种单一晶体的分子结构是怎样的？分子量是多少？是否可以人工合成呢？它杀灭疟原虫的原理是什么？一句话，青蒿素到底是个什么东西？

这非常关键。

比如说，抱朴子葛洪记录的火药是中国发明的，却让瑞典科学家诺贝尔的炸药得了专利。火药是一硝二硫三木炭，三种混合物，而炸药却是一种化合物三硝基甲苯，就是我们常说的TNT。火药是技术，炸药就是科学。

这就是传统医学与现代医学的本质区别。中国古人管你这棵草里有什么，吃了管用就行。就是说，我知道这个东西能"做什么""怎样去做"就行了，而不去追问这个东西到底"是什么""为什么会这样"。

比如说，我知道吃了柳树皮能解热镇痛，只要把柳树皮扒下来用水煮了喝水就能治病，于是就直接吃柳树皮，这个就是传统医学。而搞清楚柳树皮所含成分是水杨酸，是水杨酸起到了解热镇痛的作用。那水杨酸的化学成分是什么？有什么毒副作用？这个就是现代医学了。

另外一点也很重要。你不知道药物分子结构，制药就离不开原料青蒿，而青蒿的种植、收割、运输等因素都会制约青蒿素药的生产，从而增加成本，提高价格，影响药品的平民化。如果搞清楚了分子式，不用原料，直接用现成的化工原料就能大规模人工合成药物了，从而给病人提供更廉价的药。

这也体现了一千七百年前抱朴子葛洪的为民情怀。

1973年屠呦呦课题组就开始研究测定青蒿素化学结构。

屠呦呦说："我们的青蒿素还是中医，只有搞成化学药才能讲清楚它的问题，它的作用和副作用。不是有一句话吗，说'西医让你明明白白地死，中医让你糊涂地活'。所以我们要借助现代科学技术破解中医药的密码。"

当时他们课题组已经增加到了十几人，已经是兵强马壮了，但破解这个密码，他们课题组办不了。

"不是说我们没这个能力，这个能力我们有，我们课题组不光有优秀的药学家、提纯专家，也有中西医贯通的专家。课题组成员不光有世界一流的聪明才智，更重要的是经过这些年的摔打，练出了能钻研、敢拼搏的精神，所以我们在这个领域有足够的能力办好这件事。但是，我们没有设备和仪器，巧妇难为无米之炊，只能寻求'523'办公室的帮助。"

1974年2月起，课题组先后派倪慕云、刘静明、钟裕蓉、范菊芬带着当时中药研究所的一些研究资料和一部分青蒿素，去了上海有机化学研究所参与青蒿素结构测定。

屠呦呦留在北京，一方面根据上海方面传回的有关结构测定进展情况，及时与林启寿教授沟通，之后将结果反馈给上海，为上海进行结构测定工作提出参考意见；另一方面，屠呦呦在北京主持与中国科学院生物物理研究所协作，用当时国内最先进的"X衍射方法"确定青蒿素的化学结构。

这年7月，北京城疯传一个大好喜讯：中医研究院的唐由之教授为毛主席左眼做了白内障手术，得到了毛主席和中央领导的高度赞赏。原来伟大领袖毛主席受眼疾困扰，一度泪洒书房。经过唐由之教授的治疗，他又能读书看报了。这是全中国人民多么高兴的事儿。唐由之教授他们太熟悉了，就在身边，经常见面，他为毛主席治好了眼睛，全研究院都感到多么幸福啊！

屠呦呦深受鼓舞，她说："咱们要向唐教授学习，做出好药为全世界的疟疾病人治病。"

同事说："搞清化学结构可不是个容易事儿。"

"科学上哪有容易的事？别太急，唐教授给毛主席做手术就四分钟，准备了二百四十天。心急吃不了热豆腐哦。"

说归说，他们的工作还是挺紧张的。

经过日日夜夜马不停蹄地工作，1975年底，在中国科学院上海有机化学研究所、中国科学院生物物理研究所协助下，通过元素分析、光谱测定、质谱及旋光分析等技术手段，搞出了青蒿素的相关测定结果。

确定青蒿素为白色针形晶体，熔点为156~157℃。一个不含氮的化合物，无双键。青蒿素分子量为282，分子式为$C_{15}H_{22}O_5$，属于倍半萜类化合物。测试结果表明，合成的青蒿素与天然的青蒿素完全一致。

1976年2月、1977年2月两次请示后，国家卫生部同意以"青蒿素结构研究协作组"的名义在《科学通报》上公开发表。此后，屠呦呦团队又在《药学学报》上作了介绍。

青蒿素结构这一重大原创成果在国内首次公开，为青蒿素走向现代医学铺平了道路。

1978年，"523"办公室举行了全国性的青蒿素鉴定会，正式确定"中华青蒿素"为全国指定的抗疟良药。

由于"523"任务的保密性质，在这整个过程中，屠呦呦个人没有任何研究论文发表出来，外界对她所做的工作不得而知。

直到1979年，国家科学技术委员会将"国家发明奖"颁给青蒿素研究成果，其中屠呦呦为第一发明单位的第一发明人。

从此屠呦呦的名字才渐渐浮出水面。

1979年8月，中国外宣期刊《今日中国》（原名《中国建设》）英文版发表了题为"一种新型抗疟药物"的文章，介绍了青蒿素的研究。正是这篇文章，让西方的科研人员第一次了解到了来自中国的青蒿素研究成果，了解了屠呦呦。

1981年10月在北京召开青蒿素国际会议，屠呦呦代表课题组以《青蒿素的化学研究》为题，第一次向世界全面公开了青蒿素抗疟成就，引起世界卫生组织专家的极大兴趣，会议认为"这一新的发现更重要的意义在于将为进一步设计合成新药指出方向"。

这也是青蒿素抗疟药首次公开向世人亮相。

神奇的"过氧桥"，颠覆了西医理论

在青蒿素抗疟药首次公开之前，还有一个插曲。

当时得到青蒿素白色针形结晶以后，分子结构也搞清楚了，曾经遇到过一个重大难题——青蒿素分子结构中只有碳、氢、氧元素，没有氮元素。青蒿素为什么不含氮？反而含有大量的氧元素？

按说这是个不可思议的事。

因为氮是构成蛋白质的主要成分，人体由蛋白质组成，不可缺少；氮对植物的茎叶生长和果实发育都很重要，是与产量最密切的营养元素，植物与人一样不可能没有氮。这就怪了，从植物中提取的青蒿素怎么会没有氮？

虽然在普通人眼里什么氮啊、氧啊，不过是再普通不过的两个元素而已，可在研究中，抗疟原虫的最有效成分就是氮元素。不光是青蒿素，世界上研制出的所有的、已经存在的抗疟药物，都有氮元素。

尤其在西方人眼里，在西方所有医药学专家眼里，抗疟药有氮元素是不可动摇的铁律。也就是说，没有氮元素的药物根本不能治疗疟疾，包括奎宁这样的治疟经典药，以及世界上所有研究出来的抗疟药物，没有氮元素，哪能杀死疟原虫？

铁律就是真理。

可青蒿素能杀死疟原虫是毋庸置疑的，它分子里有碳、氢、氧，唯独没有氮。

没有氮却能杀死疟原虫是怎么回事？

对一般人，对病人来说，管他有氢有氮，只要能治病就行了，至于什么分子结构，青蒿素含有哪些元素，又有什么关系呢？但对一个药学家来说，科学就是科学，科学必须刨根问底，知其然，又要知其所以然。这就是科学家的精神。

没有氮，是什么在杀死疟原虫？

真是鬼使神差！屠呦呦又进入了一片迷雾中。

当时青蒿素还没有被卫生部批准正式生产，必须加紧搞清楚这到底是怎么一回事。分析仪器有问题？还是青蒿素哪里出了问题？总之，什么地方错了吗？

1973年4月27日，她去了一趟中国医学科学院的药物研究所，到分析化学室进一步核对有关数据，复核半天，结果准确无误。到了9月份，她与同事一起找到了她们大学时最敬佩的老师——北京医学院药学系的林启寿教授，向他当面请教。

林启寿教授大名鼎鼎，一部植物化学专著《中草药成分化学》让他名扬四海。他为祖国培育了众多的人才，可以说桃李满天下。当然，他也一直关心屠呦呦这位得意弟子的成长，也知道她在中医研究院为国家的中药事业作出的特殊贡献。

"呦呦同学啊，科学界从来没有永恒不变的真理。"他语重心长地说，"真正的科学家，应当有质疑一切，怀疑一切的勇气。"

教授的话让她眼睛一亮："老师是说，我走进了一个误区？"

"你说呢？凭什么西方那边出来的都是真理？只有氮元素才能杀死疟原虫，说是一条颠扑不破的真理？呦呦同学，在人类科学发展的历史上，有好多所谓的真理都被有眼光、有探索精神的人，用亲身实践推翻了。在哥白尼之前，全世界不都相信地球中心说，现在看不是一个笑话吗？"

"明白啦老师。"

"你参透了古人，却被西方人框住了。那不是科学家的态度。"

"是啊，老师的教诲让我一下子明白了许多，我一定研究清楚为什么没有氮，青蒿素也能杀死疟原虫。"

"我相信你，呦呦同学。"

师父领进门，修行在自身。

转年，她和她的课题组在林启寿教授的指导分析下，与中国科学院上海有机化学研究所、生物物理研究所协作，继续研究青蒿素结构，最终确认青蒿素是含有"过氧基"的新型倍半萜内酯。

"倍半萜内酯"是一种化合物，多具有较强的香气和生物活性，为医药、食品、化妆品工业的重要原料，因这种原料中具有独特的"过氧桥"结构，从而产生显著的抗疟活性。

"过氧桥"是怎么回事？

这事屠呦呦在诺贝尔奖演讲时就讲过。在青蒿素的结构中最特别的是什么？两个相连的氧原子，化学中称为"过氧"。青蒿素分子式表明，过氧基团两端连接的是两个碳原子，在这两个碳原子之间搭了一座桥，这座桥就被称为"过氧桥"。

这个"过氧桥"就是青蒿素药用功能的核心。

现在用的药物一般是青蒿素的衍生物，而不是青蒿素本身，这些衍生物之所以有抗疟活性，就是因为它们都包含着过氧基团。

这么说吧，青蒿素的分子结构在真实世界中是立体的，把它描述在纸质报告上，就是几个组成一团的六边形和短杠杠，上边用字母标注着不同的元素，就如同一个孩子胡乱搭成的积木。不同的积木代表一个不同的元素。青蒿素里没有氮，但是有碳，有氢，也有氧。而这个氧的结构有些古怪，两个氧元素肩并肩挨在一起，就是"–O–O–"这种方式，就如同一座桥，搭在了青蒿素体内。

这就是青蒿素特殊的结构。此前，中医科学院药物研究所从鹰爪中就发现有类似的过氧桥结构。

屠呦呦眼睛越来越亮了——难道说正是这种罕见的"过氧桥"结构，高效杀死了疟原虫？

她与上海专家进行了一连串的实验和测定，终于结果出来了——青蒿素中"过氧桥"果然是疟原虫的克星。

没有氮元素不要紧，氧元素也可以杀死疟原虫。

原理是：顽固的疟原虫遇到青蒿素后，青蒿素依赖"过氧桥"的自由基发挥抗疟作用。疟原虫碰上自由基，就会受到攻击，它的结构和功能就会遭到破坏，从而灭亡。

西方医学界错误的认知，在她发现的青蒿素中的"过氧桥"面前，如同建筑在沙滩上的大楼，轰然倒塌。

这是一个与过去抗疟药结构完全不同的新抗疟药，打破了过去人们认为"抗疟药必须含氮元素"的断言。

由此预知，如果这个判断能得到确证的话，这很可能是一个完全不同于奎宁类的新结构类型的化合物。

果然如此。经课题组与"523"办公室动员全国各地的实验，临床病例两千多，确证为"高效、速效、低毒"，而且对已经抗氯喹的恶性疟疾有特效。

这就意味着一种完全不同于奎宁及其衍生物的全新药物，当疟原虫对奎宁产生抗药性时，拥有"过氧桥"的青蒿素横空出世，成为消灭疟原虫的新式武器。

这也鼓舞了中国科学家，西方科学界的理论并不是不可触碰的和更改的。在中国简陋的实验室里，我们同样做得很好，甚至可以比他们做得更好。

小试牛刀，救命万千

1976年，青蒿素提取工艺逐步完善，海南省热带病防治研究所副所长蔡贤铮也提取成功，采用的就是屠呦呦科研组的提取方法。不同的是，他试图用航空油等方式提取，结果成功了。将提取的青蒿素也是装进胶囊，用于疟疾患者，很好用，一般病人吃上几粒就好了。长久以来，蔡贤铮一直都保存着一些青蒿素，这些青蒿素装在一个深褐色的瓶子里，打开来，颜色雪白，看上去有点像味精。蔡贤铮说："可别小瞧了它，这个可是屠呦呦首先发现，好几百位科学家共同努力的结果，挽救了几百万人的生命啊。"

每次看到那一小瓶保留的青蒿素，蔡贤铮都会想起屠呦呦，"她非常认真、热情，虽然她待在海南的时间不长，但很关键。"

在此之前的1973年，山东省中医药研究所从本省一种蒿类植物中提取到有效单体，表现较好。云南省药物研究所也发现了"苦蒿"的有效单体，在动物实验及人体实验中效果都很好。因为云南季节不适宜，大队人马来到四川，令人惊喜的是四川的青蒿中的青蒿素含量竟高达千分之三，一批青蒿素药品由此制成。时隔不久，云南耿马暴发了恶性疟疾，疟疾对上一代抗疟药物氯喹抗药明显，青蒿素抗疟药临床实验紧急展开，疗效令人惊叹，青蒿素完全能够治愈恶性疟疾，效果可以称得上神奇，并且安全、低毒、起效快。

1978年有个青蒿素鉴定书，有这样的记载——

1972年以来，全国十个省、市、区用青蒿制剂和青蒿素制剂在海南、云南、四川、山东、河南、江苏、湖北以及东南亚等恶性疟、间日疟流行地区进行了六千五百五十五例临床验证。其中青蒿

鉴定書

项目名称：青蒿素

主要研究单位：卫生部中医研究院
　　　　　　　山东省中西医结合研究院
　　　　　　　云南省药物研究所
　　　　　　　广州中医学院
　　　　　　　四川省中药研究所
　　　　　　　江苏省高邮县卫生局

主持鉴定单位：全国疟疾防治研究领导小组

鉴定日期：1978年11月28日·扬州市

青蒿素鉴定书

素制剂治疗两千零九十九例。

当时就有专家建议——你们中药研究所要进一步改进生产工艺，改革剂型，尽快落实青蒿素及其制剂的投产。

屠呦呦就与课题组深入研究。

"青蒿素研究成果丰硕，咱们中药研究所抗疟课题组也日益壮大，植化、药理、剂型等研究室的许多科研人员参与了青蒿素的研究，可以说兵强马壮了。根据有关专家建议，我们现在考虑是不是搞一个好的剂型参加鉴定，提供临床使用。"

钟裕蓉问："什么样的剂型好呢？"

倪慕云说："主要考虑特别适合恶性疟疾的比较好……"

"对，还有儿童。"屠呦呦说。

"你是说——"

"搞栓剂。"屠呦呦说，"栓剂特别适合恶性疟疾，也适合儿童疟疾病人使用。"

"好！"

尽管"523"项目在1981年3月中止，且军民大协作组织模式告一段落，但中国科学家没有停止他们对有效抗疟药物的探索。

到1983年8月，经过屠呦呦课题组努力，她完成了青蒿素栓的制剂研究。经药理、安全性和三期临床实验，1986年获得卫生部一类新药证书（86）卫药试字X-01号，以及青蒿素栓新药证书（86）卫药证字X-04号。

这是1985年颁布《中华人民共和国药品管理法》和《新药审批办法》后，卫生部批准的第一个原料药生产证书和青蒿素栓新药证书及青蒿素栓生产批文。

栓剂在常温下为固体，塞入腔道后在体温下能迅速软化熔融或溶解于分泌液，逐渐释放药物产生局部或全身作用，疗效较好。

至此，青蒿素衍生药物由最初的青蒿素黑色软膏，到青蒿素片剂、胶囊、栓剂，已有多种剂型。

那么它们的疗效如何呢？

在民间应用效果不错。

有一件事发生在云南佤族同胞居住区，在那里茂密的原始森林中，有一群佤族同胞抬着一个二十多岁的佤族妹子在山林间跋涉。那妹子捂着肚子大声呻吟，不像人在喊，而像野兽在叫，叫得令人毛骨悚然。抬着她跑了半天山路，好不容易到了当地卫生所，却发现那个妹子流产了，流出来的是一个死婴。

卫生所赤脚医生检查了，说妹子得了恶性疟疾，他们当地也叫"打摆子"。

佤族妹子家人说，"打摆子"咋会流产？

医生就给她家人解释，说你们送来卫生所晚了，妹子体内积攒了很多虫子，就是我们说的疟原虫。这些虫子在妹子血管抢她的营养吃，婴儿没得吃，不久就饿死了。

佤族妹子听了，当时就昏迷过去，不省人事了。医生赶紧行动，为她输血，口服剂量半克青蒿素药片。之后，就是等待，时间一点点过去，妹子的亲人和医生都在等待，等待妹子慢慢醒来。

可是四小时后不但不见好转，反而病情加重，意识模糊，家人吓坏了，问到底怎么办？医生说别着急，再加药。于是让家人帮忙，医生再从牙缝中灌进半克，因妹子紧咬牙关，药片灌不进去，医生抓紧时间，用铁板将药片磨碎了，从鼻子插管直接送到她的胃里去。

但这并没有见效，第二天早晨，病人不但没醒，反而高烧不退，彻底失去知觉。这让那位赤脚医生也感到奇怪，更不用说佤族妹子的家属了。那位妹子的丈夫直接跳了起来，大吵大闹，说你们治不了这病就早说，耽误了治疗我跟你没完。说着，吵闹着要走，去大医院。

医生坚决阻拦，不管你说什么难听的话，都不许他们转院治疗。他苦口婆心地说，转院到县城路很远，病人刚流产，失血又多，转院的话在路上就没命了。妹子家属问医生怎么办？

医生说这药本来很灵，以前十几个这样的病人吃一两片都能救活，怎么两片了还不行？是不是失血过多的原因？医生说相信我，会好的。

家属冷静了，医生施救，他不再加青蒿素，只是输血，来了一个综合施治。

五十个小时的时候，妹子退烧了，睁开了眼。

七十二小时后，妹子开始说话，抽血检查，体内疟原虫全部被消灭。

不久佤族妹子身体恢复如初。

青蒿素显示了奇效。

类似的事情在国内还有发生。

云南耿马县人民医院和沧源县南蜡公社卫生所用青蒿素治疟疾，对恶性疟、间日疟有显著疗效，比氯喹快速有效好几倍。

在山东巨野县城关公社朱庄大队，三十个病人服用了青蒿素胶囊，三天至六天，病人体内的疟原虫被消灭得一干二净。而且当地医生欣喜地看到，这种胶囊没有任何毒副作用。在此之前用的一些抗疟西药，会引起病人剧烈呕吐。

青蒿素栓剂也是疗效显著。

广州中医学院从1982年11月到1984年2月采用青蒿素栓剂治疗恶性疟疾四十五例，包括脑型疟疾一例，都取得较好疗效。1988年8月到12月，广州中医学院采用青蒿素栓剂治疗疟疾三十三例。其中恶性疟二十三例（包括凶险型疟疾四例），间日疟七例，混合感染三例，治疗效果让人满意。

1982年到1984年，在海南岛东方县、崖县、昌江县、陵水县和乐东县，采用青蒿素栓剂治疗凶险型恶性疟三十二例，疗效良好，没有出现明显毒副反应。

对青蒿素来说，各种剂型效果都很好。

在海南、云南、河南、山东、湖北、四川、广西等地，甚至越南、老挝、柬埔寨等国，在极短的时间内，青蒿素就治愈了六千五百五十多名病人，疗效几乎达到百分之百。

中国的疟疾发病率从每年两三千万病人，急剧减少到每年数万人。青蒿素成了全国各地医院、卫生所，甚至老百姓家里的必备良药。

科泰新，生命拯救的福星

说到科泰新，首先要说双氢青蒿素。

美国有一个叫约瑟夫·戈尔斯坦的人，世界第一流的生物学家和医学家，诺贝尔生理学或医学奖得主，美国科学院院士。他说过这么一句话："生物医学的发展主要通过两种不同的途径，一是发现，二是发明创造。"

2011年屠呦呦在接受美国《临床研究期刊》采访时说："很荣幸，这两条路我都走了。"

她的意思是说，我发现了青蒿素，又发明了双氢青蒿素。

既有科学，也有技术了。

对此，当年海南"523"办公室的专家庞学坚说，当初屠呦呦利用青蒿素在昌江地区为当地外来人口治疗疟疾期间，有的疗效明显，有的出现了短期内疟原虫复现的情况。"523"办公室负责人蔡贤铮将结果反馈回去之后，屠呦呦又进行了改进，并最终获得成功。

说起此事，蔡贤铮有些激动："她把这个化学结构改进了，在里面加入了两个氢。这样一个简单的改变，使青蒿素治疗疟疾的药效大大提高。"

蔡贤铮说的就是双氢青蒿素。

后来，她自己说得也是这么简单——

1982年，针对青蒿素成本高、对疟疾难以根治等缺点，我和同事又发明出双氢青蒿素这一抗疟疗效为前者十倍的"升级版"。

但事情不是这么简单。

我们把时间倒回去。

早在1981年10月，世界卫生组织致函中国卫生部，提议在中国举办

"抗疟新药青蒿素"专题国际会议。会上屠呦呦以《青蒿素的化学研究》为题，第一个上台作报告，介绍中国青蒿素研究情况，获得入会者高度评价——

　　　青蒿素的发现不仅增加一个抗疟新药，更重要的意义还在于发现这一新化合物的独特化学结构，它将为合成设计新药指出方向。

　　屠呦呦感觉这个评价很重要，不光是肯定了他们课题组的工作，而且还有一句——"为合成设计新药指出方向"，这话分量很重，让屠呦呦坚定了沿着青蒿素这条路往深处走的信心。

　　时间再往后倒，就更充分说明她"已经走过了"这句话。

　　她真的已经走过了。

　　这条路是从1973年开始走的。当时她不仅发现了青蒿素，而且开展了青蒿素衍生物实验。现在人说，有作为才能有地位，当时也是。青蒿素的发现，引起中医研究院中药研究所的高度重视，这种重视包括人力啊、物力啊各个方面，大力支持。借此东风，屠呦呦的科研重点转向了青蒿素的化学研究。

　　这年的9月下旬的一天，屠呦呦与同事倪慕云一起在实验室做实验，她们把几克青蒿素放在反应瓶中，然后加二十倍量的乙醇，用酒精灯加到微热，溶解后，冷却，在不断搅拌下，再加入用少量水溶解后的还原剂硼氢化钾，继续搅拌，让它们之间充分反应，两小时后用酸调节，再加入等量的饱和食盐水，继续搅拌一个半小时，过滤后取出析出物，用丙酮重新让它们结晶，还原成了新的衍生物。

　　面对这个衍生物，屠呦呦与倪慕云相视一笑。

　　经测定，新的衍生物的分子式为$C_{15}H_{24}O_5$，分子量是284。而青蒿素分子式则是$C_{15}H_{22}O_5$。

　　屠呦呦说："对比一下就能看出来，青蒿素与双氢青蒿素，它们的分子式不同，双氢青蒿素与青蒿素的C、O原子个数相同，双氢青蒿素的H

原子却比青蒿素多两个。"

倪慕云说："是啊，一个青蒿素分子比一个双氢青蒿素分子少两个氢原子。"

"所以，就叫双氢青蒿素嘛。"

倪慕云兴奋地问："你是说，咱们最新的研究成果双氢青蒿素又问世了？"

屠呦呦微微一笑："是啊，新成果问世了。尽快实验，看看疗效吧。"

"好吧。"

"事不宜迟，马上开始。"

负责做动物实验的叶祖光、刘菊福去了动物实验室做动物实验。按照规定时间，实验结果出来了，鼠疟和猴疟的药效学研究证明效果显著。

又经过"523"办公室协调，在南方省份恶性疟流行区进行临床实验，治疗九百七十五例恶性疟和一百七十一例间日疟，追踪观察二十八天，恶性疟治愈率为百分之九十六点九，复发率为百分之三点一，间日疟复发率为百分之二点七。平均退热时间为十六到二十五小时，平均疟原虫转阴时间为二十四到五十六小时。

针对这一实验结果，屠呦呦给中医研究院领导汇报时充满信心。

"实验表明，双氢青蒿素对疟原虫杀伤力大，也迅速，疟疾患者在两三天之内就能迅速控制病情发作，改善症状。"

领导问为什么效果这么好？

"道理很简单，青蒿素是让疟原虫结构遭到破坏之后，自然死亡，而双氢青蒿素不同，它干扰疟原虫功能，阻断了疟原虫摄取营养，当疟原虫损失大量营养又得不到补充，就活活饿死了。"

"对恶性疟疾呢？"

"当然有效。"屠呦呦说。

"还有毒副作用情况。"

倪慕云接过话说："毒性较低，这次还在动物生殖毒性方面作了研究，在小鼠妊娠感应期给药，没发现有导致畸胎的情况，也没发现毒副作用。"

领导试探地说："青蒿素已经走向世界，咱们在这一领域已经全球领先，还有必要深入下去吗？"

屠呦呦毫不犹豫。

"很有必要。"她说，"倪慕云在双氢青蒿素中引进了乙酰基，让双氢青蒿素的抗疟效果更好了，为研究制造更多更好的青蒿素药物创造了新的条件。我敢肯定地说，双氢青蒿素的研发价值要比青蒿素药高得多。"

领导又说："制成一种药物不是一日之功，万一失败了不光劳民伤财，连你的荣誉都要受到损失……"

"没事，我们课题组就是从失败中爬起来的，再失败一次又能怎样？至于那点荣誉，身外之物，可以忽略不计。"

"你一定要开发成药物喽？"

"一言为定。"屠呦呦微笑着用力点头。

见她这样信心坚定，领导就说："我代表院党委、军管会正式表态，坚决支持，支持你们课题组研发新药！"然后，领导握着她的手说："祝你们成功。"

"请领导等待我们成功的消息吧……"

1985年开始，屠呦呦课题组为双氢青蒿素申报了《新药证书》之后，由富杭育研究院负责毒理等实验研究，按照新药审批办法的要求，她组织协作单位开始了对抗疟新药双氢青蒿素及其片剂的开发研究工作。

七年过去了，经过努力，双氢青蒿素片剂终于创制成功，经测试，临床药效高于青蒿素十倍，复发率低至百分之一点九五，成为中国制造的新一代抗疟药。

令人遗憾的是，双氢青蒿素的发现是1973年，直到1992年才通过卫生部新药评审委员会鉴定，7月20日获得国家"一类新药证书"，也就是（92）卫药证字X-66、67号，同时转让投产。

令人兴奋的是，一旦生产出药品，当年12月就被列入"全国十大科技成就"，经销国际市场，突出了"高效、速效、安全、剂量小、口服方便、复发率低、研制简廉"的优点，被认为是"国际上治疗各型疟疾的较理想口服治疗药"，比当时注射给药的同类药物效果还要好。

后来课题组在世界卫生组织资料中看到，世界上每天约有三千个婴幼儿童死于疟疾，他们就用"双氢青蒿素栓剂"，方便儿童直肠给药，让病患儿童得以救治。

因此说，双氢青蒿素的发现是屠呦呦及其课题组为中国乃至世界作出的又一重要贡献。

那一年，屠呦呦被中医研究院聘为终身研究员。

那一年，双氢青蒿素的口服药，在北京地区注册商品名叫"科泰新"。

"科泰新"本身没什么意义，就是北京华立科泰医药有限责任公司的品牌而已。"科泰新"这个名字对于许多中国人来说或许比较陌生，因为双氢青蒿素的片剂的注册商品名称，才使它在非洲，特别是疟疾肆虐的撒哈拉以南的非洲地区声名远扬，妇孺皆知。

1995年，云散云聚，非洲大陆东部的肯尼亚转眼又进入了雨季。然而，长期生活在这里的人们都知道，雨季来了，患疟疾的风险也就增加了。这是肯尼亚，以及非洲许多国家的民众每年、每天要面对的挑战。

疟疾在非洲是最具威胁的"健康杀手"，每年都要发放一些持久性很强的杀虫剂、撑挂蚊帐、普及疟疾测试诊断等方式，抗击和预防疟疾发病，降低疟疾死亡率。

这是1996年肯尼亚发生的事。

因为疟疾危害最大的一个是儿童，一个就是孕妇，妇女怀孕之后如果感染疟疾，基本上是要流产的。当时这个疟疾治疗里都有一个原则，一般是保大人。

在肯尼亚疟疾重灾区奇苏姆省内罗毕附近的一个村庄，有一个怀孕的妇女得了疟疾，她躺在床上肌肉颤抖，面色苍白，指甲都发紫了，有时候大汗淋漓，有时候又体温急剧下降。肯尼亚当地大夫说，你得的是恶性疟疾，如果发作厉害了，大人和孩子都有危险。

他对病人说按照惯例，我们只能保大人。

病人哀告说，我前面生过两个孩子，都是因为疟疾流产，没保住，这次大夫一定救救我，让我的孩子活下来。

大夫就跟她直接说了，你得的是恶性疟疾，如果用咱们以前的奎宁治疗，即使你当母亲的能活下来，孩子也会流产，不流产生下来就会变成怪胎了。

病人吓得哆嗦起来，那可怎么办啊。大夫告诉她，还有一种新药叫"科泰新"，中国产的，这种药毒性小，没有副作用，可能会好一些。病人说，请大夫就用这种中国药吧。

大夫说我们医院现在没有这种药了，用完了。

病人一听就昏迷不醒了。大夫在病人丈夫的请求下，向院长汇报，院长把眼睛投向千山万水外的中国，寻求支援。中国班机在最短的时间里把药物送达。

医生手拿一瓶玻璃瓶装药片，对病人说这就是中国的"科泰新"，中国用飞机送过来的。他把三片药片送到病人嘴边，让她用水冲下。"科泰新"起效很快，成年人一天吃一次，一次吃三片，服药后第二到第三日开始见效。连那位肯尼亚大夫都没想到，"科泰新"比氯喹、奎宁那些药物起效要快很多，病人从昏迷中醒来，发热消除了，恶心症状没有了，这位已经处在昏迷状态的病人起死回生了。

病人的疟疾治好了。

不久生下了孩子，母子平安。

病人当了妈妈，一遍一遍地亲吻着胖胖的娃娃，让做了父亲的丈夫感动得泪流满面。按照当地习惯，非洲取名字就是按当时的情况来命名，比如说有个孩子是下雨天生的，孩子就叫"雨生"。

父亲说，这是"科泰新"给我们带来的第一个孩子，中国"科泰新"救了孩子，这个孩子就叫"科泰新"吧，让他永远不要忘记"中国神药"的救命之恩。

当屠呦呦听到这个故事时，觉得很激动，心里有一种幸福感、自豪感，这既是起死回生又是挽救新的生命，挺让人震撼的。生死一线间的区别就这么简单，往这边就是死，往那边就是生。青蒿素就把人从死的一边拉到了生的一边。

生与死，这个冲击力是巨大的。

从此"科泰新"声名鹊起，被广大非洲疟疾患者称为"非洲疟疾的克星""来自中国的健康使者""连接中非友谊的纽带"。

2000年4月25日，在尼日利亚首都阿布贾举行的关于防治疟疾的非洲国家高官会议上，"科泰新"被推举为"疟疾防治药物新星"，受到许多非洲国家元首和政府高官的好评。

2005年6月，肯尼亚国家广播公司主编希拉姆·穆切凯·马科克访华时，没忘记到北京华立集团访问，对公司高管说："当我登上雄伟壮观的中国长城时突然想到，中国大力帮助非洲防治疟疾，正在非洲建设'抗击疟疾的长城'，非洲人民将世世代代铭记中国人民的友好情意，永远不会忘记为非洲人民解除疟疾痛苦立下的功勋……"

这是发生在肯尼亚的故事。

不仅是肯尼亚，卢旺达、乌干达、加蓬等国总统先后会见了在非洲普及"科泰新"的工作人员，称赞他们为根除非洲疟疾立下的功勋。

在此后很长一段时间里，"科泰新"成为我国领导人出访非洲必送的礼物。

屠呦呦课题组的成果受到非洲民众的赞扬，也受到国家领导人的喜爱。巨大的成功让他们备受鼓舞。

他们马不停蹄，继续奋斗。

他们以青蒿素为基础，用最快的速度让青蒿素类药物多种多样，可以口服，可以肌肉注射，也可以静脉注射，又制成了栓剂，让病情危急的成年人和儿童，使用简单便捷。

尤其始于中国的"联合疗法"，被世界卫生组织推荐为疟疾治疗的最佳疗法。

所谓"联合疗法"也就是"青蒿素药物＋其他抗疟配方药"，它的特点是安全、有效、廉价，成为世界上贫穷地区人民的福星。

此外，青蒿素的其他衍生物不断涌现。

上海药物研究所研制出了"蒿甲醚"，桂林制药厂研制出了"青蒿琥酯"，都响当当的，"青蒿琥酯"注射剂更厉害，全面取代奎宁注射液，成为世界卫生组织强烈推荐的重症疟疾治疗首选用药，在全球三十多个国家挽救了七百多万名重症疟疾患者的生命。

作为"中国神药"，青蒿素在世界各地抗击疟疾中显示了奇效，也受到国际认可。

从1995年起，世界卫生组织陆续将我国研发生产的蒿甲醚、青蒿琥酯和蒿甲醚－苯戊醇复方列入《基本药物示范目录》，推荐给世界各国，这在历史上还是第一次。

2019年6月，世界卫生组织全球疟疾项目主任佩德罗·阿隆索说："全球疟疾防控与中国政府提出的构建人类命运共同体的行动倡议主旨高度一致。截至目前，青蒿素联合疗法治愈的疟疾病患已达数十亿例。屠呦呦团队开展的抗疟科研工作具有卓越性，贡献不可估量。"

青蒿素类药物在世界范围内的广泛应用，大大降低了全球疟疾病死率，成为全球疟疾治疗的首选药，得到世界公认。

对此屠呦呦表示——

　　一个东西来之不易，得到了国家大力支持，大家团结起来多做了一点工作，挺光荣的。我是搞医药领域的，为人类健康作贡献的，能够更多解决问题，就更高兴了。

青蒿，中国南北方一岁一枯荣的草本植物，外表朴实无华，长年在山野里默默生长，随时准备在机会到来的时刻绽放自己的绚烂。就是这普普通通的小草，体内却孕育着降妖伏龙的魔力，不声不响地隐藏着神奇，而到了今天才贵族式地华丽转身，成为走出国门、享誉全球的"救命神药"。

这正是——

中国一株小草，千万人获得新生。

第十一章　青春不老

因为做了一辈子，希望青蒿素能够物尽其用，也希望有新的激励机制，让中医药产生更多有价值的成果，更好地发挥护佑人类健康的作用。

——2015 年 10 月 7 日，屠呦呦在《新京报》上如是说

道高一尺，魔高一丈

大自然不断向人类提出新的挑战，也包括对人的蔑视。有时候，人在大自然面前其实是渺小的。

人在世界上，干什么事一旦达到圆满就是死刑的宣言。有时候，人在这个死刑面前束手无策。

青蒿素也是。

屠呦呦已经把青蒿素做得近乎完美无缺了，但在一些地区，恶性疟原虫已经出现对于青蒿素的抗药性。这是让人头痛和一直以来令人担忧的事。

这是达尔文进化论的必然后果吗？因为药物相当于对病原体的一种自然选择，不能抗药的被杀死了，能抗药的就生存下来了。这样，病原体抗药的基因就一代代传下去，一代代地扩大，扩大到足够强大，大到能对抗药物的时候就获得了生存的权利。战胜疾病，这是一场人类与病魔永久对峙、输赢未定的斗争。

有的病原体被人类消灭了，人类却为此付出了沉重的代价；有的仍在与人对峙着；有的正在孕育着一场新的灾难。

比如说鼠疫杆菌，这东西永远不死不灭，它能沉睡在家具和衣服中几十年，它能在你的房间、你身边的垃圾废墟、你的皮箱和犄角旮旯里耐心潜伏守候，也许有朝一日，它会从你身边发作，再度发动它的鼠群，驱使它们选中一种兽、一群人、一座城市作为它们的葬身之地。

屠呦呦他们这些药学家，就是这种兽、这群人、这座城市的守护者，他们保护着你和这个世界。

譬如疟疾。

这个病发源于非洲，传遍世界，它的历史与人类文明史一样漫长。它杀死了世界上数不清的人，甚至毁灭过一个王朝或者一个国家。就算在当今世界，它仍是全球关注的重要公共卫生问题之一，广泛流行于世界各地。2015年全球九十七个国家与地区的三十三亿人口仍在遭遇疟疾的威胁，其中有十二亿人生活在高危区域，每年发病人数为一点五亿，被夺取生命的人仍然超过两百万。

幸亏19世纪初，欧洲人从金鸡纳树的树皮中提取了奎宁，发明了氯喹，成了特效药，才阻挡住疟害的泛滥。可是正当人们一度认为疟疾从此可以退出人类的历史舞台的时候，疟疾病又卷土重来，中南美洲和东南亚相继出现了抗氯喹的恶性疟疾，那一批特效药失效了。

这让全世界陷于绝望之中。

2000年，世界首富比尔·盖茨和他的妻子梅琳达·盖茨一起成立了盖茨基金会，其中就有一项投入巨资减少疟疾病例的计划。他们夫妇说："消除疟疾，堪比消除天花，是人类历史上最伟大的创举。我们一定能够战胜它！"

屠呦呦的青蒿素横空出世，实现了比尔·盖茨夫妇的愿望，重新燃起人们对于消灭疟疾的信心。

可历史还是重演了。

疟原虫的抗药性再次出现。

到2006年的时候，用药标准是吃药三天，但在柬埔寨发现了所谓抗药的疟原虫，吃药三天杀不死的问题。随后，一种"超级疟疾"再次出现，绷紧了人们的神经——2017年3月，一种能抵抗广泛使用的药物组合的疟原虫在东南亚肆虐。

世界卫生组织去东南亚国家研究，果然如此，在柬埔寨、泰国、缅甸、越南等大湄公河次区域国家，对疟疾感染病人采用"青蒿素联合疗法"三天的周期治疗中，疟原虫清除速度出现缓慢迹象，疑似产生了对青蒿素的抗药性。

这种抗药性很快得到了确认。

2011年1月12日，世界卫生组织在日内瓦发出行动纲领，提出各国必须对刚刚出现的青蒿素耐药性现象迅速采取遏制行动。

2017年，"超级疟疾"在东南亚传播，迅速从柬埔寨西部穿过泰国东北部，一直延伸到老挝南部，越南南部也出现了"超级疟疾"病例。"青蒿素联合疗法"对于患了"超级疟疾"的病人来说，治疗失败率居高不下。

2017年10月，泰国曼谷玛希隆—牛津热带医学研究所团队在《柳叶刀》杂志上说："这种疟原虫能抵抗青蒿素联合疗法，在大湄公河次区域广泛散播，成为该地区主要的疟原虫。"

这一切都在警告——如不能得到有效控制，"超级疟疾"可能会进一步扩散传播。

如果作为治疗疟疾的特效药青蒿素失效，那就是导致了20世纪80年代的氯喹耐药性灾难，再度重演。

世界卫生组织着急了，发布《2018年世界疟疾报告》说，全球疟疾防治进展陷入停滞，认为"疟疾仍是世界上最主要的致死病因之一，在2020年前疟疾感染率和死亡率下降百分之四十"的阶段性目标将难以实现。

报告明确指出，疟原虫对青蒿素类抗疟药物产生抗药性是当前全球抗疟面临的最大技术挑战。

青蒿素是世界卫生组织大力推广的一线抗疟疗法，是当前全球抗疟的最重要武器，一旦疟原虫普遍对青蒿素药物产生抗药性，全球科学家都非常担心——青蒿素抗药性进一步恶化，后果将十分严重。

地球上有人着急了。

疟原虫为什么会有抗药性？

哪里出了问题？

早在2015年12月7日诺贝尔奖演讲中，屠呦呦就表达了对青蒿素抗药性增加的担心。

所以她说过："至于得奖之后会怎样，不大感兴趣。我更在意的是青蒿素抗药性的问题。"

所以她明确自己要做的就是积极应战。你敢来，我就敢应战。

疟原虫，你这像化石一样古老而狡猾的虫子，人类头号杀手。对氯喹有抗药性，毁掉了成千上万的生命；你又产生抗药性，死灰复燃，又披着一身盔甲袭击人类，你这是向人类发起新的挑战吗？

李廷钊说，她一听疟原虫对青蒿素有了抗药性立马就来了精神，有了一种"但使龙城飞将在，不教胡马度阴山"的气魄。

疟原虫，滚开！

有我们在，你休想再害人类！

这天下班的时候，屠呦呦走在小区路灯下的树荫里，一会儿就阴天了，一场莫名其妙的大雨笼罩了半个北京城，雨点从天上落下，像一条条虫子撒落在地上，露出可疑的笑容，弥漫在一片扭曲的洪水中，继而从她身边跳动着，呼啸着向远方蔓延，似乎整个城市都被这些虫子吞噬掉了。

当她深一脚浅一脚回到她居住的那栋楼，雨却停了，向远处一看，雨后的霓虹灯下仿佛又开始了夜间的繁华，以及人行道旁随处可见匆匆赶路的身影。人世间刹那间又恢复了平静。

那时候，李廷钊已调回北京工作。一见屠呦呦回来就迎上去，帮她换上被淋湿的衣服。突然，李廷钊眼睛一亮。

"老屠，你今天像华佗，童颜鹤发，有些飘然出世的样子喽。"

屠呦呦说："别开玩笑，青蒿素耐药性问题已经出现，我关心的是这个问题。"

"屠先生，你今年已经八十九岁高龄了。岁月不饶人啊。"

屠呦呦说："你管多大高龄了，工作还没有做完就不管什么高龄了。一旦疟原虫对青蒿素产生抗药性，疟疾就无药可治了，无药可治，对人类来说就是一场浩劫。所以刹住青蒿素抗药性的任务很急迫，火烧眉毛，我要扛起这杆大旗……"

李廷钊不无调侃地说："应该！你们的青蒿素是世界卫生组织大力推广的，说是全球治疗疟疾最厉害的家伙，大家都还在为你们喝彩呢，没想到耐药性就出来了，这不和当年的奎宁一样的命运？这狡猾的疟原虫，让你这老脸往哪里搁！"

屠呦呦笑着说："他们北方人不是有句话吗？络腮胡子天天刮，你不让我露脸，我就不让你出头。"

那晚她睡得很好，但第二天李廷钊告诉她睡得很安心、很沉稳的时候，她却说："我做了一个梦——夜阑卧听风吹雨，铁马冰河入梦来……"

李廷钊伸一个大拇指给她说："我明白了，老骥伏枥，志在千里——耐药性有救了。"

"你怎么这么说？"

"我感觉这件事早在你的意料之中。"

屠呦呦点头称是："不是有先见之明，而是自己生养的孩子的脾气自己知道。"

回到单位，屠呦呦立即开展工作。

屠呦呦召集青蒿素研究中心专家们组成攻坚组，集中优势兵力打一场攻坚战。

这个攻坚团队由屠呦呦挂帅，特聘专家王继刚担任主将，一共五人，都是团队骨干，大家共同参与。

当然，攻坚战首先要有清晰的思路和明确的指导思想。这也是屠呦呦一定要首先把握的。

"对青蒿素最大的挑战就是抗药性。但我们要搞清楚，现在东南亚地区出现的病例报告说的并不是抗药性，而是耐药性，这就有本质的区别。"

王继刚很赞同。

他说："抗药性主要指你无论吃多少都无效，耐药性不是失效，而是时间问题。而青蒿素现在出现的是耐药性问题。"

屠呦呦说："一般情况下如果一天吃三次青蒿素，二十四小时之内寄生虫至少降了一半，而现在有的地方需要七十二小时才能达到这个效果。如果你继续吃药最终还是会清除的，但时间就会很长。几年前是没有这么严重的。这个问题很重要，希望大家关注。"

随后，攻坚组通过对"抗疟机理研究""抗药性成因""调整治疗手段"等方面的研究，争取早日拿下应对"青蒿素抗药性"治疗方案。

在这里，研究抗疟"机理"很关键。

什么是机理？

机理就是事物变化的道理。

青蒿素与别的药物不一样，它需要被激活才能发挥作用，而激活青蒿素的东西是红细胞中的血红素，疟原虫在人体内大量破坏红细胞时，红细胞就会释放出大量血红素，血红素就把青蒿素给激活了，全力攻击疟原虫，让疟原虫失去活性，进而被杀死。

而疟原虫又有噬血本性，这就导致它不可避免地成为青蒿素攻击的目标。这样的话，疟原虫要产生抗药性非常困难。

分析之后，屠呦呦说："为什么青蒿素使用了这么多年没有出现抗药性？就是这个原因。"

攻坚组主将王继刚认为，青蒿素在人体内有个半衰期，也就是药物在人体的作用下降到一半的时间，这个时间其实很短，也就一到两个小时，而青蒿素联合疗法疗程为三天。这个三天时间就有点长了，因为青蒿素真正高效的杀虫窗口期只有四至八小时，过了窗口期，青蒿素威力就下降了。

"而疟原虫很狡猾，它就是利用青蒿素这个半衰期短的特性，要么改变了生活周期，要么暂时进入休眠状态，这样就把青蒿素杀虫期躲过去了。"

屠呦呦说："对，正因为这样，联合疗法用药三天对耐药的疟原虫疗效不佳，一旦延长用药时间，疟疾患者还是能够被治愈的。"

王继刚说："从报上来的材料看，联合疗法中的辅助药物——抗疟配方药，产生了明显的耐药性，这才使青蒿素好像出现失效现象。要不咱们就换一换辅助药物，试试有没有效果。"

有同事提出："这事国内一些公司有争议，对他们来说卖药越多越好。这里有个商业冲突问题。"

屠呦呦立刻反驳。

"咱们是搞医药的，要让青蒿素继续成为人类治愈疟疾的必需选择，优化用药方案，减少成本，让贫困地区的老百姓也用得起。总之一句话，无论外边说什么，咱们医药工作者关心的只有救死扶伤、治病救人。"

就是在这样明确而清晰的思路指导下，他们通过三年攻坚战，成果出炉。

2019年4月25日是第十二个世界疟疾日，中国中医科学院青蒿素研究中心和中药研究所的科学家在《新英格兰医学杂志》上提出了"青蒿素抗药性"的合理应对方案。由特聘专家王继刚研究员为第一作者，屠呦呦指导团队完成。

一、适当延长用药时间，由三天疗法增至五天或七天疗法；二、更换青蒿素联合疗法中已产生抗药性的辅助药物。

这一方案很快在全球试用，立竿见影，效果奇好。其实过程并不复杂。这个方案没有沿着传统老路走，另起炉灶，研制下一代药物，而是通过改良方案就大功告成。这个方案既省钱又省力。

对这个方案，王继刚说："在可预见的未来，继续合理和战略性地应用青蒿素联合疗法，是应对治疗失败的最佳解决方案，也可能是唯一解决方案。"

屠呦呦认为，解决"青蒿素抗药性"难题有两大重要意义：一个是坚定了全球青蒿素应用方向，即在未来很长一段时间内，青蒿素依然是人类抗疟首选高效药物；另一个是青蒿素抗疟药价格低廉，每个疗程仅需几美元，适用于疫区集中的非洲广大贫困地区人群，更有助于实现全球消灭疟疾的目标。

因此，延长用药就可以斩草除根，奎宁不能解决抗药性的难题，青蒿素克服了，这是全人类的巨大幸运。

那么，青蒿素"还能再战五百年"这一点有多大的意义呢？无论在新一代抗疟药物的研发，还是在价格方面，青蒿素是无可替代的，所以经常被称为抵抗疟疾的最后一道屏障。一旦青蒿素失效，抗疟的成本将急剧上升，这对人类来说将是一场浩劫。

2019年6月的一个晚上，新华社突发一则消息，屠呦呦团队将在17日公布重大科研突破——攻克了青蒿素的耐药性。这个消息没有对这个重大科研突破做半点描述，却配上了一首诗——

一个魔王，杀戮无数生命，数千年不死，在世界各地游荡，威胁着几十亿地球人的生命。

一株野草，常见于山野河畔，成为中国传统医药，献给世界的一剂良方，治愈数十亿例疟疾患者。

然而道高一尺，魔高一丈，疟原虫变异产生"抗药性"，青蒿素"失效"！重大危机来了！

又是这位老人，耄耋之年，仍坚守科研一线，毕生的梦想，打败疯狂的疟疾魔王，绝望中找到希望。

老骥伏枥，志在千里

时代在前进。

1981年3月，国家撤销"523"领导小组后，富有时代特色的"523"

任务名称亦退出了历史舞台，代行职责的是中国青蒿素指导委员会。在这个过程中，屠呦呦带领的团队先后叫作课题组、科研组、攻关组，她获诺贝尔奖后，成立青蒿素研究中心，是由中医研究院改组的中国医学科学院正式成立的。屠呦呦被任命为研究中心主任。

在绵延不绝的历史时间里，这一切不过是眨眼一瞬。

"523"任务的最大成果——发现了青蒿素，并促进了继续研究其衍生药物的开发、实验、推广。

比如李英，中国科学院上海药物研究所研究员，二十八岁参与"523"任务，1977年再次破译青蒿素"密码"，合成"蒿甲醚"，使用剂量小、药效快、无毒性反应。这个药在1987年被批准为抗疟药，1996年又被批准为血吸虫预防药。在1978年至1980年近三年时间里，该药治疗疟疾病人一千零八十八例，其中致命的恶性疟疾八百二十九例，治愈率达百分之百。

比如周义清，解放军军事医学科学院研究院教授，他领衔的课题小组在1990年完成了"蒿甲醚"和"本芴醇复方抗疟新药"的研发，后又开创我国青蒿素联合疗法国际专利的先河，这是抗疟疾药物家族里的又一重大突破。

古老的"中国小草"正释放着令世界惊叹的力量。

然而"后青蒿素时代"中医药该向何处去？这差不多是屠呦呦获奖后各界议论最多的问题。

而屠呦呦，依然在微笑的光辉中走出家门，拖着疲惫的身子回到安静的家。

不同的是现在世态变了。面对改革开放取得的辉煌成就，繁华多元的当下社会，到处弥漫着高速发展的浮躁，物质利益炙手可热，就像当年海南岛蚊虫飞舞的热带雨林，蒸腾着阳光和腐烂都很旺盛的生命气息。在这样的热气腾腾中她应该怎么办？

生命没有重来的机会。尽管前面的路铺满了鲜花、锦绣，但毕竟已是过去，后边的路还很远，可能不会很顺利，但一定要走下去，不一定走完，却没有理由停下来。

她要做的，是带领青蒿素研究中心的同事们向更远的目标奋进。她鼓励同事们，她说既然我们搞清了青蒿素的秘密，就不能光发挥它的抗疟作用，我们还要扩大适应证，在药用多效方面下功夫。

"一药多用"就是要让青蒿素的十八般武艺都拿出来。

她举例说，像阿司匹林，这个在医药史上的三大经典药物，最初是用来解热镇痛的，后来却发现它还有抗血栓作用，结果现在成了心脑血管疾病发作的有效药物。

她说："我们大家要动脑子，开阔思路，把青蒿素推向更广阔的领域。敢想，才有出路；敢做，才能成功。"

值得庆幸的是，在解决"青蒿素抗药性"这一世界级难题的时候，意外发现了双氢青蒿素对治疗红斑狼疮效果独特。这就让她的团队找到了下一个奋斗目标。

其实，这一课题早在1995年他们就涉及了。1995年加入屠呦呦团队的杨岚研究员，一直担任屠呦呦的助手。她记得1995年至1997年，屠呦呦就委托北京中医医院进行了双氢青蒿素片对治疗红斑狼疮的临床观察，效果明显，也没有明显毒副作用。

青蒿素能够治疗红斑狼疮？也许那时候，他们就意识到双氢青蒿素具备开发成为新一代治疗红斑狼疮的安全有效药物的潜质。只是没有列入主攻方向。

这次要向它发起一场攻坚战了。

"红斑狼疮"这名字，听起来就很吓人，实际上也挺可怕，之所以叫这个名字，就是因为得病后人的面部出现蝶形红斑，像"被狼咬过的伤口"，所以叫红斑狼疮，有人管患病儿童叫"被狼咬过的孩子"。

从医学角度来讲，这种自身免疫疾病分两种，一种叫系统性红斑狼疮，另一种叫盘状红斑狼疮。病人都在十五到四十五岁之间，女性的发病率是男性的七到九倍。这种病还有个名称，叫"不死的癌症"，虽然不一定造成直接死亡，却可以让人生不如死。轻的像轻微感冒，怕阳光，脸上颧骨出皮疹，口腔溃疡，肌肉疼痛。重的会直接影响正常心肺功能，健忘症、抑郁症就出来了。关键是这病在国内、国外都没有特效药，只能缓解，不能根治，唯一的办法就是长期吃激素。吃激素后人会变胖，毛发增多，毁容，一旦停药就又复发了，对女性来说更为痛苦。

如果青蒿素实现治疗红斑狼疮这一目标，将又是一个震惊世界医药界的奇迹。

至于青蒿素怎样治疗红斑狼疮，屠呦呦他们的团队心知肚明，叙述起来比他们在实验室做实验还要枯燥，有很多治病机理只可意会不能言传。

简单说，最重要和最关键的，还是青蒿素那个独特结构——"过氧桥"，人类服用青蒿素后，通过过氧桥让青蒿素产生显著的抗疟活性，达到抗疟目的。再简单点说，这个过氧桥结构经过活化，产生自由基。

再深入一步呢？

屠呦呦说："青蒿素中这个独特的过氧桥，在自然界中极为难得，我们就对它开展了免疫学方面的研究，通过化学结构改造成新型青蒿素，经过实验，发现这种新型青蒿素具有免疫调节活性，能够抑制自身免疫异常反应，恢复机体的免疫平衡。"

这就有了青蒿素治疗红斑狼疮的原理。

之后呢？仍然是实验。

屠呦呦带领她的团队，开始了程序纷繁复杂、深奥难懂的各种各样的实验。又是选取化合物，又是选择动物，白天黑夜连轴转，既熬体力又费脑细胞，不用多说了，就说实验结果吧。

结果是，模型小鼠实验表明，双氢青蒿素对狼疮性肾炎的发生、发展有良好的抑制作用，也有治疗效应。

对狼疮性肾炎有疗效这是个好的开头，接下来深入研究。到2016年，他们发现双氢青蒿素对盘状红斑狼疮有效率超百分之九十，而对系统性红斑狼疮的有效率超百分之八十，而且疗效是明显的、确切的、稳定的。

张伯礼院士就对外宣称："根据屠呦呦团队前期临床观察，青蒿素对盘状红斑狼疮、系统性红斑狼疮的治疗有效率分别超百分之九十、百分之八十。"

这又往前走了一大步。

中国青蒿素，再现新曙光

屠呦呦说："有一点值得注意，那就是双氢青蒿素在红斑狼疮病情发生、发展到终结，整个病理过程都有明显疗效，可以说在这个阶段中它都能发挥抗炎和免疫调节作用。"

世界卫生组织全球疟疾规划主任佩德罗·阿隆索也肯定了这种可能，但他认为，必须进一步根据国际标准，经周密设计和严格实施的临床实验才能得出最终结论。

于是严格按国际标准进入程序。

2016年初，中国中医科学院中药研究所正式向国家食品药品监督管理总局（现为国家市场监督管理总局）提出"双氢青蒿素片新增适应证"的申请。

2016年9月获得总局关于同意临床研究的批件。昆明制药集团负责开展临床实验。

临床实验开始。

在屠呦呦团队的指导下，实验一期于2018年5月正式启动，设计样本共一百二十例，由北京协和医院、北京大学第一医院、内蒙古医科大学附属医院、新疆维吾尔自治区人民医院、安徽医科大学第一附属医院、山东大学齐鲁医院等全国十五家牵头单位共同参与开展。

2017年12月，进入临床实验二期。

二期实验在十五家医院展开，报名参加临床实验的中外患者约有五百人，经过"疾病活动性评分"等多流程严格筛选，已由六家医院患者们自愿参加临床实验，没有发生"非预期不良事件"。

为此屠呦呦说："青蒿素对治疗红斑狼疮存在有效性趋势，我们对实验成功持谨慎的乐观。"

一种创新药物的诞生绝不是一蹴而就的。这一点屠呦呦太清楚了。她不敢说大话，只能表示"谨慎乐观"。

这个实验一共要进行三期，到第三期实验样本量更大，需要的时间也更长。只有在二期和三期临床实验结果均表明双氢青蒿素片治疗红斑狼疮的有效性和安全性之后，才可以向药品监督管理总局提交新药注册申请。

昆明制药集团预计，若临床实验顺利，预计新双氢青蒿素片剂或最快于2026年前后获批上市。

屠呦呦团队对此充满信心。

中国红斑狼疮患者有百万人以上，世界各地十万人口中也有四十个左右的患者。如果屠呦呦团队能够成功，对人类来说又是一个贡献。

中国期待着，世界期待着。

对屠呦呦团队来说，治疗红斑狼疮仍不是终点，他们正在探讨"多靶点学说"。他们已经踏上向更广阔的青蒿素世界进军的征途。

"多靶点学说"由屠呦呦团队成员王继刚博士提出，这个观点认为青蒿素杀灭疟原虫有一个"多靶点"原理，实验表明青蒿素可以和疟原虫的一百多种蛋白共价结合。这对青蒿素抗疟机理的认识又推进了一大步。

他们现在已经将这个"多靶点学说"应用在其他领域，包括抗肿瘤、免疫调节、抗真菌、治疗类风湿关节炎等，涵盖甚广，探索不尽。

如果屠呦呦团队发现的青蒿素在更广泛的领域得到应用，让青蒿素拿下那些现代医学最棘手的"不治之症"，让人类更加健康美丽，那将是何等伟大的事业！那将不仅是中国人的自豪，也是全球人的福音。人类必将向屠呦呦的团队顶礼膜拜。

青蒿素，十八般武艺未来可期。

传帮带学，薪火相传

安徽中医药大学校长王键说，中医药是中华民族数千年实践经验与智慧的结晶，是最具原始创新性的学科领域。中医药既是传统的，又是现代的，既是中国的，又是世界的。我们不能数典忘祖，不能妄自菲薄，我们应比以往任何时候都更加珍惜这个伟大的医学宝库，要比以往任何时候都要更加用心培育中华民族对中华医药的人文情感，努力增强学术自尊与文化自信，并潜移默化地融汇在中医药人才培养的过程中，使中医药在继承中发扬，在创新中提升，为全人类的健康作出更大贡献。

黄璐琦院士说："我们的中医药，人才和药材一个都不能少。"

这些话说得很到位。

在诺贝尔奖演讲中，屠呦呦就说过："中医药从神农尝百草开始，在几千年的发展中积累了大量临床经验，对于自然资源的药用价值已经有所整理归纳。通过继承发扬，发掘提高，一定会有所发现，有所创新，从而造福人类。"

她把发展中医事业当成自己的使命去做，好像日思夜想的都是中医药。

尽管她从1955年进入中医研究院，一直像青蒿一样保持着向上生长的姿态，但她在思考一个问题——对于人生将迈入九旬的耄耋之人来说，她更在意的是——"在这座科学的高峰上，我还能攀登多久？"

她说："我毕竟老了，力不从心了，搞不动了，必须承认这一客观规律。我寄希望于年轻的一代，希望我的获奖可以激励更多中国年轻的科学家投身科研，让他们超越我们，为人类创造一个更加美好的明天！"

她这么说，也这么做。

先设立奖学金。

屠呦呦把为数不多的钱拿出来，目的很简单——鼓励后辈才俊献身医药事业。

2017年1月，屠呦呦在八十六岁生日之际，向北京大学教育基金会捐资一百万元人民币，设立"北京大学屠呦呦医药人才奖励基金"。

她说："自己能有今天的成绩，要感谢母校的培养，自己还有很多研究没有完成，希望北大、北医的年轻人能够接过接力棒，让青蒿素能够物尽其用，让中医药产生更多有价值的成果，更好地发挥护佑人类健康的作用。"

再拿出一百万元，在中医科学院设立"中药创新奖励基金"，奖励中医科学院内取得原创性成果的中青年科技工作者。

以前，她申请要求研究院升格。

2004年春节，曹洪欣教授代表研究院去屠呦呦家探望，刚进家门本是寒暄时刻，没谈两句屠呦呦就又奔着中医药去了，认认真真地说："曹院长，您现在最应该做的，就是把咱们中医研究院发展为中医科学院，这是我中肯的建议，别无其他。"

不知是她的话起了一定作用还是巧合，2005年12月，中医研究院举办五十周年院庆时，经国务院批准，更名为中国中医科学院，作为中国中医最高学府，确定了"和合、唯实、卓著、济人"的精神理念。而曹洪欣成了首任院长。

中医研究院升格后，青蒿素研究中心也成为院属单位。

2019年8月，中医科学院在北京大兴举行了青蒿素研究中心奠基仪式。在未来效果图中，研究中心白色的主楼就像一棵生机勃勃的青蒿。这也是在屠呦呦的不断努力下促成的一项重大工程。

做这一切，她就一个愿望："虽然发现青蒿素快半个世纪了，但其深层机制还需要继续研究，盼望后辈有所突破。"

这是一方面。

另一方面，她想亲手培养青蒿素研究人才。

这些年，尽管屠呦呦疾病缠身，但只要有空，她还是会亲自指导年轻人。她是一个精益求精的人，对与工作有关的事更是十分严谨。在实验方向上，她总是认真把关。只要在实验中遇到问题，她就一定要刨根问底，直到问题解决。屠呦呦对自己的博士生、硕士生要求很严，对于学生的论文总是逐字逐句修改，连标点符号也不放过。所以，选择屠呦呦做导师的硕士、博士，通常"压力山大"。她带学生还有一个特点，坚持绝对不在自己没有主持或参与的课题或论文中署名，她不止一次强调，没有参与就是没有参与，不能因为自己是教授就在论文上署名，要让后辈人冲在前边。

关于培养后辈人才，有一个屠呦呦与学生的故事。

这个学生叫王满元，是她收的第一个博士研究生，现在已经是首都医科大学中医药学院中药药剂学系的主任了。

1981年，中医研究院成为中国第一批博士和硕士学位授予单位。2001年博士点设立成功后，屠呦呦便开始招收博士生。

当年，她带的唯一一个博士研究生就是王满元。

2002年，王满元博士入学。导师屠呦呦十分郑重地赠给他一个笔记本。笔记本扉页上写着"向雷锋同志学习"，透过泛黄的纸页，王满元仿佛看到一位严谨笃行的学术前辈日夜伏案的身影。这份记录在三十二开的深绿色笔记本上的资料，成稿于20世纪60年代末70年代初，记载着屠呦呦对各种中药进行化学成分提取、分离的相关信息。

特殊年代，科研资料收集很不易，笔记中的很多信息都是屠呦呦从各地学校革委会传阅材料中辗转获得的。每次获得一点，她就认真地抄录在笔记上，纤毫不漏。用了三个月时间，她收集了包括内服、外用，植物药、动物药、矿物药在内的两千多个方药，对其中两百多种中草药、三百八十多种提取物进行了筛查。

笔记本在王满元手里沉甸甸的，那是青蒿素发现史的记录，也是导师的智慧和心血的见证。

王满元理解导师的良苦用心，内心里有了一种学业不成对不起导师的感觉。

之后，屠呦呦又给他另一份礼物，她带过的已毕业的硕士研究生吴崇明和顾玉诚的硕士论文。这两篇研究传统中药的论文，承袭了屠呦呦做青蒿素研究的方法。

王满元说："谢谢导师的这份礼物，我一定好好看，认真研读，好好揣摩其中的研究思路，熟悉一些师门传统。"

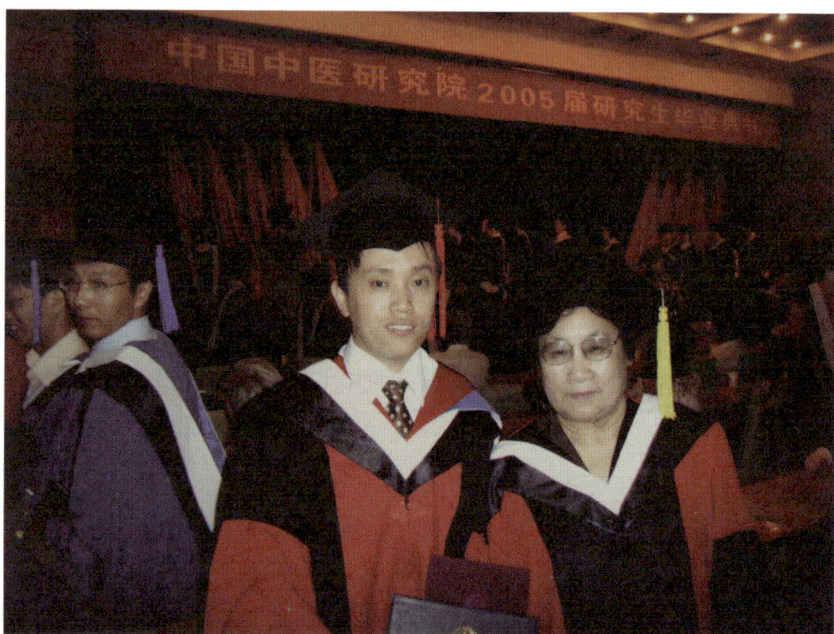

2005年，屠呦呦和她的第一位博士生王满元参加中国中医研究院2005届研究生毕业典礼

屠呦呦说："这些是我的硕士研究生。作为博士研究生，你是我带的第一个。"

就是这句话给了他很大的压力。

当导师让他首先完成"红药"化学成分和生物活性初步研究的时候，王满元立刻表态："在导师的指导下，一定做好。"

为了鼓励他上进，屠呦呦也直截了当告诉他："这些年，我就是做一件事，搞青蒿素研究，没做过任何其他的工作。你是个例外。"

"一定不辜负导师的期望。"

又是一个压力。

2002年，屠呦呦承接"中药标准及相关中医药临床疗效评价标准"专项中有关青蒿的项目。当时，唯一的组员杨岚研究员将要去日本进修，因为人手缺乏，王满元就被要求提前进组，参与项目。这时候，七十二岁的屠呦呦每个月都会打车到实验室，指导王满元开展相关研究。

不仅如此，为了让他学习提高，在他攻读博士期间，她还出资让王满元到北京大学医学部、协和医科大学学习中药化学、波谱解析等课程，年过七旬仍诲人不倦。

令王满元印象深刻的是，导师屠呦呦平时有做剪报的习惯，尤其关注健康卫生领域的重大事件和新闻，经常让王满元寻找相关资料补充知识。

王满元对导师十分感激。

"他们这一辈科学家，有着很强的国家荣誉感和集体归属感，也有着很坚定的科学信仰。她对我的影响是潜移默化的，从她身上，我不光学会了做科研，还学会了做人。在找到关注的方向后，就要坚定地走完科研道路。跟着导师做学问，对我整个人生都有重要影响。"

攻读博士期间，屠呦呦指导王满元顺利完成了"红药"化学成分和生物活性初步研究。

尽管屠呦呦当时年过七十，开拓精神却不减当年。她要王满元研究"红药"就是一个很好的说明。"红药"，又叫芍药，属五桠果目，产于广西石灰岩山林边石上，全草入药，能治疗月经不调、瘀滞腹痛、关节肿痛、胸痛、肋痛，还有贫血及跌打骨折。这种药是我国特有药，又是"壮医"常用药材，此前还没有看到有关"红药"的化学成分和药理研究的文献报道。

屠呦呦用独到的眼光选择了这个课题，也是用她少有的青蒿素之外的功夫。

"屠老师究竟算西医还是中医呢？"王满元记得，每次有人这么问她，屠呦呦都微微一笑，不作回答。作为她的弟子，王满元知道，中医、西医之争，屠呦呦并不关心。"导师一辈子做科研的奔头儿就是利用科学技术探索中药更好的疗效，她对我的培养也是坚持这个信念。其他的，她都不关心。"

屠呦呦是一个特别执着、坚定、事业心特别重的人，心无旁骛。这样的品格，让王满元一生受益。

对弟子的热情就是对中医药的热爱，也就是对中医药薪火相传的贡献。

对待学生，屠呦呦总有操不完的心，她对其他学生也是这样。她对每个弟子都会首先耐心地为他们确定研究方向，因为这是基础。就是在她的指引下，她招收的四名硕士研究生中，吴崇明和顾玉诚两名学生分别承袭了屠呦呦做青蒿素研究的方法，研究出了传统中药延胡索、牡蒿、大蓟、小蓟的有效成分。

屠呦呦的学生马悦说："作为屠呦呦的博士生自带光环，我在选择专业的时候，对于学习中药学科目一点也没有犹豫过。读本科、硕士、博士一直都是从事中药学的研究。屠老师不因为周遭的环境变化而心有旁骛，老师对科学研究的踏实和执着时刻感染着我们。"

清华大学经济研究所博士后卜鹏滨说："她虽然身体不是很好，但在实验室经常能看到她，她常来实验室，愿与年轻人交流，指导他们做实验。"有一次，她拍着卜鹏滨的肩膀，勉励他说："小卜，科研的事业还是属于你们年轻人的。你们既然走上了这条道路，就要有一种执着坚持的精神。"

如今屠呦呦的团队不断壮大，成绩斐然。

四十多人的团队逐步成为化学、药理、生物医药和制剂的多学科团队，团队成员不局限于化学领域，而是拓展到药理、生物医药研究等多个学科，形成多学科协作的研究模式。未来青蒿素的抗疟机理将是她和科研团队攻关的重点。

团队成员王继刚论文提出"多靶点学说"，把他们对青蒿素抗疟机理的认识又推进了一大步。

团队成员廖福龙等专家撰写的青蒿素等传统中医药科研论著，首次纳入国际权威医学教科书《牛津医学教科书（第六版）》。业界认为，这将成为中医文化"走出去"的重要实践成果。

她的团队成员、她的弟子也像一棵棵青蒿，无论身处的环境多么复杂艰苦，它们都能默默地吸取营养，然后一丛丛、一蓬蓬精彩地生长。中医药出现了"前有古人，后有来者"的令人欣喜的局面。

这正是屠呦呦的心愿。

没有传承，创新就失去根基；没有创新，传承就失去价值。在传承中创新，在创新中传承，古老的中医药方能历久弥新。直到今天，已过九旬的屠呦呦还没有把自己纳入退休人员行列。让中医药事业后继有人，成为她九十岁以后的新目标。

2018年1月，新春佳节，她的新年愿望是建立一个中医药国家实验室，广纳海内外人才，让中医药研究人员从"几个人"到"一群人"，再到青蒿素研究"国家队"。为此她数次上书，力主建设一座现代化中医药科研平台。

国家重点实验室，现在中医没有一个，西医现在有几十个了！我们呼吁好多年了，在全国中医一个都没有，还是空白。国家重点实验室倒不是为了名字好听，而是没有这个高平台就引不进高水平人才，没有高水平人才怎么搞深入的研究呢？我们非常苦恼。中国中医科学院正式科研人员三千多人，没有一个国家重点实验室。不是我们条件不够，我们中药和资源研究大团队的科研产出，与行业内外的国家重点实验室比，我们并不差！

她的愿望在逐步实现中。2019年8月，青蒿素研究中心建成后，它将助力屠呦呦团队，为青蒿素药用价值的进一步研究深化提供基础条件。

此后，喜事不断。

2020年7月，"屠呦呦班"开始招生。由中国中医科学院与上海中医药大学联合开设中医学"屠呦呦班"，采取九年本博连读培养，招生十五人，培养"胸怀祖国、敢于担当，团结协作、传承创新，情系苍生、淡泊名利，增强自信、勇攀高峰"及具备"青蒿素精神"的中医拔尖创新人才。

黄璐琦院士为"屠呦呦班"代言，他说："欢迎有志学子报考，走进'屠呦呦班'，遇见不平凡的你！"

2020年12月，屠呦呦九十岁生日那天，她又收到一份特别的生日礼物——"屠呦呦研究员工作室"在中医科学院中药研究所揭牌。

现在，她寄希望于后来人。

有一天，她在闲暇中给丈夫李廷钊讲一个宋朝游医的故事，这个游医是湖南衡山人，曾经用一服中药救过宋真宗的命，一直留在宫中当御医，后来告老还乡，回到家乡衡山，将帝王常用御药祖传秘方"四磨汤"，让沿江流域湖南、湖北老百姓广泛使用，济世救民。

讲完，李廷钊说："屠老师，你该——"

屠呦呦说："是啊，人老了，想家了。真想回到宁波老家开一个药铺，守护着父母的故土，吃着家乡的香螺，为乡亲们解除病痛。可是我舍不下青蒿素，舍不得这帮学子。"

歇歇脚吧，屠老！

心安岁月长。

让"中国神药"冲出国门

屠呦呦在诺贝尔奖仪式上发表的演讲题目是《青蒿素——中医药给世界的一份礼物》，可是这份礼物被西方垄断了。

青蒿素给中国科学家带来无上荣耀，却难以摆脱中国青蒿素在国际市场的尴尬境地。每年青蒿素类药物销售额多达十五亿美元，中国市场占有量不到百分之一。

甚至一些非洲当地人并不知道这一救命神药是中国制造，他们觉得能够治愈疟疾的神药是来自欧美或者印度，不是中国。

为什么？

原因很简单，作为中国唯一被世界承认的原创新药，却没有属于自己的专利。

当时那个年代，只有为国争光的集体主义，没有为己谋利的个人主义。经过"523"军民大协作，青蒿素的抗疟功效及化学本质都搞清楚了，但为了保密，取得成果后只在内部刊物以保密资料的方式小范围发布，论文没有打算公开发表，后来发表了也是组织说了算，以集体的名义。

这就来了——知识产权保护意识的薄弱是造成中国专利权丧失的罪魁祸首。

1972年在印度新德里开了一个会，我们慌了，那个会叫第八届国际天然产物化学研讨会，南斯拉夫化学家在会上宣读了一份研究报告，出人意料地宣称他们从蒿属植物提取物中分离出来一种新型"倍半萜内酯"，得出的分子式和分子量恰恰与中国青蒿素得出的结果相同。

我们按捺不住了，为了赶在国外同行之前发表成果，经卫生部批准，从1977年开始以"青蒿素结构研究协作组"的集体名义在《科学通报》上公开发表了青蒿素的化学结构。1978年，又发表了青蒿素结晶立体绝对构型的论文。

这一抢先反而坏事了。当1984年中国出台专利法的时候，由于太早公开核心技术方案，原创药物错失了专利权，原因是论文所披露的技术成果丧失了各国专利法都规定的新颖性要求，从而无法获得授权。

不是新东西了，哪有专利权！

从此我们国家就失去了青蒿素这个特殊而珍贵的化合物的知识产权，把这一"国宝级"的专利权无私地奉献给了世人。

后来真相出来了，南斯拉夫没有用青蒿素抗疟的经验，即使给他们正确的化学结构，他们也不会开发成抗疟药。更滑稽的是，他们测定的化合物分子式和分子量排错了化学结构。此事不过是小题大做，虚惊一场而已。

你丧失了机会，对别人却是个机遇。

美国、瑞士等国家实力强大的研发机构和制药公司乘虚而入，根据中国论文披露的技术，在青蒿素人工合成、青蒿素复合物、提纯和制备工艺等方面进行广泛研究，申请了一大批改进和周边技术专利，基于庞大的专利布局与严密的技术壁垒来瓜分全球青蒿素市场。所以，时至今日，中国在青蒿素相关技术上落后于美欧日，市场份额也只能集中在原料供应上。

没有专利就没有产品，就像没有母鸡哪来鸡蛋？没有专利，就等于杀掉了下蛋的母鸡。

另一个就是专利拱手让给外资企业。

让下蛋的母鸡去给别人下蛋。

1994年，瑞士诺华公司瞅见中国进不了国际市场，乘机以低价从青蒿素的原始专利持有人中国医药科学院购买了青蒿素类复方药物的国际销售权，冠以"瑞士诺华"商品名后，2002年被载入世界卫生组织《基本药物示范目录》，成为多个非洲国家首选的一线疟疾治疗药。五年以后，"瑞士诺华"成为全球第一家推出固定剂量青蒿素类复方与联合用药的制药公司。

此后，法国赛诺菲公司也获得了部分相关专利，推出自己的青蒿素药物。其中青蒿素药品"青蒿琥酯"的抗疟神效，得到世界卫生组织的采购订单，但供货商不是原创地中国，而是法国赛诺菲公司和瑞士诺华公司。

再之后，一半以上份额被后来居上的印度制药集团抢走。从2004年到2009年，中国大约七成的青蒿素原材料廉价卖给印度。原材料是世界制药采购链的最末端，所以七成以上的中国青蒿素提取厂被淘汰。

这样，中国青蒿素在国际青蒿素市场上的情况糟糕透了。

我国科研人呕心沥血的创新成果，我们付出的真金白银的学费，就这样给外国机构和制药公司做了"嫁衣"！

就这样，青蒿素成品药的丰厚利润被这些跨国制药巨头独享，中国只剩下一点儿残渣剩饭了。

中国人发明青蒿素，却丢掉十亿级的海外市场！

再一个是垄断。美国通过控制资金投入，禁止中国的抗疟药进入非洲。

所以，中国青蒿素在经过漫长的四十年研发之后却没有走进世界卫生组织采购目录。青蒿素药品美国可以生产，瑞士、法国可以生产，韩国、日本也可以，就是中国不可以，中国只能向他们出口原材料。

所以，由于我们自己丧失了专利，又让外国抢注了商标，让美国人卡脖子，中国中医药进军非洲市场根本就是死路一条。

不进入非洲市场中国青蒿素也是死路一条。

怎么办？

向国际市场进军！

专利是市场垄断的合法工具，药品则事关健康和生命。我们中国人不能老因为没有专利而叫屈，不能因为外来势力的压力而怨天尤人，我们更不能让药品制造商的暴利威胁到人的生命。

改革开放之后的中国疟疾几乎绝迹，只有海南、云南的偏远山寨偶有病例报告，要体现中国抗疟新药的真正价值，就必须进入国际市场。

屠呦呦说："一杯茶、一颗枸杞、一块阿胶都能做大，以中药材为基础的健康产品，受到群众的欢迎，具有广阔的市场空间。"

是的，我们不能光长肉不长骨头，任人宰割，如果没有敢作敢为的精神，你就永远没有机会；只有敢作敢为才有希望。

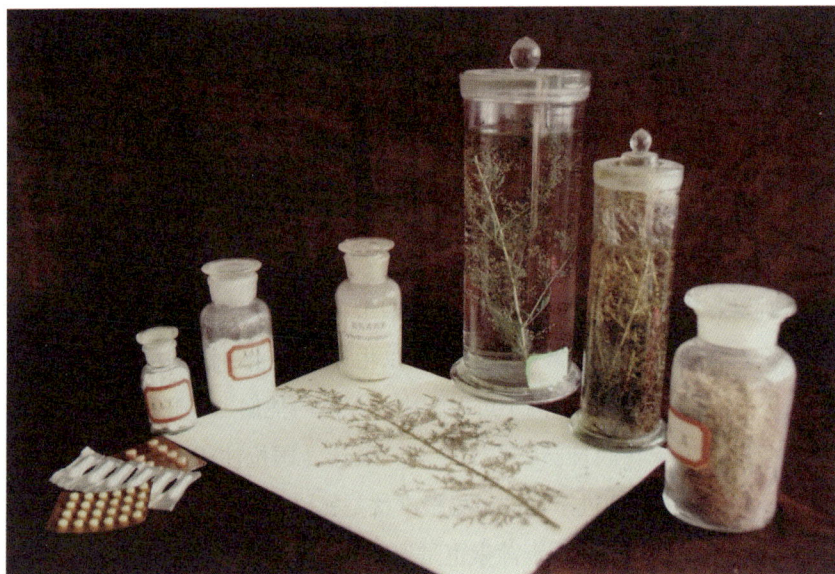

屠呦呦团队早期抗疟研究的总结成果——青蒿标本及其制品

于是中国制药企业开始崛起，发力青蒿素类药品研发，用新技术、新品牌战略，扛起中国制造的大旗，开拓海外市场。

桂林南药公司冲锋在前。

桂林南药公司于2004年被上海复星医药集团收购。当初屠呦呦团队发现了青蒿素，桂林南药公司于1977年研制出了治疟特效药"青蒿琥酯"，还有青蒿素联合用药复方，成为唯一通过世界卫生组织药品预认证的中国抗疟药生产商。

此时，国际上有八家也获得了预认证，包括瑞士诺华、法国赛诺菲两家跨国公司的青蒿素制品，以及五家印度公司的仿制药品。你认证了，我也认证了，我不能让你垄断，我要与你们这些国际医药巨头掰手腕，杀入国际市场，让"青蒿琥酯"与国际接轨，造福全球疟疾病人。

但有一点，他们都是口服剂，为此上海复星医药采取了差异化战略，就做专治重症疟疾的"青蒿琥酯"注射剂，打针用的，然后跟他们比拼。为此他们付出了二十八年的持续努力。

王亚锋，上海复星医药旗下子公司科麟医药加纳分公司总经理，在非洲加纳工作了八年，他全力推广复星医药自主研发的注射用产品——"青蒿琥酯"，可以说是开拓非洲市场的元老级人物。

由此，他见证了青蒿素开拓非洲市场的整个过程。

那个遥远的非洲很神奇，一片充满魅力的大地，蓝天、白云、壮美的草原、茂密的原始森林。这时你会明白，为什么人类会着迷于非洲。随着越来越多的中国人到非洲旅游、经商或者移居，这片大陆的神秘面纱逐渐被揭开，有人看到了旖旎的风光，有人感受到了文化差异，有人说那里遍地机遇。

而在王亚锋眼里，一边是广阔茂密的大自然，一边是社会经济发展不均衡造成的现实困境。贫困、饥饿、疾病，始终困扰着这片神奇的土地。

每天醒来，王亚锋就会隔窗看到羚羊在奔跑，它知道自己必须跑得比狮子还快，否则就会被吃掉。狮子每天早上醒来时，也知道自己必须追上跑得最慢的羚羊，否则就会被饿死。不管你是狮子还是羚羊，当太阳升起时，你就必须开始奔跑。

这就是非洲人的命——一生都在为生存而劳累。

然而，偶尔也会看见有一种球状植物在沙漠的风中滚动，它可能已经枯萎多年，但如果碰上水，它就活了过来。它就是非洲大陆的"复活草"。这也是非洲人的命——顽强生存，生生不息。

这里是非洲的加纳，当王亚锋他们带着"青蒿琥酯"给加纳人治疗疟疾时，他们像那些羚羊一样怕生。不管是当地医生，还是得疟疾的病人，先是犹豫，最后拒绝了。因为他们认可"美国制造"，不信任"中国神药"。不信任就不接受。

刚开始没有捷径可走，王亚锋就带领他们的团队深入一线，一个个地拜访当地医务工作者，介绍产品，可他们还是宁愿选择已经用过的，或者正在使用的，不太敢尝试他们的新产品。

当地老百姓不接受，他们就进城去找专家、学者、医院的大夫，跟他们说，找个患疟疾的老百姓，让他打一针试试。他们一听说是中国货，就问死了人怎么办？直接拒之门外。

有一次，王亚锋拿着产品找一位老医生，向他推广，老医生看了看，说二十年前他就用过了。王亚锋说，二十年前这款产品还没有，你怎么会用过呢？说着就向他展示"青蒿琥酯"的数据和疗效，老医生却不以为然，说数据不是在这里做出的，没用，紧接着就把王亚锋赶出了诊疗室。

王亚锋不甘心。这个说不行就放弃了，那个说不行又放弃了，就统统没戏了。你不是不给情面吗，我就非攻下你不可。于是他决定换个时间再找他。下一次，他带着一份加纳本地的样本数据，敲开这位老医生的门。这一次，他转变了态度，王亚锋的诚意和真实的数据，将他打动了。

王亚锋说，曲折是曲折了一点，但过程曲折一点，建立的关系更加牢靠一些。

果然是这样。

这位老医生在他的病人身上试用注射"青蒿琥酯"，效果比其他各种药物都要好得多，他就在病人身上大面积使用。有一天，王亚锋到老医生诊所进行回访，刚进门，老医生看见王亚锋就很激动，拉着他的手来到病房，指着一个小孩说："你看，你们的药，刚救了他的命。"

随后老医生当着几位病人的面，对王亚锋说："你们中国造的药顶呱呱的，好不好，用事实说话，我这里的疟疾病人，治一个好一个，谁说不好，不公平。你看我们诊室里的这些病人都会受益，过不了几天他们又会在草原上奔跑了。"

王亚锋与老医生紧紧握手。在这一刻，王亚锋的成就感、满足感，完全不需要用语言和其他什么东西来证明了。

说服老医生，初战告捷，等于在加纳市场撕开一个缺口，王亚锋团队又在政策层面进行推动，举办大量的市场活动，有针对性地进行产品推广，青蒿素药品在加纳市场打开了局面。

随后，他们在尼日利亚、科特迪瓦、坦桑尼亚等国设了分公司，非洲的业务版图不断拓展。王亚锋更忙了，在不同国家间来回飞，为青蒿素拓展更广阔的市场奔波。

老天不负有心人。他们的奔波硕果累累。

2014年，单"青蒿琥酯"注射剂这一项，销售额超过两亿元人民币。2018年全球销量累计超一亿两千万支，帮助全球两千四百万名重症疟疾患者获得新生。

此后，因"青蒿琥酯"为全球首创，成为国际治疗重症疟疾的金标准，凡是重症疟疾，世界卫生组织强烈推荐为首选用药。尽管重症疟疾只占疟疾病人的百分之五，但这百分之五被我们百分之百占领了。

这说明什么？外企垄断非洲医药市场的历史结束了。

再看看"科泰新"。

就是让一个怀孕后又得了疟疾的肯尼亚妇女母子平安的那个"科泰新"。说到"科泰新"在非洲开疆拓土，不能不说到一个叫逯春明的人。

当时逯春明有两个头衔，一个是北京华立科泰公司总裁，另一个是中国非洲问题研究会副会长。这都不是主要的，他的主要功绩是携带"科泰新"开拓非洲市场，远在非洲抗疟已达十一年。

青蒿素在非洲这个世界最大的疟疾疫区经历过冰火两重天的巨变——开始无人相信，被拒之门外，到后来众人崇拜，病人争相服用。

他了解非洲。土房子，贫穷，战乱；干旱，缺水，没电。这就是非洲。但非洲也有它的另一面，自然风光好、气候好，到处都是树和花，一年四季都有。非洲人也好，友善、热情，对远方来的客人态度很好，接待也很好。这是逯春明没有想到的。

但疾病和死亡像一个幽灵，威胁着非洲人的生存和发展。在非洲，疟疾是头号杀手，不说普通人，就说儿童吧，逯春明推算了一下，平均每三十秒就有一名非洲儿童死于疟疾感染。非洲总统大选，如果不承诺在任期内采取什么措施对付疟疾，那就没戏。

非洲疟疾疫情日渐严重，抗疟医药市场却被欧美垄断，安全有效的中国青蒿素抗疟药物无法进入非洲。

逯春明不服——我们中国的青蒿素，为什么让你们给垄断？你们能进入非洲，我们为什么不能？就算不为挣钱，为了非洲穷苦兄弟的生命，也值得拼一把！

1995年7月，二十六岁的逯春明告别新婚的妻子，和一名同事来到了东非的肯尼亚。当时非洲人治疗疟疾习惯使用欧洲人发明的奎宁，对于中国的青蒿素，由于欧美的一些宣传，他们根本看不上。

逯春明跟同事说："顺风顺水的要我们来干什么？浪费我们这么优秀的人才！我们来，就是要开疆拓土的。"

他和同事开着一辆小轿车，逐个诊所跑，和医生约谈，得到预约后，就坐在走廊的病人堆里等候，一般都得等上四五个钟头。好不容易和医生见了面，没说两句话对方就下逐客令："你们走吧，下次别来了。"

一次约谈不行，他们就两次、三次地继续约谈，混个脸熟后，就把药免费送给诊所试用，至于他们用不用，那再说。他们在八个多月里拜访了肯尼亚两千多名医生，当时肯尼亚的注册医生也就两千三百多名，除了特别偏远的和那些位于战乱地区的诊所，其他诊所他们都走遍了。

还是没有成功。

1998年，机会来了。

逯春明跟同事说："咱国家派了专家医疗组来非洲疟疾疫区做示范，咱也争取参加。"

怎么示范才能让非洲人信服呢？逯春明建议医疗组将病人分为两组，一组静脉注射奎宁，一组从肛门塞入青蒿素栓剂，试试哪个管用，一目了然。不打针，用栓剂，为的是避免病人注射时感染艾滋病。但非洲人不理解，认为治疟疾还得打吊针，只有打吊针才更像是在治疗疟疾。

最终结果出来了，用青蒿素栓剂治疗的病人死亡率为零，而用奎宁治疗的病人死亡率很高。

非洲人这才服了。

他们开始主动接受青蒿素药物治疗，用青蒿素抗疟药的病人数量猛增。

逯春明用摄像机记录了一个病重儿童的治疗过程，这个儿童叫约瑟夫，一个大眼睛男孩，感染疟疾后昏迷多天，命悬一线，使用青蒿素栓剂后，第二天就坐了起来。也就是从这个时候起，病人们开始拿着青蒿素类抗疟药的外包装盒，对医生和药剂师说："我就要这个药！这个药很好！"

事后，逯春明给妻子写信说："在第一线接触病人，经常看到很多生命在瞬间消失，好端端的家庭从此支离破碎。而只要一盒药，一切就可以挽回。在这些地方，我真正知道了什么叫救人于水火。这几个字以前只是一个概念，但亲身经历过这样的场面感受就不一样。青蒿素，它真是非洲人的福星。如果不在非洲推广青蒿素，不知会要了多少非洲人民的命……"

为了打入非洲市场，逯春明一次次深入疫区，哪里有疟疾暴发，哪里就会有他的身影。他的脚步踏遍了非洲的二十多个国家和地区，越来越多的疟疾病人亲身体会了这个中国青蒿素的奇特疗效。逯春明的名字也逐渐跟疟疾克星等同起来。

有一次，他也被传染了。他来是为帮助非洲抗击疟疾的，他自己却在1995年得了疟疾。

那是在肯尼亚的时候，他和医药代表拜访医生，到全国四处跑，疫区跑了很多。有一个周末休息了，回家以后开始发烧，不过这个发烧的感觉和一般的感冒不一样，吃了感冒药第二天症状也没有得到缓解，就很警惕。他感觉很冷，但这种冷与一般感冒那种冷不一样，这种冷是从内脏往外冷，里边都觉得是冰凉的，内脏都是冷的。加上当时非常疲劳，抵抗力很低，所以他怀疑得了疟疾，第二天就开始吃青蒿素抗疟药了。

到第三天没有治好，他真的有点害怕，毕竟这样一个能死人的病发生在自己身上了。他没有得过疟疾，没有任何抵抗力，得了疟疾以后病发展得非常快。中国援外的劳务人员，从发病到死亡就三天时间，非常快。所以当时第三天还发烧，他有点害怕了。

"也幸亏咱们的青蒿素，疟疾才没有把我干倒，那时年轻，病好了，很快就恢复了。"病好后，他说。

为了青蒿素，他们也是豁上了，就有了一句深刻而又默默的口号来表达他们的心声——不求名留青史，但求名留青蒿史。

就这样，面对非洲医药市场被欧美垄断的局面，逯春明带领团队不仅在肯尼亚、坦桑尼亚、乌干达、尼日利亚设办事处，还把公司建到了欧洲，甚至在法国、比利时、意大利乃至阿联酋都有子公司。

就这样，形成跨越三大洲的高效网络，融合多种文化，吸收国际先进营销理念，凝聚众多跨国精英，"科泰新"在医药行业建立了稳固地位。

十三年间，"科泰新"的销售额从1994年的不足五万美元，上升到2006年的一千多万美元。员工从两人增加到二百多人。

2006年11月，逯春明被非洲人民友好协会授予"首届中非友好贡献奖——感动非洲的十位中国人"称号。

世界卫生组织《疟疾实况报道》上说，2005年，全球青蒿素类药物采购量达到一千一百万人份，2014年为三亿三千七百万人份。2015年，中国西药制剂出口四亿三千万元人民币，九成为注射用"青蒿琥酯"。而到了2017年底，仅注射用"青蒿琥酯"的全球销量就突破一亿支，帮助全球两千多万名重症疟疾患者重获健康，其中大部分是五岁以下的非洲儿童。

疟疾一度被称为"生命收割机"，作为一种古老的传染病，它以极高的死亡率威胁着全球数亿人的生命。中国青蒿素的成功，让世界卫生组织看到了希望，他们原有的那一套治疟方案，不仅成本高昂，而且效果也不理想。中国的抗疟方案，用自己的力量改写了世界卫生组织的"游戏规则"。

在诺贝尔奖演讲中，屠呦呦呼吁中医药一定要走向世界。但长期以来，中医药国际化有着难言的尴尬。中医药"走出去"喊了多年，却一直在家门口打转，进入既有的西方医学体系，面临着政策、技术、法规等重重壁垒，其中一个重要因素是文化差异。"一抓一大把，一煮一大锅，一喝一大碗"，他们整不明白中医葫芦里卖的是什么药，让老外把黑乎乎的中药吃进肚子里，并不是一件容易的事情。

屠呦呦获诺贝尔奖，为西方架起认识中医药的桥梁，有助于提升西方医学界的兴趣和关注，助推海外接受中医药疗法。抓住新的历史机遇，古老的中医药必将历久弥新，焕发出勃勃生机。

那么我们谈了专利，又谈市场，不就是为了一个"钱"字。这不又陷于"天下熙熙皆为利来，天下攘攘皆为利往"的老俗套？

屠呦呦说："我可以舍弃专利，但这不符合世界潮流，后人要有爱国热情，要与世界接轨，要有专利。"

这就是"功利相符""德利配位"。

英雄要流血流汗，也要获利颇丰。

那么，你想过没有，假如屠呦呦团队有了青蒿素的专利权，他们能挣多少钱？

这要怎么算呢？

具体说研究团队吧。这是一个举全国科技之力、军民大协作的科研项

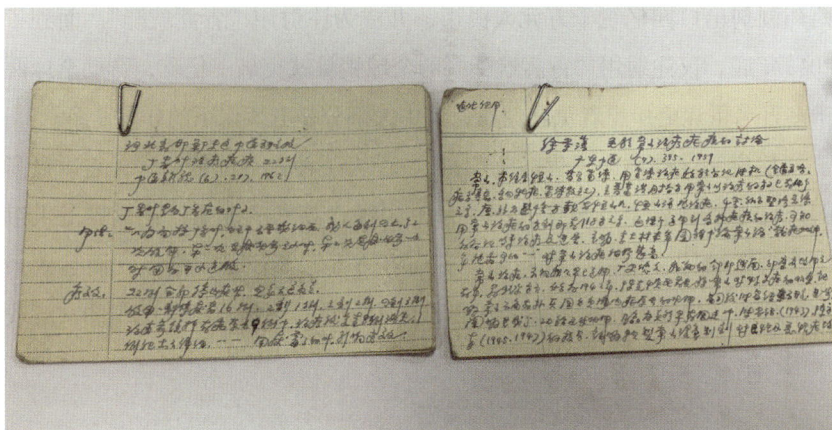

屠呦呦查阅文献的记录手稿

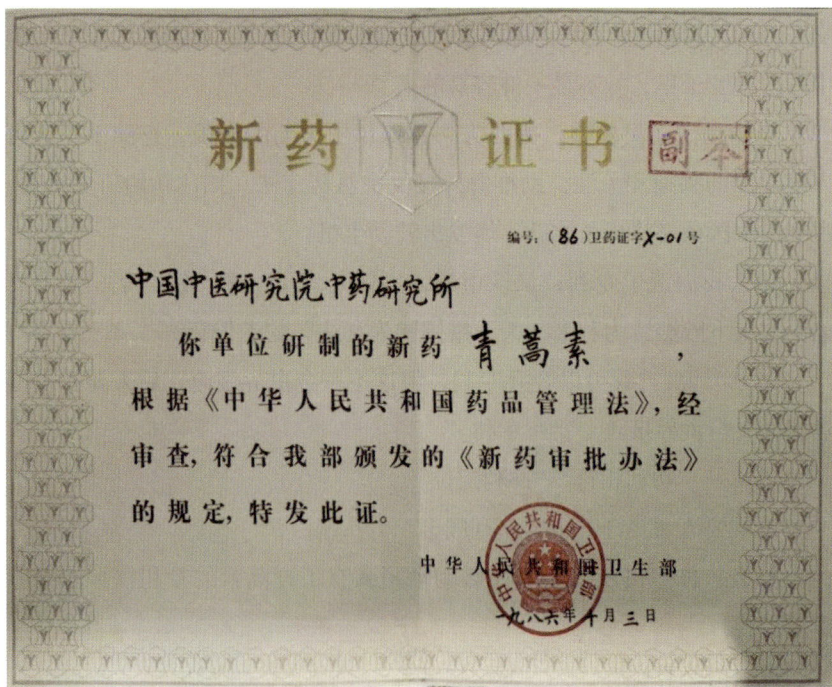

青蒿素获得中国的新药证书

目，涉及六十多个科研单位，五百多名科研人员，加上中途轮换的，参与的人总计有两三千人之多。这些人成立了化学合成药、中医中药、驱避剂、现场防治四个专业协作组，后来又开展了中医针灸、凶险型疟疾救治、疟疾免疫、灭蚊药械等专项研究的专业协作组。1981年项目结束时，开了表彰会，仅获奖的集体单位就有一百三十四个，获奖个人有八十五位。

这是规模。

再看工作量。任务实施十几年，全国各科研单位先后筛选化合物及中草药就有四万多种，设计合成了一万多个化合物，有效的一千多个，十四个药物通过了专业鉴定。仅屠呦呦一个课题组，就查阅大量历代医药文献，收集了两千多个方药，在全国公布了六百四十种抗疟单秘验方，对其中的二百多种中药开展实验研究，历经三百八十多次失败，仅青蒿素提取就实验了一百九十一次，最后成功。那么全国六十多个科研单位要做多少次实验？

这数字没法统计。

尽管这种软膏后来鉴定为青蒿素，但当时还不能算是一种药物。因为作为药物，应当具有对人体没有毒性（毒理学）、疗效确切（药理学）、疗效可持续（药动学）、方便应用（药剂学）、可工业生产（制药工程）等特性。多学科协作是必需的。

可怕的是，这些环节一环扣一环，环环相扣，都很重要，只要有一个不过关，那么前边的所有工作，全部推翻。

青蒿素很争气，屠呦呦课题组的成员，马不停蹄、日夜奋战，过五关斩六将，有惊无险，终于在1986年获得了国家一类新药证书。

动用多少人力、物力？消耗科学家多少脑细胞？这些人工和脑细胞要用多少银子来购买？

青蒿素是中国人发现的，但青蒿素药品销售量，从推向市场以来三十多年，却不足世界抗疟药品市场规模的百分之三。

这种典型的"墙里开花墙外香"现象是不是很可悲？

华为总裁任正非说："我们千军万马攻下山头，到达山顶时，发现山腰、山脚全被西方公司的技术专利包围了，怎么办？只有留下买路钱，交专利费，或者依靠自身的专利储备进行专利互换。"如果中国人发明的火药有知识产权保护，它所产生的知识产权价值不可估量，屠呦呦的研究成果如果当时就申请了国际专利，就不会由瑞士人拥有这种药的知识产权，屠呦呦所获得的价值就不会是区区几百万美元的诺贝尔奖金，而是数以十亿、百亿美元计的知识产权价值。

现在，我们知道屠呦呦团队发现的青蒿素这个"中国神药"究竟值多少钱了吧？

无价！

有专利没专利，只要心态放平、心底厚道就好。没专利，人家垄断。有专利，一盒七块多的婴儿痉挛症常用药一样炒到一盒四千元以上。

只要药价过高，穷人就用不起了。塞翁失马，焉知非福，疟疾主要发生在老少边穷地区，以及贫穷落后国家，有专利没专利，只要有低价的抗疟药，或者免费为他们治病，才是人间可敬的人道主义事业。

人间正道是沧桑。"功利相符""德利配位"是我们这个社会的基本分配方式，这个没错。但百年世事三更梦，各人头上一方天，屠呦呦的境界是——你得到大把大把的金钱，与你挽救了千万人的生命，哪个更有成就感？哪个更让你觉得人生值得？青蒿素为中国争来的国际声望是无法用金钱来衡量的。

所以，屠呦呦说："作为一名医药科技工作者，就是要为全人类健康服务。"

屠呦呦还说："中医药不是中国人的独享，应该在'健康丝绸之路'等领域发挥更大作用，给全人类健康提供中国智慧、中国经验、中国方案。"

这就叫仁慈。

这就叫广阔无边的胸怀。

不管如何，作为首位获得诺贝尔科学奖项的中国人，屠呦呦标志着一个石破天惊的开始，也标志着开启了一个无限可能的未来。

第十二章　造福全球

人们常说，好奇心和兴趣是科学研究的驱动力。这话不错，这样的事例也比比皆是。全国"523"团队的研发工作显示了另一种驱动力，那就是对国家使命的高度责任感与担当。中国科技工作者肩负着振兴中华的时代使命，投身于科技创新发展，这就是我们当下的责任与担当。

——2018年12月，屠呦呦在《光明日报》上如是说

凤凰涅槃，让千万个生命重获新生

科摩罗，一个美丽的非洲岛国。

科摩罗这个岛国我们不熟悉，因为屠呦呦的"中国神药"在那里挽救了若干人的生命，才让人记住这个国度。

它在印度洋上，虽被称为"月亮国""香料国"，很好听，但月光和香气没有改变这个岛国的贫穷与落后。科摩罗人，给人的形象是男子披着一块单一色的布料，从腰部往下直到膝盖，其他就没有什么值钱的东西。妇女呢，两块多种颜色的布料，一块缠住身子，另一块披在肩上，看上去也挺浪漫的。岛上有壮观的火山，热带雨林风光也很优美，但这些浪漫和优美改变不了他们的命运。

科摩罗很小，七个面积加起来也就有北京那么大，它在世界上属于最贫困国家的行列，标准的农业国。当地人吃的除了玉米就是木薯，一两

个星期都吃不到蔬菜。更严重的是环境恶劣，潮湿、闷热、泥泞。一条条土路上人迹罕至，茂密的原始森林与世隔绝。偏僻村庄里更糟糕，废弃的池塘、死水潭、臭水沟，遍地都是，蚊虫漫天飞舞，疟疾肆意横行，难以控制，当地居民感染疟疾的情况相当普遍，居非洲之首。

先从一个人说起。

这个人家里有三个亲人先后感染疟疾，住院几个月，治疗都用西方药，花费很大，根本治不了病。在治疗过程中有时感觉病情好转，却又马上复发了。

这家主人叫福阿德·穆哈吉，科摩罗的副总统兼卫生部长。他曾经在西方发达国家的医学院学习过，面对重病卧床的亲人却束手无策，所有他熟悉的西药，都无法根治，他也不知道哪里有治愈他三位亲人的抗疟新药，他感到绝望了。一个国家副总统尚且如此，何况平民百姓？

再看一个村庄。

在大科摩罗岛疫情最严重的地区，有一个村庄叫马卡古村，村长伊里埃瑟更是苦不堪言。因为这个村的一大半村民感染了疟疾，治疗花费很大，有些人家根本无法负担，弄得倾家荡产。钱花了，病却没治好，延误了治疗，村里也死了不少人。

整个科摩罗岛国呢，感染疟疾的居民相当普遍，一千人中就有一百四十二人感染疟疾，每个家庭都有两到四人感染。更可怕的是，五岁以下的孩子基本上都会感染，不少人因此死亡。在这个"月亮国"，因病失业、因病致贫现象很普遍，已经形成了恶性循环。

转机来自中国。

2007年，新年伊始，在世界卫生组织领导下，中国青蒿素抗疟团队走进非洲，带着青蒿素神药，走进备受病痛折磨的科摩罗土地，打响了一场"生命保卫战"，帮助那些贫病交加的人们摆脱病魔，走向新生。

在中国20世纪70年代，海南曾连续十年采取"全民服药"的做法，消灭疟疾横行，效果显著。

"就用全民服药！"中国青蒿素抗疟团队为他们设计了这样一个"全民服药"方案——全民服用青蒿素。

对中国这个方案，科摩罗政府和民间完全拥护。

科摩罗总统阿扎利·阿苏马尼说："我们正和中国朋友开展一场彻底消除疟疾的行动，这需要每一名科摩罗人的努力。"他是这么说，也是这么做的。他与副总统、政府官员、部族长带头服下青蒿素抗疟药物。官方的行动起到了很好的示范作用。

在他的鼓舞下，中国青蒿素抗疟团队与科摩罗一千七百多名当地卫生员不顾气候恶劣，深入疫区民众中，遵循"送药到户、看服到口"原则，走街串巷、挨家挨户地将青蒿素抗疟药物发给每一位居民。科摩罗所属的几个大岛屿——莫埃利岛、昂岛和大科岛，超过二百二十万人次参加全民服药，三万多名外来流动人口参加了预防服药。

经过一番努力，副总统一家得救了。

马卡古村村民恢复健康了。

科摩罗国战胜了疟疾。

仅仅用了八年时间，因为青蒿素抗疟药的普遍应用，中国团队帮助科摩罗三岛有效地遏制了疟疾流行。2014年，实现了疟疾病零死亡，发病人数下降了百分之九十八，疟疾感染率从2006年的每千人一百四十二人，下降为二点八人，圆满完成了科摩罗快速控制疟疾的任务。而治疗费，仅为西方传统治疗方法的三分之一。

科摩罗国家疟疾中心主任巴卡尔说："危害科摩罗人上千年的疟疾，终于在中国专家团队的帮助下得以消除。"

2015年10月，第二届中非部长级卫生合作发展会在南非开普敦召开。那位家有三位疟疾感染者、被青蒿素治好的科摩罗副总统穆哈吉，在会上说："在'中国神药'治疗方案的作用下，科摩罗全国疟疾住院率从百分之四十二降到零，2014年以后，更是不再有死亡病例出现。中国青蒿素在科摩罗取得了巨大成功。"

他说出这话，是很真诚的。

直到2017年，在天津召开的金砖国家卫生部长会议暨传统医药高级别会议上，科摩罗卫生部内阁部长穆瓦亚蒂·布瓦耐蒂对此念念不忘，他说："中国政府在提炼青蒿素、对抗疟疾方面做出了非常大的贡献。我要再次感谢中国政府对我们做出的支持和贡献。"

回头看看，这也是人类历史上第一次通过使用中国青蒿素药物群体干预，帮助一个非洲国家快速控制疟疾流行的成功案例。

此后，青蒿素影响力大增。

2016年12月，与圣多美和普林西比恢复外交关系后第二十天，中国援非专家组就送去了青蒿素。人生地不熟的专家组冒着各种各样的危险，深入疟疾流行区，进行调研，摸清疟疾流行规律，结合国内外青蒿素防治疟疾研究与实践成果，采取切实可行的措施，有针对性地帮助他们降低发病人数，消灭病患。世界卫生组织推广的疟疾治疗方案，十四天一个疗程，在圣多美和普林西比行不通，他们是一些只会生产"可可粉"的班图人，你让他们吃这样长时间的药，他们不干，吃药是要花钱的，吃这么长时间的药，太贵，承担不起。有些家庭好几个人同时得了疟疾，没钱买药就一家人分着吃，一个人吃的药全家都吃，那药能管用吗？不行，这样影响药效，非毁了"中国神药"牌子不可！专家组当机立断，更改方案，实行八天疗法，由十四天缩短为八天，就能杀灭人体内的疟原虫。让疟疾病人吃八天的青蒿素抗疟药，班图人接受了。中国援非专家组选择在自由村开展，经过三轮全民服药后，八天吃下来，疟疾病人一个个都退烧止咳，身体很快恢复。这个"八天疗法"效果非常好，自由村实现了六个月零发病。与此同时，专家组把青蒿素带过去，把先进的抗疟技术方案也带过去，花两年时间给他们培训医疗队伍，教会他们独立抗疟，成效巨大。经过多年努力，降低了他们的发病率，为他们最终取得抗疟胜利开了个好头。

专家组来到自由村，感受到了这个村实实在在的变化。一位村民说，过去因为疟疾要经常去医院，几乎以医院为家，自从中国专家组来了以后，我们就很少感染疟疾了，可以快乐地工作与生活。2020年10月，圣多美和普林西比卫生部长内韦斯授予中国专家组成员"圣普疟疾防治突出贡献奖"，对中国政府和人民帮助表示高度赞赏，对中方专家组的援助表示由衷感谢。

之后是马拉维、多哥、肯尼亚、尼日利亚等，这些国家和地区都受益于青蒿素，因为我们在这些国家开展的"复方青蒿素快速清除疟疾项目"取得很好效果。坦桑尼亚、赞比亚等非洲国家近年来疟疾死亡率显著下降，一个重要原因就是广泛分发青蒿素复方药物。仅在赞比亚，由于综合运用杀蚊措施和青蒿素类药物疗法，2008年疟疾致死病例比2000年下降了百分之六十六。

作为"中国神药"，青蒿素在世界各地抗击疟疾中显示了奇效。2004年5月，世界卫生组织正式将青蒿素复方药物列为治疗疟疾的首选药物。英国权威医学刊物《柳叶刀》的统计显示，青蒿素复方药物对恶性疟疾的治愈率达到百分之九十七。据此，世界卫生组织当年就要求在疟疾高发的非洲地区采购和分发一百万剂青蒿素复方药物，同时不再采购无效药。

青蒿素横空问世，成为当之无愧的"救命药"。

由于青蒿素作用十分迅速，疟原虫根本来不及诱导抗氧化酶及抗氧化剂的合成。因此，红细胞与栖身其中的疟原虫，因缺乏足够的抗氧化活性物质保护，几乎不可能抵御青蒿素的攻势，一旦遭遇必陷灭顶之灾。

古老的"中国小草"正释放着令世界惊叹的力量。

四十年来仍然保持奇高的治愈率，成为抗疟药中的一枝独秀。

更神奇的是，正当抗氯喹疟原虫肆虐而让疟疾患者无药可救时，青蒿素有如"及时雨"般地横空出世，令世人叹为观止。

全球有一百多个国家，七分之三的人口，约三十三亿人受疟疾威胁；

每年发病人数三亿到六亿人，主要在非洲等发展中国家。

诺贝尔生理学或医学奖评委汉斯·弗斯伯格说："屠呦呦的发现对人类的贡献不可估量。每年约五十万人死于疟疾，其中大多数为儿童……屠呦呦对青蒿素的发现引起对抗疟新药品的研制和发展，该药品已挽救上百万人性命，将过去十五年疟疾的致死率降低了一半。"

根据世界卫生组织的统计，全球有二十多亿人生活在疟疾高发地区——非洲、东南亚、南亚和南美。自2000年起，撒哈拉以南的非洲地区约两亿四千万人口受益于青蒿素联合疗法，约一百五十万人因该疗法避免了疟疾导致的死亡。

津巴布韦卫生部抗疟项目负责人姆贝里库纳什说，津巴布韦卫生部2010年至2013年进行的一项跟踪调查显示，服用青蒿素抗疟药物的疟疾患者治愈率高达百分之九十七。津巴布韦自2008年开始推广以青蒿素为基础的复方药物。21世纪初，津巴布韦疟疾患病率为百分之十五；到2013年，这一比率已下降至百分之二点二，青蒿素抗疟药物的普及和推广在其中发挥了重要作用。

在南非的夸祖鲁纳塔尔省，中国的复方蒿甲醚使疟疾患病人数减少了百分之七十八，死亡人数下降了百分之八十八；在西非的贝宁，当地民众都把中国医疗队给他们使用的这种疗效明显、价格便宜的中国药称为"来自遥远东方的神药"……

世界卫生组织非洲区事务负责人特希迪·莫蒂说："青蒿素治疗疟疾的发现给世界人民的健康福祉带来巨大改变，疟疾是非洲人民尤其是非洲儿童的主要健康杀手。多年来，青蒿素挽救了大量非洲人民的生命，对非洲实现联合国千年发展目标发挥了重要作用。"

利比里亚卫生部长伯尼斯·达恩表示，"在我的国家，疟疾是人民健康的主要杀手。"此前，利比里亚一直用奎宁等其他疗法对付疟疾，都有明显副作用。自从改用青蒿素以来，这些顾虑便消除了。

塞内加尔卫生部长阿娃·塞克说，她曾在一线工作多年，有过治疗疟疾的经验，亲身见证过青蒿素的疗效，青蒿素研究成果给非洲所有受疟疾困扰的国家带来希望。

"我的国家每年都会暴发疟疾疫情",尼日尔卫生部副部长阿尔祖马·达里说,"我很感谢中国长久以来对我们国家的医疗援助,尼日尔也在用青蒿素药物控制疟疾,并取得显著成效。"

加蓬卫生部副部长塞莱斯蒂纳·巴说,中国在公共健康领域付出了很大努力,抗疟药物青蒿素的发现对治疗疟疾有重要作用,尤其是在卫生条件有限的国家和地区。

自20世纪60年代起,中国就开始派遣医疗队前往非洲进行无偿的医疗支援和疾病防治。截至2009年底,中国在非洲援建了五十四所医院,设立三十个疟疾防治中心,向三十五个非洲国家提供价值约两亿元人民币的抗疟药品。

2015年10月23日,毛里求斯总统阿米娜·古里布·法基姆来华期间,专门访问中国中医科学院中药研究所。这位同时身为著名生物学家的女总统对屠呦呦获得诺贝尔奖表示祝贺,实至名归。她说,屠呦呦研究员的工作让世界的目光重新聚焦到传统医学上,不仅对中国非常重要,对于发展中国家和世界传统医学也有非凡意义。对中医药有着浓厚兴趣的她同时表示,非洲的传统医药资源非常丰富,迫切希望与中国建立起传统医药领域的合作关系,以此拓展"南南合作"平台,毛里求斯将成为中医药走向世界的窗口。她还希望与中国同胞一起,在五千年的中华医药宝库寻找出更多的神药。

"中国神药"给全球抗疟事业都带来了曙光。从2000年到2015年,全世界因疟疾死亡的人数减少了近一半。青蒿素在全球共治疗了两亿多人。古老的"中国神药"正释放着令世界惊叹的力量。

有人提出一个假设——如果没有青蒿素,我们这个世界上的人类会怎么样?

如果屠呦呦没有发现青蒿素,人类与疟疾已持续千年的战争,也许依旧一眼望不到尽头。屠呦呦是人类历史上最伟大的科学家之一。在青蒿素问世和推广以前,全世界每年约有四亿人次感染疟疾,至少有一百万人死于疟疾。

青蒿素类抗疟药，成为疟疾肆虐地区的救命药。

青蒿素研究中心研究员王继刚说："任何其他药物都无力阻止疟原虫在全球范围内广泛传播，在一个没有青蒿素的世界里，疟疾对人类生命构成的威胁几乎是毁灭性的，抑或叫灭顶之灾。"

生命是人的最高尊严，也是人权的最高境界。世界上没有比挽救生命更大的事了。青蒿素在这场"生命保卫战"主战场发挥着巨大的作用。从这点出发，我们就可以自豪地说——屠呦呦，你非常了不起！

永远的屠呦呦

一株济世草，一颗报国心。屠先生采野之蒿，为民造福，挽救成千上万人的生命，为人类作出了巨大贡献，担得起"先生"这一神圣称谓。如今的屠先生，达到了"天下谁人不识君"的知名度，半个世纪的坚守，让她赢得了世界的喝彩。

屠呦呦获得诺贝尔奖后，国内对她高度评价。

习近平总书记的评价是："以屠呦呦研究员为代表的一代代中医人才，辛勤耕耘，屡建功勋，为发展中医药事业、造福人类健康作出了重要贡献。"

这是一个大国元首说的，在民间叫"点名表扬"，这个表扬的重量可想而知。

国务院总理李克强也致信表扬了她，他说："以屠呦呦为代表的杰出科研人员不仅是中医药界的骄傲，而且是整个科技界的骄傲。广大中医药工作者要进一步增强使命感，勇担中医药振兴发展重任，适应群众健康需求日益增长的趋势，坚持中西药并重，突出中医药的特色与优势，借助现代技术，推动重大新药创制、重大传染病防治等取得新进展，在深入推进医改中发挥更大作用，培养更多优秀人才，提升中医药在世界上的影响力，做到在继承中创新发展，在发展中服务人民，为丰富祖国医学宝库、增进人民健康福祉、全面建成小康社会作出新贡献。"

国务院副总理刘延东委托中国科协、国家中医药管理局负责同志当晚看望屠呦呦，表示了祝贺。

全国妇联发了贺信，说这是全体中华儿女的光荣，更是全体中国女性的骄傲，全国妇联代表全国亿万妇女，向她致以热烈的祝贺和崇高的敬意。

国家卫生计生委、国家中医药管理局贺词是这么说的："屠呦呦的获奖，表明了国际医学界对中国医学研究的深切关注，表明了中医药对维护人类健康的深刻意义，展现了中国科学家的学术精神和创新能力，是中国医药卫生界的骄傲。"

中国科协主办了"科技界祝贺屠呦呦荣获诺贝尔医学奖座谈会"，表达祝贺和敬意。

中国中医科学院院长张伯礼说："听到这个消息感到非常振奋，衷心地祝贺屠呦呦首席研究员获得2015年诺贝尔生理学或医学奖。屠呦呦多年艰苦奋斗、执着地进行科学研究，围绕国家需求，克服困难、一丝不苟，取得了令人瞩目的成绩。"

中国科学院院长白春礼给屠呦呦本人发贺信，诚恳地说："屠呦呦获奖，是中国科学界的骄傲，将激励更多中国科学家不断攀登科学高峰，为人类文明和人民福祉作出更多更大的贡献。"

全国人大常委会副委员长陈竺表示，屠教授荣获诺贝尔奖极大增强了我国科技界为建设创新型国家，实现民族伟大复兴的自信心。屠呦呦是新中国培养的第一代药学家，她和团队成员所有的工作都是在国内完成的。屠呦呦获奖是我国科技实力、综合国力和国际竞争力的一个举世公认的标志性成果，和国家的和平发展和人类的和平发展的事业紧密相连。屠呦呦获诺贝尔奖是空前的，但也一定不是绝后的，随着民族复兴中国梦的逐步实现，相信今后会有更多中国科学家的优秀成果得到国际学术界的认可和尊重。

而中央电视台《感动中国》颁奖词，看了让人十分感动——

青蒿一握，水二升，浸渍了千多年，直到你出现。为了一个使命，执着于千百次实验。萃取出古老文化的精华，深深植入当代世界，帮人类渡过一劫。呦呦鹿鸣，食野之蒿。今有嘉宾，德音孔昭。

在国际上，有国际组织人士的评价。

世界卫生组织非洲区事务负责人特希迪·莫蒂，称赞屠呦呦："青蒿素治疗疟疾的发现对世界人民的健康福祉带来巨大改变。"

世界卫生组织全球疟疾项目主任佩德罗·阿隆索，他说："截至2019年，青蒿素联合疗法治愈的疟疾病患已达数十亿例。屠呦呦团队开展的抗疟科研工作具有卓越性，贡献不可估量。"

他用了"不可估量"这个词，可见青蒿素在世界医药领域的重要地位。

世界卫生组织非洲区主任莫埃缇说："青蒿素的发现让非洲极大受益，相关的药物受到热烈欢迎，它让非洲的防疟工作取得了巨大进步，为近年来非洲人民尤其是儿童、孕妇死亡率的降低作出了巨大贡献。"

2019年"三八妇女节"，联合国妇女署在推特上发布了一张中国女科学家屠呦呦的照片，并写了一段话道："她从传统中医药中找到了治疗疟疾的药物，并且以身试药，最终拯救了数百万人的生命。在国际妇女节这天，让我们向与屠呦呦一样，投身科学的勇敢女性表示祝贺。"

2020年2月，联合国教科文组织总干事阿祖莱说："屠呦呦是一位杰出的女性，她的工作具有革命性，她在上世纪使用传统的治疗方法，为治疗疟疾开辟了新的道路。"

这是联合国层面的评价。

再看瑞典诺贝尔奖评委会对屠呦呦的评价——

主席齐拉特说："中国女科学家屠呦呦从中药中分离出青蒿素应用于疟疾治疗，这表明中国传统的中草药也能给科学家们带来新的启发。经过现代技术的提纯和与现代医学相结合，中草药在疾病治疗方面所取得的成就，很了不起。"

秘书长兰达尔说："屠呦呦不论是从学术上还是生活上都是一个很了不起的人。作为获奖人，她的经历是独一无二的。"

委员佛什贝里说："屠呦呦的研究成果使寻找疟疾治疗新方法取得了真正的突破和转折。"

评委让·安德森这样说："屠呦呦的研发对人类的生命健康贡献突出。她的研究跟所有其他科研成果都不同，为科研人员打开了一扇崭新的窗户。"

2016年1月，诺贝尔奖官方网站从1901年至2015年已有的九百名诺贝尔获奖者中评出了最受欢迎的十位诺贝尔获奖者，屠呦呦排名第三。这个名次在爱因斯坦、海明威、居里夫人之前。排在她前边的，第一名是诺贝尔文学奖获得者——白俄罗斯的斯维拉娜·亚历塞维奇，第二名是1964年诺贝尔和平奖获得者——著名美国民权运动领袖马丁·路德·金。

这是什么高度，这是何等礼遇！

再看欧美科学家对屠呦呦的评价——

美国拉斯克奖评委、斯坦福大学教授露西·夏皮罗这样评价青蒿素的发现："在人类的药物史上，如此一项能缓解数亿人疼痛和压力，并挽救上百个国家数百万人生命的发现的机会并不常有。"

美国国家科学院院士路易斯·米勒说："正是传统中医药的宝贵价值和屠呦呦对于国家使命的忠诚之心，让世界疟疾感染者免于病痛，重获新生。"

2019年1月，英国BBC发起了"20世纪最具标志性人物"票选活动，并公布了荣耀名单。屠呦呦位列二十八位候选人名单之中，是入选科学家中唯一的亚洲面孔，更是科学领域唯一在世的候选人。她打败了宇宙探秘人斯蒂芬·霍金、量子力学的创始人马克斯·普朗克，成功比肩爱因斯坦、居里夫人等先驱。对于屠呦呦的入选，BBC给出了三大理由——"在艰难时刻仍然秉持科学理想""砥砺前行亦不忘回望过去""她的成就跨越东西"。这家世界最大的新闻广播机构之一评价屠呦呦说："如果用拯救多少人的生命来衡量伟大程度,那么屠呦呦无疑是史上最伟大的科学家之一!"

由斯坦福大学和爱思维尔集团联合发布"终身科学影响力排行榜(1960—2019)"榜单,屠呦呦等六名专家入选"2020全球百分之二顶尖科学家榜"。

随即,屠呦呦与青蒿素火爆外媒——

美国有线电视新闻网对屠呦呦评价,用的是"史无前例",它说:"屠呦呦从传统草药中寻找攻克疟疾的办法,她提取出的青蒿素成了治愈疟疾的良药——青蒿素在疟疾发展初期就可以迅速杀死病菌。青蒿素对疟疾的疗效是史无前例的。"

英国广播公司的报道说,直到今天,青蒿素仍在世界各地发挥作用。光在非洲,青蒿素每年就可以拯救超过十万人的生命。屠呦呦因此成为第十二位获诺贝尔生理学或医学奖的女性。

《华盛顿邮报》说:"屠呦呦从中国利用青蒿素治疗发热的一千七百年历史中得到启示,将从植物中提取出的青蒿素用于治疗疟疾,数以百万计的患者因此受益。屠呦呦和今年其他两位诺贝尔生理学或医学奖得主对人类抗击寄生虫疾病事业的贡献具有里程碑性质。"

《卫报》说:"从默默无闻到获得诺贝尔奖,她是一位谦虚的科学家。"

《每日电讯报》说:"屠呦呦获得诺贝尔奖终于使几十年的努力得到了认可。"

《独立报》甚至援引了时任英国卫生大臣亨特的观点——感慨英国要像中国人那样努力工作。

另外,还有一些非洲国家表达了感激之情。

2015年屠呦呦获奖后,非洲多国政要、专家以及民众都在不同场合多次表达了他们对于青蒿素药物疗效的充分肯定和感激之情。

科摩罗副总统穆哈吉说:"2007年以前,科摩罗这个世界最贫穷的国家之一,几乎每个家庭都有两三个人因疟疾住院,国家社会发展受到极大影响。2007年,中国开始与科摩罗政府联合实施复方青蒿素快速清除疟疾项目。2014年，科摩罗实现了疟疾病例零死亡，发病人数下降了百分之九十八。"

坦桑尼亚卫生部代表伊里亚斯说，坦桑尼亚目前也是疟疾严重的国家，他自己就曾经多次患疟疾，而目前青蒿素是坦桑尼亚人民抗击疟疾最常使用的药物，效果非常好，被患者称为"中国神药"。

塞拉利昂卫生部长福法纳对屠呦呦的获奖表示由衷的祝贺，他说："非洲作为世界上疟疾高发的大陆，我们对中国和中国科学家的贡献表示感谢。"

塞内加尔记者阿达马·盖伊说，在非洲大陆每三十秒就有一名儿童死于疟疾，而两千多年来，没有任何一款抗疟药像青蒿素这样孕育如此之大的希望，这是中国传统医学许多成就之一。

还有，刚果（金）、津巴布韦、尼日利亚、几内亚，等等，都对中国帮助他们抗击疟疾取得巨大胜利表示了感激。

屠呦呦，她用一生的科研努力让世界为之敬佩。

面对全球赞誉，她就这么一句话："青蒿素是传统中医药送给世界人民的礼物。这不是我一个人的荣誉，是中国全体科学家的荣誉。这是中医中药走向世界的一项荣誉。它属于科研团队中的每一个人，属于中国科学家群体。这不仅是授予我个人的荣誉，也是对全体中国科学家团队的嘉奖和鼓励。"

"我们到底把世界上一年几亿人发病却无药可治的疾病问题解决了，我觉得这是最欣慰的事情。现在国际上认可，我觉得也是为国争光。"

这就是她的态度。

她反复强调："一项工作不可能是一个人完成的，青蒿素的成绩属于科研团队中的每一个人，属于中国科学家群体。"

用现在的话说，那就是感恩生命中所有的遇见，感恩这一路上所有一起工作和生活的人。

而到了她的老伴李廷钊这里，说得就很简单了："屠先生，你就是为国家争光嘛。"

她说："想当初，你不也是想出国打仗，当抗美援朝英雄，不也想为国争光？我这点事，别太张扬了。"

在她看来，科研道路仍然有很长的路要走。

所以，她很低调。

寄语青蒿，精神永存

不管是获得奥运冠军，还是获得诺贝尔奖，凡是登上世界级顶峰的人，首先沸腾的是他的家乡。

屠呦呦获诺贝尔奖的消息传来，片刻传遍宁波全境，消息迅速"霸屏"了微信朋友圈，热闹的场景不亚于春节"抢红包"。后来，她又获得共和国勋章，更让她的家乡宁波名声大震。

那些日子，宁波效实中学校长周千红有抑制不住的喜悦，他的电话已经打得发烫了。

"这几天我接了五十多个电话，有表示祝贺的，有要求采访的，大家都异常兴奋……"

此前他不太关注这种事，因为在各大网站的预测报道中，当年诺贝尔奖获奖的热门人选都是外国人，与我们关系不大。直到从电视机里看到屠呦呦获奖的新闻，他仍然不敢相信自己的眼睛。屠呦呦，效实中学48级学生。2011年获拉斯克奖时，师生就盼望着这位校友能再拿到诺贝尔奖。

果然就实现了。

效实中学这所著名学校已度过百年华诞，可以说桃李满天下，屠呦呦获奖后，在校史陈列馆除了陈列十五名两院院士校友的照片外，还在显著位置挂上了屠呦呦的照片，展列台上摆放着百年校庆时，她专门托人从北京捎来的书——《青蒿及青蒿素类药物》。

周千红说："这个老校友获奖，以及关于她和青蒿素的事迹，将激励

经国际天文学联合会批准，屠呦呦和谢家麟、吴良镛、郑哲敏、张存浩获得永久性小行星命名

更多的效实学生走上科学之路。"

次年6月，该校举行了屠呦呦铜像揭幕仪式。

铜像是效实中学在北京、中国香港、中国台湾、美国等国家和地区的校友会倡议筹资塑立的，放置在校园内，以激励后学、晚辈不断进取，勇攀科学高峰，传递榜样力量。让屠呦呦身上这种"造福人类的博大情怀、矢志不移的探索精神、甘于寂寞的君子之风"成为每一位效实学生的文化基因和人格特征。

在姚宅，宁波开明街26号，属于江浙一带典型的白墙黑瓦四合院，这座两层百年老宅已被修葺一新，分为独立的三栋，总建筑面积约两千二百平方米。老宅现在价值一亿五千万元。那些日子，尽管姚宅大门紧闭，并不对外开放，但还是有一拨又一拨的市民前往参观，并留影纪念。2021年5月，屠呦呦旧居入选浙江首批中国科协"科学家精神培育基地"。

就像莎士比亚的故居成为英国旅游必看的景点一样，将来在宁波，或者在中国，姚宅必定会是游客必去的一个地方。通过姚宅，让后人读懂屠呦呦，了解"青蒿素精神"的精髓和价值，为家乡的后辈人，提供更丰富的文化滋养。

故乡对她崇拜。

她亦值得故乡崇拜。

在她2015年获诺贝尔生理学或医学奖之前，她已经获得了许多大奖：

——1978年，青蒿素抗疟研究课题获"国家重大科技成果奖"；

——1984年，青蒿素研制成功成为"新中国成立三十五年以来二十项重大医药科技成果"；

——1992年，双氢青蒿素荣获"全国十大科技成就奖"；

——2011年9月，屠呦呦和她的成果获美国"拉斯克临床医学奖"。

2015年获诺贝尔奖之后荣誉就更多了。

当年，国际天文学联合会把在宇宙中遨游的第31230号小行星命名为屠呦呦星，在钓鱼台国宾馆举行命名仪式，五位获小行星命名的科学家是：屠呦呦、谢家麟、吴良镛、郑哲敏、张存浩。

都是名扬中外的科学界大腕儿。

2016年，她荣获国家最高科学技术奖、"感动中国"年度人物、影响世界华人终身成就奖，入选《时代周刊》"全球最具影响力人物"。

2018年，党中央、国务院授予"改革先锋"称号；那一年，她的事迹被写入中小学教材，成为全国青少年学习的榜样；广州医药集团神农草堂中医药博物馆竖立了屠呦呦塑像，以弘扬科学精神和中医药文化。

2019年，她被授予国家最高荣誉"共和国勋章"；当年还入选福布斯公布的"中国科技女性榜"。

2020年，联合国教科文组织授予"2019年联合国教科文组织—赤道几内亚国际生命科学研究奖"，入选《时代周刊》100位最具影响力女性人物榜。

这些都是她的成果。

她的成果证明她的精神价值不同寻常。

2019年9月29日，习近平总书记在为屠呦呦等颁授共和国勋章后发表讲话，其中讲道："希望受到表彰的同志珍惜荣誉、再接再厉，用坚定的信仰、信念、信心影响更多的人。"

让英雄模范们"影响更多的人"是我们这个时代的重要课题。

这种空虚和不自信与我们这个创新发展的新时代相距甚远。

2015年，欧莱雅和联合国教科文组织共同进行的"女科学家萌芽计划全国高中生认知调研"的调查结果表明，国内仅有百分之四十五的高中生表示愿意成为科学家，女生有意愿从事科学工作的比例仅为百分之三十八，有强烈意愿从事科学事业的比例则低至百分之二十七。

究其原因，在于女生认为女科学家的付出和受到的社会关注并不完全对等。

这种观念，与过往年代屠呦呦们那些科学家的无私无畏的献身精神又相距甚远。

所以习近平总书记希望让英雄模范们"影响更多的人"。那么我们应当向屠呦呦和她的团队学习什么？

青蒿素精神！

张伯礼院士说："屠呦呦及其团队体现出来的精神，就是传统中医智慧经验与现代医学有机结合，把淡泊名利的高尚品德与敬业精神相结合，在数十年的青蒿素研究中，从发现青蒿素到研制新药的一系列科研创新正是青蒿素精神的生动写照。"

他解释说，他们成功之路是脚踏实地，一步一步走出来的；他们的精神之花，是用智慧与汗水，甚至健康和生命浇灌成长起来的。他们，以及参与"523"项目的科研工作者都不是天才，但他们认认真真、扎扎实实做研究，不管遇到多少困难都不放弃，最后获得巨大成功。

在现在这个社会，一个人要淡泊名利、静下心来很难，而搞科学、静下心来是最起码的功夫。

这就是老子讲的"静生智，定生慧"。只有心灵沉静，定力才能强大，智慧也会由此而生。反之，你坐车最好是高速铁路，或者磁悬浮；坐飞机最好是直航；做事最好是名利双收；创业，最好是一夜暴富。这话心浮气躁，利欲熏心，行事鲁莽，怎么能成就一番事业？

像屠呦呦，以战略聚焦的眼光，一生做好一件事，那就是漫长的抗疟阻击战。她的世界很大，拯救了数百万人；她的世界又很小，一生只爱一个人，做一份工作，紧守手中这一亩三分地。在时代洪流裹挟下，有人在风口浪尖上搏击，有人仍在守望麦田。

正如任正非所说："认为屠呦呦的研究太简单，就是将农村清明节挂在门上的青蒿秆泡在酒里做研究。其实屠呦呦的研究不简单，她从常识之中发现了真理，从简单之中挽救了成千上万人的生命，创造了不简单的巨大社会价值。一辈子只干一件简单的事，成就了不简单的人生价值，这是值得弘扬的精神。"

屠呦呦从发现青蒿素到获奖，耗时四十四年，整个过程漫长曲折，反反复复。你不静下心来，急功近利能行吗？

静心、专注，也是"青蒿素精神"的体现。

屠呦呦说："我们的团队有强烈的爱国主义精神，有着对国家使命的高度责任感与担当，整个团队奋斗与奉献、团结与协作，我们才能创造奇迹，挽救众多疟疾患者的生命。"

人在一起、心在一起，像大雁、像狼群，为了一个目标共同努力，奋力前行，没有做不到的事情，没有达不到的目标。

"两弹一星"大会战、胰岛素合成大攻关、杂交水稻大协作、青蒿素军地协同作战，都是"全国一盘棋，科研大协作"的结果。

张伯礼院士说："青蒿素就是几十家科研机构，几百位科学家共同奋斗的历程。举国体制在当年困难的条件下发挥了极大作用，这种团队精神永远不会过时！"

直到2019年6月，年近九旬的屠呦呦回忆往事这样说——

> 在全球疟疾防治的战场上，个体的力量是渺小的，只有有组织、有目标的大团队作战，才能逐步战胜疟疾。当年，荣誉属于全国"523"工作者，我只是其中的一名成员。放眼世界，国际上的大团队协作应是"全球统筹"，希望世界卫生组织消除疟疾规划的主要目标在2030年能得以实现。

团结协作又是"青蒿素精神"的重要内容。

习近平总书记讲过一个陈望道专注痴迷做学问的故事。他是这样讲的，说有一天，一个小伙子在家里奋笔疾书，妈妈在外面喊着说："你吃粽子要加红糖水，吃了吗？"他说："吃了、吃了，甜极了。"老太太进门一看，这个小伙子埋头写书，嘴上全是黑墨水。结果吃错了，他旁边一碗红糖水没喝，却把那个墨水给喝了，而他浑然不觉，还说"可甜了、可甜了"。这人是谁呢，就是陈望道。于是由此就说了一句话：真理的味道非常甜。

这是陈望道翻译《共产党宣言》的故事，习近平总书记多次提及。1920年8月，由陈望道翻译的第一本中文版《共产党宣言》在上海正式问世，为黑暗中探索的先驱们带来了温暖与希望，催生了中国共产党的成立，滋养了一代又一代中国共产党人。毛主席曾说过："《共产党宣言》，我看了不下一百遍。"

就屠呦呦本人来说，干事专注痴迷，也是青蒿素成功的关键因素。专注痴迷，也是有成就科学家的基本特质。

说来说去，"青蒿素精神"的核心是什么？

习近平总书记说："实现中国梦必须弘扬中国精神。这就是以爱国主义为核心的民族精神，以改革创新为核心的时代精神。这种精神是凝心聚力的兴国之魂、强国之魄。"

总书记强调的"爱国主义精神"，用在屠呦呦身上恰如其分。"爱国主义"是青蒿素精神的核心。

爱国的驱动力，那就是对国家使命的高度责任感与担当。在这种爱国主义精神驱动下，就有了奋斗与奉献，就有了团结与协作，就有了创新与发展，才使得青蒿素挽救了众多疟疾患者的生命。

黄璐琦院士与屠呦呦共事多年，他说："从老先生（屠呦呦）那里传承给我的是极强的组织观念，这对于年轻人是种启示，现在的年轻人容易恃才傲物，实际上有很多东西需要集体的智慧，离开了集体和组织，也许你什么都不是。"

屠呦呦的学生王满元博士提到自己的老师时说过："他们这一代科学家有着很强的国家荣誉感和集体归属感，也有着很坚定和朴素的科学信仰。"

钱学森、李四光、袁隆平、竺可桢、邓稼先、钱三强等，无不如此。新中国第一代科学家身上特有的高贵的精神品质，那就是无私的奉献精神。他们为国家、为人类奉献了智慧、青春和才华，还有家庭生活，甚至健康和生命。科学家之伟大，并非用来捧上神坛，而是给世人和后代带来希望。

伟大出自平凡，平凡造就伟大。只要有坚定的理想信念、不懈的奋斗精神，脚踏实地把每件平凡的事做好，一切平凡的人都可以获得不平凡的人生，一切平凡的工作都可以创造不平凡的成就。

我们学习"青蒿素精神"就是要让中国的青少年朋友树立"我要当科学家""我要为国做贡献"的宏图大志，从平凡做起，在这"百年未有之大变局"的新时代，担当大任，报效国家，为实现中华民族伟大复兴的中国梦，担起我们的责任。

这是我们国家和社会的刚需。

这才是"青蒿素精神"的核心。

尾章：让中医药走向世界、扬中华民族之威

1958年10月11日，新中国第一代开国领袖毛泽东，深夜挥笔给杨尚昆同志的信中指出："中国医药学是一个伟大的宝库，应当努力发掘，加以提高。"他同时还嘱托杨尚昆说："这是一件大事，不可等闲视之！"

2021年5月，夏日炎炎，习近平总书记来到河南省南阳温凉河畔考察"医圣"张仲景墓祠纪念地的时候强调，中医药学包含着中华民族几千年的健康养生理念及其实践经验，是中华民族的伟大创造和中国古代科学的瑰宝。

应该说这两段话是对中国中医药的五千年的高度概括。中华民族五千年的文明历史进程中，就是靠中医药治病救人，并创造奇迹。

从毛泽东到习近平，他们一脉相承，一而再，再而三强调："中国医药学是一个伟大的宝库，应当努力发掘，加以提高。"

古代名医华佗从植物中提取"麻沸散"，创造了世界上第一种做外科手术用的麻醉药。用"麻沸散"麻醉后做剖腹手术，也是世界医学史上全身麻醉后手术治病的最早记载；东晋"抱朴子"葛洪，除了用青蒿治疟疾，还把疯狗的脑浆取出来，涂在被狗咬伤的地方治愈狂犬病，这个秘密，直到一千二百年后才被法国"细菌学之父"巴斯德发现；医圣孙思邈，用葱来做导尿管的方式也早了西方世界数百年；唐代医僧蔺道人，采用"椅背复位法"治疗肩关节脱臼，为世界整骨学的首创；元代危亦林用"悬吊法"治疗脊椎骨折，比英国达维氏早了六百年；还有张仲景，一个人创造了三个世界第一：第一次记载了人工呼吸、第一次采用药物灌肠、第一次创造胆道蛔虫治疗方法。

……

这些奇迹，跟屠呦呦发现青蒿素一样，都是伟大的创新，都是医药史上耀眼的创举。

2021年6月，中国连续三年消除了本土疟疾，得到了世界卫生组织正式认证。从七十年前的三千万患者到现在归零，我国一举迈入了消除疟疾国家的行列。在这场生命保卫战中，作为消灭疟疾最有力的武器，"中国神药"青蒿素依然有着巨大的生命力。

屠呦呦虽然年已九旬，仍是生命不息，科研不止，她领导的科研团队，围绕青蒿素和疟疾领域的关键科学问题开展攻关，近年来再传喜讯：

——青蒿素作用机制研究，他们提出了"基于血红素激活的多靶点学说"，并从多个角度进行了验证。在国际上得到广泛接受，相关论文也被国内外科研团队引用多达数百次。

——青蒿素耐药问题的研究，在机理研究的基础上，他们提出了对目前临床上青蒿素耐药问题的科学解释和临床解决方案，该部分成果发表在国际医学顶级期刊《新英格兰医学杂志》上，在国际上引起重大反响。

——基于青蒿素的创新药物研究，为解决临床耐药问题，他们发展了双氢青蒿素-磷酸咯萘啶复方抗疟新品种，目前已基本完成临床前研究，已申报临床批件。

——他们还积极拓展青蒿素类药物的新适应证，开发了双氢青蒿素治疗系统性红斑狼疮品种，已获临床批件，以七千万元转让给昆药集团。

——他们研究的双氢青蒿素治疗光敏性皮炎，已基本完成临床前研究，正在设计临床实验方案。

——他们还开发了双氢青蒿素、青蒿琥酯智能靶向脂质体，体内外实验表明，其对结肠癌和肝癌高抗肿瘤具有良好作用。在国际高水平期刊上发表研究论文多篇，均获好评。

中医药的优势，一方面在于"天人合一""天人相应"和"辨证论治"，让病人得以康复。另一方面，中医药的理念是"治未病"为

"上医"。

古代有一个故事,说有一次,魏文王问扁鹊说:"你家兄弟三人,到底哪一位最好?"扁鹊回答的是,我治大病,穿针放血;二哥能治轻微小病;大哥治病,治病于病情发作之前,由于一般人不知道他事先能铲除病因,所以大哥最聪明。

让人不得病、少得病、晚得病、不得大病,这又是中国中医药具有中国特色的神奇奥秘。中医发展数千年,有很多西医无法解释和无法超越的部分。这就是它的优势。在"一生金牌是健康"的当今之世,"治未病"仍是健康养生的最高境界。

屠呦呦说:"我们的奋斗目标,就是要使人民群众生活得更美好,这也是党的十九大赋予我们的历史使命。这就是中医药工作者的担当。中医药是个伟大的宝库,应该把它更多有价值的成果发挥出来,为人类造福。"

一服神奇的良药,可能就藏在任何一个不起眼的角落,在一片树叶里,在一朵花里,我们要努力挖掘,让大自然奉献出来,为护佑人类健康带来希望。

"文革"期间,中国条件那么差,屠呦呦团队发现青蒿素,竟然登上世界科技高峰。今日中国,综合国力大为提升,科研条件今非昔比。"中国发明""中国制造"正在迎头赶上。

黄璐琦院士说,青蒿素的诺贝尔奖光芒,生动诠释了中医药的传统智慧。这些中国智慧,至今仍在时刻启示和驱动当代的中医药创新研究及发展。

我们在实现中华民族伟大复兴的中国梦光明大道上,奋勇向前,让"青蒿素精神"在中华大地上生根开花,让生机勃勃的中国中医药走向世界,为人类健康命运共同体、为建设健康中国、为实现中华民族伟大复兴的中国梦贡献力量。

永远的屠呦呦,中国科学史上的一个奇迹,她像一颗耀眼的巨星划过科学的长空,留下永久不泯的光芒。

但只有一个屠呦呦是不够的。

正如张伯礼院士所说："诺贝尔奖的大门已经打开，更多中医药创新的世界级成果将不断涌现，下一个屠呦呦将不再遥远……"

我们期待着。

2022 年 5 月 6 日，北京